能楽の源流を東アジアに問う

多田富雄『望恨歌』から世阿弥以前へ

野村伸一・竹内光浩・保立道久 編

風響社

はじめに

竹内光浩

『無明の井』『望恨歌』『一石仙人』『原爆忌』『長崎の聖母』『沖縄残月記』と問題作・話題作を世に送ってきた多田富雄さんの新作能に引きつけられた人は多いだろう。

多田さんは生命科学・免疫学の著名な研究者である。自然科学者のなかには、寺田寅彦・湯川秀樹をはじめ軽妙洒脱な随筆を書く人も多いが、多田さんのエッセイは、ご自身が小鼓を打ち、新作能を創作する経験が反映された多田さん独自のものである。

新作能とは明治以降に創作された能を一般的には指す。二百曲以上が残されているという。しかし演能回数でみると、十回以上も再演される新作能はさほど多くはない。ところが多田新作能では『無明の井』『長崎の聖母』などはすでに十回以上再演されている。国外での上演も多い。『望恨歌』も一九九三年、九五年のシテ橋岡久馬による二回の演能以来、観世栄夫が釜山公演も含めて七回、そして二〇一九年にシテ鵜澤久によって演じられた。このときは市民の手による自主的な「多田富雄の新作能を上演する会」が作られ、国立能楽堂公演が盛況裡に終えられた。

そして、二〇二一年十二月にはコロナ禍の中で「天籟能の会」主催により、『一石仙人』『長崎の聖母』『沖縄残月記』でシテを勤めてきた清水寛二師をシテとして公演される。本書は、これにあわせて公刊される。

『望恨歌』は「朝鮮人強制連行」をテーマにしたものであり、本書にもその研究者による論考が収載されている。我々は本書を「朝鮮人強制連行」だけに焦点を留めるのではなく、むしろそうした不幸な歴史を克服する道を「能楽」の源流に遡ることによって探ろうとした。

多田さんは『望恨歌』の創作において百済歌謡「井邑詞」をシテの「謡い」の詞章に採用した。百済歌謡は亡命百済人が大きな役割を果たしていた奈良時代には都のみならず、各地の官衙で奏され、宮廷歌謡・楽舞の一つの出発点をなしたものである。東アジアの芸能はそれぞれの国が個別に作り上げたわけではなく、様々な芸能と文化、民族の交流の中で形をとってきたものである。

日本独自の芸能とみなされがちな「能」も実は東アジア文化の長く豊かな交流の中から生まれたものだった。

多田さんは二〇一〇年四月に亡くなられた。私が多田さんにお会いしたのは一度だけ、亡くなるほぼ一年前の二〇〇九年六月『沖縄残月記』本公演直前の舞台稽古の場であった。無論、発話器をお使いだった。その記録を私が編集・執筆した『白洲次郎の沖縄・白洲正子の沖縄』(『島たや』七号二〇〇九年)に掲載した。

多田さんがNHKに委嘱されて制作された白洲正子を主人公とした新作能『花供養』の二〇〇八年初演を私は拝見したが、このときその背景にある二人の交流の深さを知ると同時に多田新作能の新たなテーマの発見を感じた。

今回の『望恨歌』公演は「天籟能の会」主催によるものである。「天籟能の会」の寺子屋方式の催しで保立道久が講師を勤めたことが本書刊行の直接のきっかけであった。その会に誘われた私は「天籟」という名称に既視感を感じていた。友人の横笛奏者鯉沼廣行が三十五年前に作曲した曲に能管独奏曲「天籟賦」(CD『天籟賦』ALMレコード）があり、私の愛奏曲のひとつでもあったからである。

「天籟」とは中国古典の『荘子』斉物論の以下の一節から来ている。

なんじは人籟を聞けども未だ地籟を聞かず。なんじは地籟を聞けども未だ天籟を聞かざらんかな

なかなか難しい物言いだが簡単に言えば、人間が演奏する音は、自然の音に及ばず、自然の音も天の音には及ばない、ということか。鯉沼もこの『荘子』の一節に惹かれて作曲したという。

演奏家にとって己の発する音よりもはるかに自然の音の方が素晴らしいことはわかっている。でも少しでもその自然の音に溶け込むように演奏したいとの想いで多くの演者は奏でている。その自然の音「地籟」を超えるものが「天籟」である。人間がいかに小さく無力なものであるかを思い知らされる『荘子』の一節である。

多田さんの新作能には、この「天籟」の笛の音が聞こえてくるように思うことがある。多田作品は臓器移植、相対性理論の延長に登場した原子力の驚異、それが現実となってしまったヒロシマ・ナガサキの原爆投下、沖縄戦、朝鮮人強制連行など現代の問題に奥深くくい込んだものが多い。つい声高に訴えたくなるようなこうした現代の悲劇をテーマにしながら、多田さんは自然科学者らしく沈着冷静に筆を進めていく。「人籟」「地籟」の先に「天籟」が聞こえるように思うのは、私だけであろうか。

さて二〇〇五年韓国釜山での『望恨歌』の公演は、「解題――あとがきにかえて」で野村伸一も述べているように、さほどの反響を呼ぶことなく終わった。そのことは成恵卿《ソンヘギョン》による『望恨歌』ハングル訳の解説にも書かれている。

そもそも能面をあてたシテの科白は、日本人ですら聞きとることが困難である。初演のビデオを拝見しても、手

元に台本がないとかなり厳しいと感じた。おそらく会場に足を運ばれた韓国のみなさんにとっては、パントマイムを観るようなものだったのではないか。観世寿夫のパリ公演でも「オー・ノー」という感嘆とも感歎ともつかない言葉が観客から発せられたと聞く。

最近は国内での能公演でも、事前のワークショップが開催されることが増えている。今回の『望恨歌』公演でも、七回にわたってワークショップが企画された。今後、韓国だけでなく世界各地での公演にはそうした配慮が必要かもしれない。時間や会場その他でそう容易いことではないにしても……。

しかし多田富雄がこの『望恨歌』を書き、それを繰り返し公演していく中で伝えようとしたものを考える時、その努力は必須であろう。

同時に国内においても、『望恨歌』だけでなく多田富雄が現代へのレクイエムとして作り続けた『無明の井』『一石仙人』『原爆忌』『長崎の聖母』『沖縄残月記』の諸作品が、各地で再演され続けることを期待したい。

本書には専門分野を異にする六名の研究者が参加した。このような演者と研究者の共同研究は戦後の一時期盛んだったものであり、その延長上に林屋辰三郎が創設した芸能史研究会などの動きがある。私も企画編集に参加した『歴史評論』一九九六年二月号の特集「中世芸能史との対話」で林屋にインタビューをして、そのころの息吹を実感したことがある。さらにその号には、『望恨歌』の前回今回の公演に出演されているシテ方清水寛二師・笛方松田弘之師・狂言方石田幸雄師のみなさんにも寄稿いただいた。

本書の基盤になった「くまから洞芸能史研究会」でも研究者だけでなく、舞台の実演者も参加され貴重な意見を述べていただけたのはありがたいことであった。

なお、本書には、各論考冒頭に執筆者による要約を付してある。本文理解の一助としていただければ幸いである。

付載として今回の『望恨歌』公演の台本と公演記録を掲載した。台本はシテ清水寛二師補訂である。ただし、本番とは異なる部分もあることをお断りしておく。

二〇二一年九月二十七日

於　古民家くまから洞

●目次

能楽の源流を東アジアに問う——多田富雄『望恨歌』から世阿弥以前へ

装丁＝オーバードライブ・前田幸江

＊1〜V章のタイトル頁のイラストは多田富雄画

I 「能」の形成と渡来民の芸能

――聖徳太子信仰と観阿弥・世阿弥

保立道久

本章要約

世阿弥は秦元清といったが、その家系は渡来民、秦氏のうちで芸能を職とする流れに属する。日本芸能史において渡来民の位置は一四世紀までは大きく、七~九世紀は百済王氏、九世紀以降は秦氏がその中心を担った。百済王氏は日本の文化や芸能に大きな影響をあたえたが、百済王氏が国家中枢から外れても東アジア楽舞は王朝文化のパフォーマンスの中枢を占めつづけた。それを象徴するのが仁明天皇・村上天皇の楽舞好きであるが、秦氏は村上の段階で散楽を支えた。この段階で秦氏は『風姿花伝』のいう秦河勝神話、そして聖徳太子伝説をもって渡来芸能民の位置を安定させた。このような秦氏の位置はより自由な芸能活動を行った渡来系の傀儡子集団にとっても大きな支えであったろう。韓半島における後三国の内乱、そして一二世紀には始まったと考えられる東アジアの「倭寇」的状況の中で、韓半島の楊水尺などとよばれる芸能民が、相当数、九州に渡来し、本来渡来的な性格が強かった日本の芸能に、さらに新たな血と技芸を加えていったとも考えられる。

演劇としての「能」は、それを前提として発生したが、大きかったのは北条時代に律宗が伝統的な仏神事猿楽の中枢である大和猿楽に浸透したことであった。秦氏の河勝信仰と西大寺・法隆寺などの律宗が強調した太子信仰とが響き合い、王家と北条氏・足利氏に衝撃をあたえた。足利尊氏から義満の宗教意識において太子信仰の位置は大きく、それが観阿弥の登場において相当の意味をもったものとしてよい。律宗は武家に近く、かつ「死」を直視した独特な宗派であり、「夢幻能」の雰囲気の一定部分はそこに由来している。従来、「能」と宗教の関係については時宗・禅宗などの位置が強調されてきたが、発生期においてはむしろ律宗の位置をこそ重視すべきであろう。律宗は中国の宋で始まった新たな東アジア仏教の流派であり、この意味でも「能」の形成は東アジア世界の動向に直結するものであったことに注意したい。

はじめに

「能」は雅楽・舞楽と比べて日本的な芸能と考えられている。アジアの芸能＝舞楽から日本の芸能＝能・狂言へという図式である。しかし、「能」は深くアジアの楽舞の影響をうけながら生まれた。本書所収の野村伸一「中国・朝鮮・日本の仮面舞の連鎖――世阿弥まで」は、その大枠を明らかにすることに成功している。本章は、その観点から世阿弥にいたる日本芸能史の大筋を考えようとしたものである。

世阿弥は秦元清といい、その『風姿花伝』は、「能」の発祥は聖徳太子（厩戸皇子）が六十六番の「面」を自分で造り、それを秦河勝にあたえて「申楽《さるがく》」を演じさせたことにあったとする。太子は『日本書紀』によれば、百済人、味摩之《みまし》が伝えた伎楽《くれがく》（呉楽）を学んだという。それを伝授された秦河勝も実在の人物であるが、『風姿花伝』はこの人物が、実は大和の泊瀬河（初瀬川）を流れてきた壺に入っていた嬰児で、秦始皇帝の生まれ変わりであった。そして彼は死の前に難波からうつぼ舟に乗って流れだし、漂着した播磨坂越《さこし》浦で「大荒大明神＝毘沙門天」となったという伝承を伝えている。

『風姿花伝』はさらに続けて、一〇世紀、村上天皇は太子自筆の「申楽延年記」を叡覧し、河勝の子孫の秦氏安に申楽を紫宸殿で演じさせたが、この秦氏安の廿九代目の後裔が大和猿楽の竹田座（円満井座《えんまいざ》）の当主である光太郎・金春であるとする。松岡心平も「能のなかに渡来的な血が濃厚に流れている」としているように（松岡二〇一二）、猿楽の芸能者の身分意識には渡来民の出自が含まれていたのである。同じように山路興造は猿楽座の集団は八世紀に設置された大和国城下郡杜屋村《しきのしももりや》に置かれた品部《しなべ》という身分の「楽戸《がくこ》」、つまり外国の芸能を伝習する職掌を受けついだ存在で、「渡来の芸能を伝承した芸能者」＝「道の者（専業集団）」であるという。彼らは中国の「楽戸」が賎民とされたのとは異なり、平安時代後期までは渡来人としての性格をもつ相対的に自由な類型の芸能民身分であるというのである（山路二〇〇六、一四頁、五五頁以下）。これは能勢朝次が楽戸を「所謂雑戸の民であるからその身分は卑賎視された」（『能楽源流考』）としたのに対して、林屋辰三郎が「品部」は八五一年（嘉祥四）の太政官符では「伎楽百姓」とされているように、「雑戸」よりずっと自由な身分であるとしたのと同じである。さらに林屋は品部は律令制以前から引き継がれたものである以上、前述の百済人味摩之による伎楽（呉楽）の伝来をうけたものであると論じている（林屋一九六〇）。『令集解』（職員令、雅楽寮、別記）に「伎楽戸四十九戸、木登八戸、奈良笛吹九戸」とあるように「楽戸」はおもに伎楽戸から構成されておりこれは確実といってよい。

そもそも、八世紀までの日本国家は韓半島からの渡来した人々が国家中枢に深く関わっていた（保立二〇〇四）。これは歴史学界でも認められているが、その渡来民が律令国家以降はパタリとその動きをとめてしまうというのが普通の見方である。網野善彦（一九八二）がいうように、これはおかしいのではないだろうか。律令国家以降、渡来系の人々は国家中枢から排除されたが、世阿弥の登場した一四世紀までは、列島社会は韓国系・蝦夷系・琉球系などの人々が入り交じる多民族社会であった。網野は、日本の東国と西国社会の間にも民族的な差異というべき側面が残っていたともいう。確実なのは、後に述べるように、秦氏は一二世紀頃までは実際に渡来民身分であったし、鋳物師の広階《ひろしな》氏は蔵人所牒を与えられて、平安時代、活発に活動していたが、彼らは魏の武皇帝の後の陳思王の子孫とされる（『新撰姓氏録』）。また鎌倉時代には南宋から渡来した石工の伊氏が律宗の教線にそって全国で活発に活動しており、さらに「薬」を商ったとされる陳外郎《ちんういろう》も渡来人身分であったことはよく知られている。道々之輩といわれる商工民身分の中には一定数の渡来民が活動し続けていたのである（なおこの渡来民身分＝異民族身分は「化外身分」

ということもできる。詳しくは保立一九九三を参照）。

一　都市芸能の原点と百済氏の没落

そもそも秦氏は韓半島からの渡来人の中でももっとも人口が多く、列島の各地への浸透が早かった氏族である（大和岩雄一九九三、水谷千秋二〇〇九、加藤謙吉二〇一〇）。正確な時期は不明なものの秦氏は五世紀には山城国を開発し、前後して松尾社・稲荷社・賀茂社の創設にも関わった。松尾社については「秦氏本系帳」によれば、「戊辰年」《推古一六》（六〇八）に筑紫宗像の市杵島姫神《いちきしまひめ》が天下ったとされ、大宝元年（六四五）に秦忌寸都理《はたのいみきとり》が松尾に勧請したといい（大山喬平二〇一二）、伏見稲荷社については「山城国風土記」によれば秦中家忌寸伊呂具《はたのなかつへのいみきいろぐ》が弓矢で餅を射たところ白鳥となって山峯におりたという伝説がある。

ただ日本の芸能には、より新しい百済系の渡来人の影響も大きい。つまり聖徳太子に伎楽を伝えたという味摩之は百済人であり、それ以前、六世紀、排開大王《おしはらき》（欽明）の時代に中国の南朝呉国から「伎楽調度」が伝えられたのも百済を通じたものであろう（『新撰姓氏録』左京諸蕃、和薬使主）。この百済中心の傾向は、天智天皇の時代、白村江戦争の敗北によって最終的に百済が滅亡し、日本に一種の亡命政権ができたことによって促進された。百済王家が奈良時代の楽舞の中心にいたことを示すのは、彼らが中心となって様々な機会に踏歌《とうか》が舞われたことである。踏歌は『三国志』（魏書、韓伝）に「夜に男女が群聚して歌い戯むれ、数十人が一緒に地を踏んで低く高く踊り、手足を動かす」とあるように、古くから韓国の風俗となっていた大地を踏む踊りであるが、これが奈良時代に正月の宮廷行事、「踏歌節」となり、踏歌は宮廷楽舞の中心となった。蕃客の接待などの様々な場合に踏歌が舞われ、東大寺大仏の開眼《かいげん》のときの踏歌も百済の女性が舞っている。

そして百済王氏は聖徳太子の事跡・事業を受けつぐという立場をとった。つまり、百済王氏は百済滅亡後、六六四年（天智天皇三年）に難波に本拠をあたえられたが、そこに建郡された百済郡は聖徳太子建立の四天王寺の東に接していた。百済王氏はこれを機縁として自己の立場を聖徳太子と結びつけた。百済から仏法が来て、それを聖徳太子がうけいれて四天王寺を作り、それを百済王氏が受けついだというのである。八世紀後半に百済王氏は河内国交野《かたの》郡に根拠地を移したが、この四天王寺を後見する立場は維持し続けた。

また百済王氏は秦河勝が流されたという播磨国とも縁が深い。『続日本紀』によれば、四天王寺が播磨の餝磨《しかま》郡に「墾田二百五十五町」をもっていたことが見過ごせない（『続日本紀』神護景雲元年十一月条、延暦五年四月条）。また百済王氏の氏寺、河内交野郡の百済寺は桓武天皇によって「近江播磨二国の正税各五千束」の配分をうけており（『同』延暦二年十月条）、この時期、百済王仁貞が播磨介となっている。その他、揖保郡には斑鳩寺と法隆寺領鵤《いかるが》荘があり、百済公氏がいた。百済王氏が四天王寺・百済寺という仏教それ自身との関係で播磨国に聖徳太子伝説を持ち込んでいた可能性は高い。こうして世阿弥の『風姿花伝』冒頭の太子伝説が、百済王氏の後見していた四天王寺を場として語られていたことは否定できなくなる。

以下、これを前提として、九世紀から一四世紀頃までの渡来人の芸能の流れを追っていくことにしたい。歴史学からの立論なので芸能史の話題をはずれる雑多な記述が多くなることは御容赦を願う。

1　百済王氏の没落と民族複合国家の解消

詳しくは拙著『黄金国家』（二〇〇四）を参照されたいが、日本に亡命した百済王族は、当初、国家内に相当の位置を占めた。もちろん、天武天皇の時代以降、新羅・唐との関係が復活したことは、彼らの地位を微妙なものとしたが、八世紀半ばの韓半島出兵計画では、百済王家と高句麗王族が指揮官となっている。

有名なのは、聖武天皇の時代、百済王南典と弟の百済王敬福が公卿に任じられており、敬福が陸奥黄金を発見し、東大寺大仏の鍍金《めっき》の金としたことであろう。百済王敬福は陸奥・上総・常陸などの国守を歴任したが、百済王孝忠（遠江）、百済王仙宗（安房）、百済王元勝（安房）、百済王玄鏡（上総）、百済王教徳（上総）、百済王慶仲（武蔵）ほか、さらに非王族を入れれば相当数の百済系渡来人が東国国司となっている。蝦夷戦で活動した百済王氏も多い。とくに敬福が設計に関わった上総国分寺の付属施設、七星台（北斗状円丘列）で火祭りが営まれていた実態が最近明らかになった（西野雅人二〇一六）。これは東国の北辰信仰・妙見信仰の元であるといわれるが、もとをたどれば北辰を祭り、燃燈をささげる百済の燃燈会の風俗からきたものである。燃燈会は高麗では夜を徹して伎楽を楽しむ火祭りであったというが（野村伸一　二〇一二）、日本でも同じであろう。男女が集り仕事を忘れた猥雑な状況であったという（『類聚国史』一〇雑祭、延暦一五年三月）。法師が参加しているともあって、「擧哀・改葬」などの葬事を含んでいたらしい（『日本後紀』弘仁二年九月朔）。法師といっても芸能者を含んでいたのであろうか。

なお敬福の娘・百済明信が藤原南家の嫡流、継縄に嫁していることは八世紀半ばの朝廷の雰囲気を表現している。さらに藤原北家の内麻呂が百済永継を娶って真夏・冬嗣の兄弟を儲けていること、また何よりも光仁天皇が百済王族の系譜を引く高野新笠との間に桓武天皇を儲けているのはよく知られていよう。桓武は百済王氏は自分の外戚であることを強調した。実際、桓武の時代には母高野新笠の出自した家からも公卿がでており、後宮には多くの百済系の女性が入っていた。そもそも桓武が長岡京に遷都したことは、長岡京が百済王族の根拠地である河内交野郡のすぐ北に位置していたことと関係する。桓武が七八五年と七八六年に長岡京近郊の百済王氏の根拠地、交野に円丘壇を設置して天帝と北斗を祭る百済風の郊祀を行ったのも、自己の血の権威が百済王権を引くことを誇示したものである（林陸朗一九七四）。

さらに桓武の子供の嵯峨天皇も百済系の人々と縁が多い。嵯峨は百済氏の女性二人を女御とし、あわせて七人の

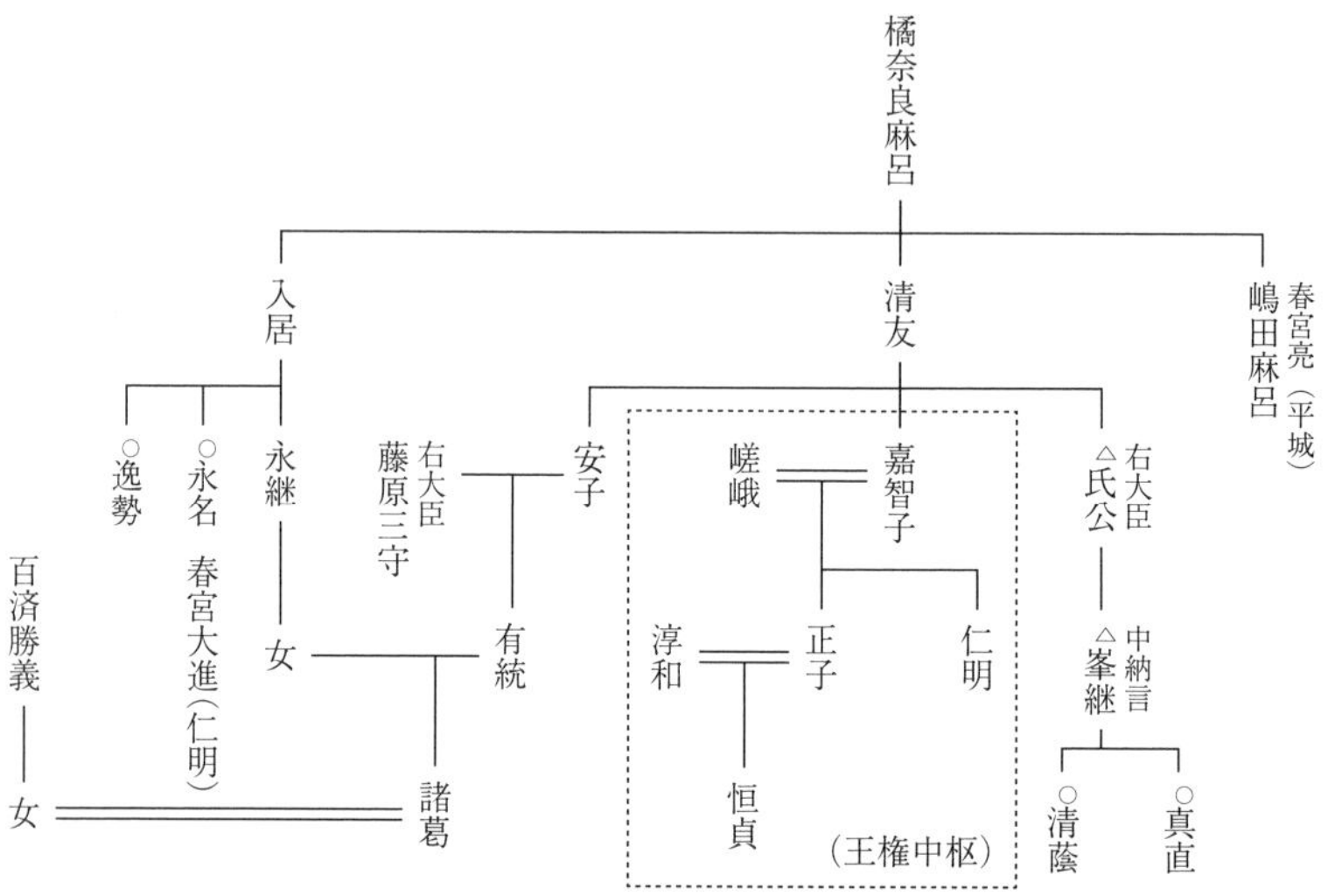

注）　△＝仁明に近い立場　○＝淳和―恒貞に近い立場

百済勝義系図

男女を儲けている。そして、その子の仁明も百済王永慶を後宮に迎え、また即位後に百済王氏のトップ、百済勝義を公卿に任じている。問題は仁明が即位直後の侍臣との酒宴のとき、この勝義に「百済国風俗舞」を舞奏させていることである。仁明天皇は楽舞好きで、八三七年（承和四）七月には左近衛府武官を内裏後庭に呼び、音声を奏させて、「玉および刀子を弄ばし」めたという。これは日本の天皇が散楽に親しんでいたことを示す最初の記事である。

二四歳で即位した仁明にとって三〇歳ほど年上の勝義は芸能の師であったのであろう。上の系図に明らかなように、勝義は仁明の母、橘嘉智子の甥の子、藤原諸葛を婿にしているから仁明にとっては母の縁戚であった。この系図をみれば右大臣藤原三守、（その職を継いだ）右大臣橘氏公を通じて、百済勝義が仁明の内廷に深く関わっていたことは一目瞭然である。

しかし、このような勝義と仁明の関係は、結局、続くことはなかった。承和の変、つまり時の皇太子であった恒貞親王を強行的に廃太子した事件の発生である。

系図で分かるように、恒貞親王は仁明の従兄弟であり、甥にもあたる。この恒貞が皇太子となったのは仁明の父・嵯峨とその弟の淳和の合意によるものであった。淳和にとって自分の子が皇太子になるのは望ましいことであったろうが、嵯峨天皇からいっても恒貞親王は甥であるだけでなく、娘の子、つまり愛する孫であった。また仁明の母の嘉智子は恒貞の周囲に橘氏を配置しており、前記の藤原三守も皇太子恒貞の守り役（皇太子傅《こうたいしふ》）を勤めていた。王家の誰にとっても、この皇太子人事は了解ずみのことであったろう。この時の公卿のメンバーのほぼ半数が恒貞親王寄りだったのも自然なことである。

ところが、仁明の即位後七年目に淳和上皇、藤原三守が相次いで死去し、さらにその翌々年、八四二年（承和八）に嵯峨上皇も死去してしまったことが事態を変化させる。この中で、仁明は嫡子文徳の即位を望み、藤原良房と意をあわせて、皇太子恒貞と側近の橘逸勢が反乱を企てたという事件をでっち上げ、恒貞を廃太子に追い込んだ。百済氏には日本の王権内部のこうした争いに参加する意思も力もなかったのであろう。勝義は公卿の立場を離れ、根拠地である河内国讃良《ささら》郡の山畔で「鷹犬」の狩猟を趣味として余生を過ごしたという。これ以降、百済氏が高位につくことはなく、渡来人の国家機構中枢への参与は絶ち切られた。

注意しておきたいのは勝義が百済王氏の伝統を継いで東国への影響力をもっていたことである。つまり勝義は八三七年（承和四）と八四二年（承和九）に、二度相模守に任じられているが、その前任は仁明の東宮学士であった滋野貞主、二度の任期の間の相模守は母を百済系とする嵯峨の王子、源融であり、さらに後任には橘氏の長者氏公の子岑継と孫の真直がついている。皇太子恒貞廃太子の際に、橘逸勢は皇太子を担いで東国へ出奔すると述べたというが、勝義の属していたグループはそれだけの力を東国にもっていたのである。

後にふれるように、相模から伊豆は一〇世紀以降、異民族身分である傀儡子《くぐつ》が活動している。これは東国に百済王氏を初めとする渡来民が勢力を張ったことが条件になっていたのであろう。なお、西国において傀儡子が活発に活躍した国として知られるのは播磨国であるが、勝義の婿の叔父にあたる仁明の側近（東宮大進）橘永名は、この頃、播磨守であった。もちろん勝義が播磨とどのような関係にあったかは不明であるが、四天王寺や百済寺を通じて百済王氏が播磨と深い関係をもっていたのは「はじめに」でふれた通りである。

2　王朝年中行事の東アジア性と楽舞

こうして百済王氏の没落とともに、百済楽や踏歌の国家の礼楽の中での位置は縮小することとなった。しかし、逆にいえば、百済王氏が退場することによって、宮廷は百済楽から自由になり、東アジア楽舞の伝承と受容は本格的に始まったということもできる。九世紀の宮廷は財力にまかせて華麗な東アジア舞楽を全面的に導入したのである。仁明の役割については、林屋辰三郎『中世芸能史の研究』（一九六〇）に詳しい。それによると、即位直後、百済勝義の百済舞を鑑賞したしばらく後に、仁明は左近衛府などの「奏楽・呉楽」を行っているが、それ以降、「左方唐楽・右方高麗楽」に雅楽を二分して左右両部とし、近衛府の将監・将曹・府生が楽人をつとめる形が決められていった。舞楽書『教訓抄』には「承和御門（仁明）の御時」あるいは「承和年中」などの記録が多いが、これが雅楽寮の極点であり、徐々に衛府中心のシステムに転換したのである。

なお近衛府武官が舞楽を担ったのは、儀仗兵や軍楽の必要性によるものであった。彼らは九・一〇世紀の都市武力の中心であったが、彼らが「兵家《つわもののいえ》」とならなかった条件の一つは、彼らが芸能者でもあったことであった。右方の舞人を多氏《おお》、左方の舞人を狛氏《こま》がたばねる「楽家」の組織の形成がむしろ優先されたのである。多氏については、『楽所系図』は、仁明のころに活動した多自然麿は有名な尾張浜主から舞笛を伝承し、舞楽・神楽の元祖となったとしている。他方狛氏の芸能の祖であるとされる狛好行は、一〇世紀、冷泉天皇のころに活動した狛衆行の曾祖父と伝えられるから、やはり仁明の頃に活動した舞人であろうか。狛氏は確実に南都興福寺を拠点とした舞人であろうから、すでに興福寺の楽舞の組織の原型はできていたのではないかと思われる。

さて恒貞廃太子事件を乗り切った仁明天皇は、八四九年、自分の四十歳の祝賀会を開催したが、この算賀会には興福寺の大法師などが仁明の長寿を祈る長歌を献げた。彼らは「雑色三十余人」をともなって藤原良房の京宅に寄宿し内裏に通ったというが、彼らの中には広い意味での芸能民が含まれていたのではないか。藤原良房はいわゆる最初の人臣摂政となったことで知られる仁明の側近であるが、彼は仁明の趣味とする楽舞のために、八世紀以来蓄積されてきた興福寺の舞楽の体制を一層強化したであろう。春日祭が算賀の年の翌八五〇年（嘉祥三）に始まったという伝承は（『春日社記』『一代要記』）、あるいは仁明の算賀の翌年、楽舞好きの仁明のために祭りを用意したが、仁明は三月に死去しまったから、仁明の死を悼む祭儀となったということだろうか。微妙な問題であるが、少なくともこの伝承が摂関家と仁明の関係を反映している可能性は高い。

仁明朝における楽舞の再編成は、宮廷の年中行事全体に関わるものであった。普通、王朝年中行事の枠組みは、仁明の孫にあたる清和天皇の時期に天皇の側からの枠組みが完成し、一〇世紀後半以降の摂関政治の時期に公卿の儀式書の成立とともに完成したとされる（山中裕一九七二）。しかし、実際にはそれは仁明のときに始まっている。つまり、東アジアの諸国家は孔子の思想にもとづいて宮廷秩序を「礼楽」によって編成していた。宮廷の年中行事を動かすのは「礼楽」の内容をなす芸能文化であり、それにもとづくパフォーマンスである。普通、歴史家は、どうしても史料の文字に囚われ、年中行事や儀式が自律的なものであるかのように分析してしまうが、むしろ芸能の動態からその風景を見なおすことが求められる。

これは冒頭で述べた「能」と東アジア芸能という問題の原点にも関わるので、いわゆる平安時代の宮廷年中行事の全体が東アジアの枠内にあることについて、日韓を比較した対照表を作成してみた。これまでの歴史学ではこの宮廷文化を「国風文化」などという曖昧な言葉をもって、奈良時代とは違って東アジア基準から外れて民族化したものだなどという考え方に陥りがちであったが、芸能の側面からみれば、この時代の宮廷芸能は東アジア楽舞の影響が本格化したともいえるのである。

日韓年中行事対比表

日本	韓国
御斎会・修正会（1月）	燃燈会（1月）
上巳（3月）	上巳（3月）
灌仏会・氏神祭（4月）	灌仏会（4月）
端午（5月）	端午（5月）
七夕・曝涼（7月）	七夕・曝涼（7月）
相撲節（7月）	角觝（秋夕）
盂蘭盆（7月）	秋夕（8月）
重陽（9月）	重陽（9月）
新嘗祭（11月）	八関会（11月）
蹴鞠（不定）	蹴鞠（不定）

もちろん、そこに日本の民族的な特徴がなかったというのではない。これは日本文化論の全体に関わる問題なので、ここで詳細を述べる余裕はないが、たとえばこの表には「新嘗祭」という神話祭祀がそのまま入っている。日本の神話時代は六世紀まで続き、倭国王権が世襲王権の形を整えて文明段階に入り前方後円墳を作らなくなって古墳時代＝神話時代が終わったのは六世紀であった。王権の歴史はまだ三〇〇年も経っておらず、仁明の時代にはまだ神話時代の最後の雰囲気も残っていた。この時代の日本の国家と文化の民族的特徴は、その若さにあったのである。これに対して韓国の「新嘗祭」に対応する祭り、「八関会《はちかんえ》」は新嘗祭と同様の収穫祭、冬至祭であり、天霊・龍神を祭るだけでなく「詣祖真儀」という王祖を拝して「酌献・飲福」するというものであった（奥村周司一九八二）。これは高句麗・新羅の神話にさかのぼるものであって、私見では日本の新嘗祭の原型ともいえる。しかし、高麗の時代になると、この八関会は宋・女真・耽羅《たんら》・日本などの外国人をも参列させる中国的な朝賀の性格をもつものにまで文明化している。これに対して神話時代から脱出したばかりの日本では、新嘗祭の儀式は神話を維持していたのである。

3　秦氏の渡来意識と楽人化

秦氏は徐々に新来の渡来人に押されていったが、しかしそれでも九世紀までは国家中枢にいた。もっとも明瞭なのは、長岡京遷都を主導した藤原種継、および平安京建設において予定地を視察し、「造平安京使」（『尊卑分脈』一）となった藤原小黒麻呂という二人の上席公卿が、秦氏の縁戚であったことである。

まず藤原式家嫡流の種継の母は、医術に詳しく遣唐使として活動した秦朝元の娘である。朝元は、図書頭、主計頭の経歴をもち、国守にもなっている。藤原北家の小黒麻呂は恭仁京の造宮録として活動した秦忌寸島麻呂の娘を嫁にし、そこからは遣唐使となり平城天皇の最大の側近であった葛野麻呂が生まれている。また嵯峨天皇の本名は神野《かみの》親王というが、この「神野」は、葛野郡の「神野（上野）」を名字の地とする乳母、大秦公忌寸濱刀自に由来する（『続日本紀』延暦一〇年正月一三日条）。

嵯峨は、神野の北の嵯峨に嵯峨離宮（現在の大覚寺）を営んだが、そこも秦氏の根拠地であった。さらに嵯峨皇后の橘嘉智子もこの地に橘氏の氏社・梅宮社を移し、また嵯峨離宮の南（現在の天龍寺）に氏寺、檀林寺を建てた。この檀林寺の建設にあたった「造檀林寺使史生」の秦忌寸波多麻呂が同じ葛野郡高田郷の刀禰になっていること、また秦忌寸家継が「造檀林寺使主典」として活動していることは、秦氏が嵯峨天皇と橘氏の所縁によって生きていこうとしていたことをよく示している。林屋（一九五一）によれば、この秦忌寸家継は、八五九年（貞観一）の近江国依智《えち》荘検田帳に登場する秦家継と同一人物であるという。八三八年（承和五）、依智郡に設定された勅旨田百七十町も造檀林寺のためのものであり、秦忌寸家継はこの勅旨田の経営を担っていたのである。

このように秦氏も百済王氏と同じように橘氏に近いところで活動していたことは見逃せない。秦氏と百済氏は広い接点をもっていたはずである。それをうかがわせるのは右の秦忌寸家継が関わっていた近江国依智郡の依智庄、そして勅旨田の東南部の丘陵上に百済王氏が近江国百済寺を建立していたことである。鎌倉時代の史料によれば、この丘陵は近隣の興福寺領鯰《なまず》江《え》庄の百姓が利用していた。そして、この鯰江荘は前述の奈良時代の秦氏の代表的人物、秦朝元の開発地である（『鎌倉遺文』七六八〇、九八四九号文書）。また秦忌寸家継が登場する依智荘検田帳には嵯峨天皇の息子の源定（検田帳には「王中納言」とみえる）も土地をもっている。源定の母は嵯峨の女御、百済慶命であるから、ここにも百済王氏の影響があるのである。

ようするに、百済寺と鯰江庄、その北の依智庄、さらに檀林寺造営のための依智郡勅旨田は百済王氏、秦氏、依智秦氏、橘氏が連携して経営していたものであった。なおこの近江百済寺は百済王氏の本拠、河内交野郡の百済寺と深い関係があったと考えられるが、前述のように交野の百済寺は桓武天皇によって「近江播磨二国の正税各五千束」の配分をうけていた。あるいは、この正税寄附のうちの「近江五千束」分は近江百済寺と共有されたのであろうか。寺伝によれば、近江百済寺は聖徳太子によって創建されたといい、太子は百済国龍雲寺に模して堂を建て、高麗僧恵慈をもって呪願とし、百済僧道欣を導師として供養をしたとある。近江百済寺は四天王寺と似た聖徳太子伝説をもっていたのである。中野幡能（一九九八）は、山頂から山腹の各所に僧坊をもうける丘陵寺院は韓国の影響をうけた修験道の山であったというが、百済寺もその一例なのであろうか（なお、後に述べる相模大磯の高麗廃寺もほぼ同時代に百済王氏が関わった同型の寺院である可能性が高い。百済寺と高麗廃寺の考古学的な比較調査によって状況が明らかになることを期待したい。）

いずれにせよ、近江依智郡は秦氏・依智秦氏の拠点であるとともに、百済王氏の拠点であったろう。また検田帳に登場する依智秦氏に伊勢宰、遠江掾などの役職をもった人々がいることからすると、秦氏と百済王氏は近江を重要な中継ぎ地点として東国に勢力を伸ばしていたに違いない。

しかし、九世紀をすぎると、秦氏は百済王氏と同様に中央貴族としての地位を失い、下級官人化の道を歩んだ。六国史をみると、讃岐に拠点をもっていた秦氏の一派が惟宗直本《これむね》を出した惟宗氏を分立したほかは、秦氏の中では（後にのべる依智泰永時を除き）九世紀半ば以降は国守の地位についたものはおらず、以降、一二世紀頃まで中央官衙の場合は史・録、国司の場合は大目・少目などの四等官中の最下位、佐官を超えることはなかった。こういう中で、九世紀半ばを過ぎると、秦姓の人々は全国で大宰府大監・国衙在庁・郷司・下司・郷目代・刀禰などときわめて多様な肩書きで登場するようになる。

彼らは、この中でも渡来人という氏族意識を維持した。それをもっともよく示すのが秦氏の一部が選択した芸能民として生きる道であった。九世紀になると近衛府の無位の官人に秦忌寸常吉という人物がおり、九世紀の末には山城葛野郡の刀禰に「鼓吹《くすい》少令史《し》」の肩書きをもつ秦忌寸氏がいる（『平安遺文』一八一号）。この軍楽を担当する鼓吹司は、実質上はすでに雅楽寮に組み込まれていた。そして、後に述べるように一〇世紀以降の衛府には相当数の秦氏の舞人がいるから、すでに九世紀には一定数の秦氏が近衛府の下級官人に属して楽舞に従っていたことは確実である。

なお、秦氏の芸能民化を考える上では「楽戸」の問題が欠かせない。「楽戸」については「はじめに」で説明したが、そこには秦氏が含まれていたことは、後に楽戸が集住していた大和杜屋庄について述べる際に明らかになる。また『教訓抄』によれば、聖徳太子が味摩之の妓楽を写して大和橘寺、山城太秦寺、摂津天王寺に一具ずつ置いたとするが、太秦寺＝広隆寺は秦氏の氏寺であり、四天王寺の楽人は一二世紀初頭には秦氏であった証がある（『藤原宗忠日記』元永一年三月三日条）。「はじめに」で山路の見解にふれて述べたように、彼らは渡来人身分として芸能身分であったのである。

また秦氏の渡来氏族としての特徴に山城の葛野川の大井堰の造成でしられる灌漑土木技術がある。「秦氏本系帳」に「秦の昭王（始皇帝の父）、洪河を塞ぎ堰きて、溝澮を通す、……今の大井堰の様、則ち彼の造る所に習ふ」とあるように、秦氏は自己の土木灌漑技術を遠い父祖の地における大事業に由来するものと意識していた。それは九世紀にも秦氏出身で広隆寺を再興した道昌僧都が葛野大井堰に井堰を追加工事して、京都を洪水から守ったことにつながっている（大山二〇一二）。

七五三年に播磨赤穂郡の秦大炬が国司目代として、坂越において「塩堤」という先進技術によって葦原を開発したことも、その一例となるだろう。それを伝える八世紀末の史料には赤穂郡司として二人の秦造《はたのみやつこ》が署名をしており、すでに「津長」がいたことがわかる(『平安遺文』九号文書)。それは九世紀には赤穂郡司秦造内麻呂に引き継がれ(『三代実録』貞観六年八月一七日条)、さらに一一世紀には播磨大掾兼赤穂郡司の秦為辰が造営した、有名な久富保の大井堰の大規模な開削技術に引き継がれている(『平安遺文』一一〇九)。この久富保とは後の矢野庄のことであって、そこに秦河勝の伝承に取りまかれた大荒大明神=大避宮があったことは後にふれる。右にいう「塩堤」が開発された坂越とは秦河勝の伝承にいう坂越浦そのものである。播磨は『播磨国風土記』などによっても多くの秦氏が蟠踞していることがわかるから、秦河勝と聖徳太子の伝説に似たものが、相当早くから秦氏の内部で語られていたであろう。

こう考えてくると、一〇七三年に大宰府の大監秦時広が有明海沿岸に「塩堤」を築いて開発した六〇〇町ほどの田畠を売却しているが、この塩堤の技術も秦氏伝来のものであったろう。また鈴木景二(一九九六)は、近江の鯰江庄で一三世紀まで荘園の開発者が奈良時代の秦朝元であると伝承されていた前述の事実にふれて、鯰江庄と愛知川をはさんだ対岸に掘削された「高麗井」と呼ばれる用水が、「狛長者」の伝承を残していることに注目し、秦氏という名前は、長く江戸時代まで脈々と伝えられてきたことを強調している。秦氏の渡来民としての氏族意識はその土木灌漑技術の外来性の記憶と一体のものとして維持されていたのではないか。

二　新猿楽と傀儡子の芸能

一〇世紀に入ると中国は内乱期に入った。九〇七年、民衆反乱をバックとして黄巣の乱の武将の地位からのし上がった朱全忠は唐皇帝を退位させたが、以降中国北部では短命な五王朝が興亡し、中国南部では呉越《ごえつ》などの十あまりの王権が割拠した。この五代十国といわれる激動期は、九七九年に宋による中国統一をもたらした。しかし、さらに重要であったのは、九一六年の遼（契丹）の建国であって、ここにユーラシア規模の巨大な征服王朝が登場し、それがモンゴルの大帝国につらなった。

他方、韓半島も中国と同じような全国的な草賊《そうぞく》の出没の中で、新羅が動揺し、後高句麗（九〇一年）、後百済（九〇〇年）の建国によって、後三国の内乱の時代に入った。この三国鼎立は、後高句麗の建国に加わった王建《ワンゴン》が、九一八年、とってかわって高麗を建国して以降、大詰めの様相を迎える。最初はむしろ後百済の甄萱《キョヌォン》が優勢であったが、王建は抜群の求心力を発揮して朝鮮の統一を進め、九三六年には、内紛に乗じて一挙に後百済を制圧したのである。

1　後百済の滅亡と志多良神

王建の高麗建国のしばらく後、九二二年、後百済の甄萱が日本に朝貢の使者を派遣し、通好と同盟を求めた。これに対して大宰府は白村江戦争以来の韓国への不信を述べて、甄萱の親書の受け取りすら拒否した。

それを指示したのは右大臣藤原忠平であったが、これは一面で九二〇年代に皇太子二人が連続して死去し、さらに九三〇年には醍醐天皇自身が清涼殿落雷のショックで死去するという菅原道真の「祟り」の中で、当時の朝廷が動揺の中にあったためもあろう。しかし、忠平はさすがに東アジアの状況に不安をおぼえたらしく、九二七年、興福寺の僧・寛建を南朝呉越《ごえつ》に向かわせた。忠平はその中で呉越が後百済と良好な関係をもち、後百済を冊封していることも知ったはずである。しかし、忠平は、北朝からも百済王号をうけた絶頂期の後百済の甄萱が、九二九年に再度使者を発して「日本国を奉ぜん」と述べたのに対しても拒否した。こういう中で九三四年ころから後百済の敗勢は決定的となり、九三五年六月には内紛によって甄萱が高麗に亡命するという事態となり、九三六年九月に後百済は滅亡した。

このような日本の対応は島国意識というほかないが、しかし、これは、対馬や九州地方の人々が諸韓国の動きに無関心であったということではない。たとえば甄萱が「日本国を奉ぜん」という国書を日本に送ったのは、漂着した後百済の商人を送り返す対馬の使者に面会したことがきっかけである。その国書をもって帰った（対馬）検非違使の秦滋景が甄萱の様子を好意的に伝えていることは注目される。漂着した後百済の商人は済州島と海藻を交易していたというが、彼らが対馬・九州にも足を延ばしていたことは疑えない。またその送還の使者が秦氏であったことも興味深い。

問題は、この時期が西国において藤原純友の反乱の時期であったことである。拙著『黄金国家』で述べたように、前述の九世紀の恒貞廃太子事件に関わった文室宮田麻呂が新羅で王権に対して反乱を起こした張宝高との関係を疑われて処断されている。またしばらく後、応天門の変とほぼ同時に、隠岐や対馬を場所として日本の国司・郡司が新羅と共謀して反乱を試みたという事件が発生している。史料はないものの、純友の反乱において同様の事態が起きていたのは確実で、後三国の乱の規模からいって、ここにはより大規模な国境を越えた動きがあったであろう。

九二九年の甄萱の使者派遣の後、日本で群盗・海賊の活動が目立ちはじめた。九三二年には海賊追捕使《ついぶし》が任命され、備前や南海道諸国で海賊警固が行われたが、九三四年には海賊が伊予国喜多郡を襲うという展開である。そして九三五年年末に北九州で新羅人の殺害事件があった。あるいはこの事件はこの年六月に甄萱が高麗に亡命して後百済の敗勢が決定的となる中で、韓半島の内紛が反映したものかもしれない。翌九三六年六月には伊予宇和郡沖の日振島《ひぶりじま》に海賊が集まって、本格的な蜂起に進んだのであるが、ここには後百済の敗残勢力が入っていたのではないか。その討伐を命じられた藤原純友が、九四〇年に海賊蜂起に参加したのも、韓半島におよぶ広域的な情勢をみてのものであったのではないか。

史料がない以上、これを論証することはできないが、純友の反乱勢力は相当に根深いものであったことは九四一年の純友敗死の三年後、九四四年、純友を殺した橘遠保が暗殺されたことからわかる。そしてその翌年、反乱の場となった山陽道を「筑紫神輿」を担いで「志多良《しだら》神と号する」歌舞の行列が純友の死を弔うかのように進んできた。この三基の神輿は菅原道真の怨霊、宇佐春王、住吉神であったが、先頭は道真の神輿であって、これは純友の蜂起が道真の怨霊を旗印として戦われ、志多良神の行進もそれをふまえたものであったことを示唆する。彼らは山城国の入口、山崎までやってきて、対岸の石清水八幡宮へ繰り込んで、そこに鎮座したが、それは神がかった「女」、巫女の「吾は早く石清水宮に参らん」という託宣によるものであった。よく知られているように、同時期の平将門の反乱において、将門は「新皇」を称したが、それは「左大臣正二位菅原朝臣の霊魂」によって宣言されたものであり、宇佐神宮の八幡神が神がかった巫女が託宣したものであった（『将門記』）。純友と将門は同じ道真と宇佐神を担いで蜂起したことになるが、どちらも巫女が動いているのが興味深いところである。志多良神の行進の巫女は神輿「宇佐春王」にしたがった巫女であろう。「宇佐春王」なる神格は不詳だが、巫女の氏は宇佐の辛島氏（秦氏の一流といわれる）につらなる漆島氏の巫女であろうか（中野幡能一九九八）。

この志多良神の歌舞列は鼓を打ち、次のような「童謡《わざうた》」を歌いながら行進してきた。

月は笠着る。八幡種蒔く。いざ我らは荒田開《ひらか》む。
志多良打てと神は宣《のた》まふ。打つ我らが命千歳、志多良米。
早河は酒盛れば、その酒、冨る始めぞ。
志多良打たば、牛はわきき（湧）ぬ。鞍打敷け、佐米負せむ。
反哥
朝より蔭わ蔭れと、雨やは降る、佐米こそ降れ。

冨はゆすみきぬ。冨は鎖懸《くさりかけ》ゆすみきぬ。宅儲《もうけ》よ烟儲よ。さて我らは千年栄て。

（『本朝世紀』天慶八年八月三日。私見により読み下してある）

一行目の「月笠着る。八幡種蒔く」という月の笠とは「月の暈《かさ》」のことであり、同時に女性のかぶる笠のことであろう。左図の『一遍聖絵』に描かれた笠を着て背中に月を描いた女は（おそらく）傀儡子の女の姿に同じであろうが、遊女が「あそびども、傘に月を出し」（『栄花物語』巻三〇）ともあるように、月と女の取り合わせはそれ自体が芸能的なものである。それに対して「八幡種蒔く」は男の所作であろう。志多良神を讃える隊列の先頭には、女と男の舞手がいたのではないか。この男女の舞踏には性的な含意があり、それによって農業の豊穣が言祝《ことほ》がれたのである。

この童謡の隊列には相当数の芸能者が含まれていたに相違ない。二行目の「志多良打てと神は宣まふ」という「志多良」は、「我が門のや　垂《しだ》ら小柳　さはれ　とうとう　しだる小柳」（「風俗歌」、我門、『古代歌謡集』日本古典文学大系本）とあるように、細枝が垂れる様子である（「風俗歌」、我門、『古代歌謡集』日本古典文学大系本）。しばらく後にやはり「鎮西」からやってきて京都紫野の今宮社についた設楽《しだら》神について「貴賤有翫物事、其名志多良、又云遊」とあることからすると（『小記目録』巻一六寛弘九年二月十八日条）、これは柳の細枝をたばねたような「翫物《もてあそびもの》」「遊」具であって、「しだら」が『名語記』などで手拍子と解釈されることからすると、これで歌舞の拍子をとるのであろう。具体的な形は、現在でも亥ノ子の節供に子供たちが藁鉄砲などといわれる藁で編んだ箒のようなもので大地を打って回る風景が思い当たる。

さらに「翫物」という以上、それなりに細工された遊具であろうから、これは簓《ささら》の最初の形を含むのではないか（参照、柳田国男一九一四）。ササラは細竹を束ね、あるいは竹の先を細かく割った楽器、左の『一遍聖絵』でいえば、男がもった傘に結ばれている楽器である。「志多良打てと神は宣まふ……志多良打たば……冨は揺すみきぬ」というのは、大勢の男女が藁鉄砲や簓のようなもので、童謡を歌いながら行進すれば大地も揺れるというのである。戸田芳実がいうように、この志多良神楽舞は地方的・農村的な色彩を強く帯びた集団的舞踏の記録として始めてのものであって、後の田遊びにつながった（戸田芳実一九七五）。簓《ささら》が田楽の楽器となったのはいうまでもない。

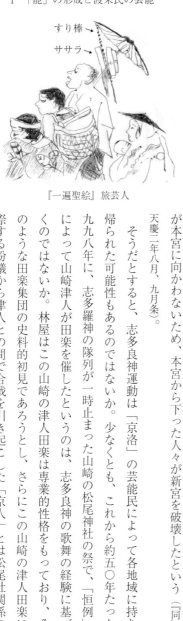

さて、この志多良神の行進について伝える『本朝世紀』によれば、このとき、ほかにも「小藺笠神」「八面神」などという神々が東西から入京したという。これらの神々については何もわからないが、多くは道真の怨霊に関係していたであろうから、東国からの神については将門の反乱と関係があったであろう。『本朝世紀』がこの神々の入京の前に京都で「訛言《かげん》」（あやしい噂）があったとするのは、諸神の動きは組織されたものであったことを示している。それは芸能的な動きを前提としていたろう。たとえば、六年前の八月頃、東西両京のちまたで陰陽の形を臍下に刻んだ男女の神像を飾る祭が行われ（『扶桑略記』天慶二年九月二日）、同時に山科では一人の尼が石清水の新宮と称して「伶人《楽人》を迎え、音楽の妙曲を尽く」して放生会を行い、本来石清水本宮の放生会に行くべき伶人＝楽人たちが本宮に向かわないため、本宮から下った人々が新宮を破壊したという（『同』天慶二年八月、九月条）。

『一遍聖絵』旅芸人

そうだとすると、志多良神運動は「京洛」の芸能民によって各地域に持ち帰られた可能性もあるのではないか。少なくとも、これから約五〇年たった九九八年に、志多羅神の隊列が一時止まった山崎の松尾神社の祭で、「恒例」によって山崎津人が田楽を催したというのは、志多良神の歌舞の経験に基づくのではないか。林屋はこの山崎の津人田楽は専業的性格をもっており、そのような田楽集団の史料的初見であろうとし、さらにこの山崎の津人田楽に際する紛議から津人との間で合戦を引き起こした「京人」とは松尾社関係の京都西八条の住人であるとしている（林屋一九六〇）。これは志多良神の歌舞が専業的な田楽集団を京・畿内へ広げていった一端を示している。

なお、前述のように松尾社の社家は伝統的に秦氏が担っており、それは伏見稲荷も同じである。伏見稲荷も京の八条を氏子圏としているから、両社あわせれば手工業者・職人が集中する京都南部への影響は大きい。とくに伏見稲荷は藤原明衡の『雲州消息』に七条大路付近で開かれた稲荷祭の芸能記事があって、下京に祭屋を営んでいる。もとより『雲州消息』はやはり明衡の『新猿楽記』と同じく一一世紀半ば以降の成立であるが、一〇世紀から同じ実態があったとすることは許されるであろう。なお、林屋は、ここに注目したのであろう、『新猿楽記』の語りの場となった「猿楽見物」を伏見稲荷の「お旅所が舞台です」としている（林屋一九九六）。

私は、以上のような経過からして、戸田芳実が早く主張していたように、志多良神の行進が一〇世紀半ばにおける芸能の成熟と芸能民の専業化の動向を表現し、それを促進するものであったことは確実であろうと考える。そして、その背後には秦氏の直接・間接の影響があったのではないか。

2　村上宮廷と新猿楽の成立

醍醐死後に即位した弟の朱雀は子供がないまま、一五年もの間、皇太子不在が続いた。この中で、東の将門、西の純友が道真の怨霊を旗印にして反乱を起こしたことは、朝野を震撼させた。将門が自分は桓武の血を引くとして新皇と称し、純友の蜂起に後百済の影があったとなればそれも当然のことであった。

しかし、これを受けて即位した村上天皇は安定した宮廷を維持した。和歌と漢詩にすぐれ、自身、琴・笙・琵琶を奏するという、ある意味では歴史上初めて本格的な学者であり、文化人であった証跡を残している天皇である。村上は即位の二年後に清涼殿を新営した際に、内裏桂芳坊《けいほうぼう》に楽所を設けた。大内裏東南の隅にあった雅楽寮より遙かに手近なところに楽人の詰め所が造られたのである。そして一〇世紀末頃からは、楽所には担当の蔵人と楽所別当がみえるようになって、これによって雅楽寮の形骸化が決定的となった。以降、『楽所補任』が示すように、左方は狛氏、右方は多氏という、衛府を中心とした左右両部の組織が定まっていった。

村上の書いた「散楽を弁ぜよ」という策問《さくもん》は都で流行る滑稽な散楽の演目をあげて、これはどういうことかと問うたものである（『本朝文粋』巻三）。これに対して近臣の藤原雅材は、「散楽得業生正六位上行兼腋陣吉上秦宿禰氏安」という名前を作って応答し、天皇の仁政を誉め讃えるために、舞人のみでなく高官までも、市中で流行る散楽を真似して内裏で演じているのですとした。ここには都市の民衆文化が宮廷に持ち込まれ、王が芸能においても都市民の王として現れるようになった文化様相が明らかである。これが後の後白河にまで続いていくことになる。

この散楽が市中から宮廷楽舞の中に取り入れられる動きこそが林屋（一九六〇）のいう「（曲芸や滑稽な俳優態としての）散楽の舞曲化」ということであろう。林屋は、その滑稽態《わざ》の中で実際に人が猿に扮する舞曲が印象的であったために、それが宮廷で舞曲化されたときに、散楽と区別されて猿楽と呼ばれたのであろうとする。実際に村上宮廷で「猿楽」という語が使われていたことは清涼殿の前に猿楽を召して御覧に及んだという記事がある（『日本紀略』康保二年八月二日条）。あるいは、この猿楽も「猿」の仮装を含む舞楽としての散楽であったのであろうか。四〇年ほど後に、中国の宋に渡った僧・成尋は北宋の都における正月の十五日の上元節（韓国の燃燈会、日本の御斉会・修正会にあたる）で、猴《猿》楽舞を見物しているが、成尋は同じものを日本でも見たことがあっただろう（『参天台五台山記』熙寧六年正月）。

さて、林屋は、この猿楽が洗練された結果が、『新猿楽記』において京中の人々が見物に群集した伏見稲荷の旅所の「猿楽」であったといい、その記録が『新猿楽記』とされたのは、その芸態が旧来の「散楽」や「猿楽」から刷新され、「特定の猿楽者という俳優」が登場し、「原始的ではあるが劇的演出にまで発展した」ためであるとし、これが「能」としての猿楽狂言の母胎であったと断言した。私も、その出発点となったものは志多羅神の行進にあったことを確認の上で、これを受けつぎたいと思う。

さて、この中で秦氏出身の芸能民がどう動いたかであるが、彼らが衛府として参加していたことはいうまでもない。たとえば右衛門尉秦身高は九九五年に藤原道兼次男の元服の時に舞って藤原道長から賜衣をうけているが、そのころ年七〇に余りながら「身体曲折、春柳嫋々」といわれている（『藤原実資日記』正暦六年二月十七日条、『藤原行成日記』正暦五年八月二八日条）。彼は村上天皇の時期に活動を始めていただろう。秦氏は狛氏と多氏の下にいたとはいえ、『楽所補任』によっても多くのメンバーが楽所につめていたことがわかる。

ただこれらの秦氏は舞楽生であって、散楽＝猿楽者という訳ではない。これに対して、藤原雅材が「散楽得業生正六位上行兼脇陣吉上秦宿禰氏安」という名前を創作して村上天皇に答えたことには意味があるはずである。「散楽得業生」などという職名は架空のものであるが、これは舞楽一般にくらべて、散楽が秦氏に関係が深かったことを示すのであろう。この名乗り傍点部の「脇陣吉上」とは内裏の中隔内の閤門の脇門に詰める衛府の吉上という下役のことである。散楽＝猿楽者などは下々のもので、民間人ということであるが、実際にそういう秦姓の民間散楽師がいたのであろう。

また『村上天皇日記』の逸文に「大内裏は秦川勝の宅。橘はもと大夫宅の南殿の前庭の橘樹なり。旧跡により、これを殖ふ」とあることも無視できない。これは伎楽＝散楽が聖徳太子から秦河勝に伝えられたという伝承が村上宮廷で生きて語られていたことを示す。村上宮廷が整った王朝の年中行事の文化を作り出したことはよく知られているが、それを作り出す上で、村上の楽舞好きの意味はきわめて大きかったのであろう。

3　傀儡子・細男の異民族性と後百済

村上天皇は「弁散楽」の策問において、宮廷で道化役をしている源邦正について「傀儡《くぐつ》」もその秘訣を聞きたいだろうといい、雅材の回答には同じような道化役「藤醜人」は実際に「傀儡」の真似をしていますとある。先に紹介したように、志多良神の行進の六年ほど前に、東西両京のちまたで陰陽の形を臍下に刻んだ男女の神像を飾る祭があったというが、これはまさに「傀儡《くぐつ》」人形であり、それが宮廷で話題になったのである。

傀儡子の初見は『西宮記』（巻四裏書）所載の延暦六年六月日に「右府命」に「傀儡を召し」とあるものであるが、その語源をめぐって長い論争がある。第一にもっとも一般的なのは、人形説で（角田一郎一九六三）、『和名抄』には「和名久々豆《くぐつ》、楽人の弄ぶところなり」とあって傀儡子とは人形のことだと説明がある。第二は柳田国男「巫女考」（一九一四）の「久具都《くぐつ》」は特別な袋であろうという見解で、ある足利時代の文書にも「クグツ二・歩荷俵二」とあって無視はできないものである（『真珠庵文書』①1）。そして第三が安藤正次（一九一九）によるもので（「久具都《くぐつ》（傀儡子）考」）、一六世紀の韓国の辞書『訓蒙字會』によれば韓国語では傀儡 koang tai、広大（クァンデ）koang tai と発音するが、韓国語の ng は日本語で ga・gi・gu・ge であるから Koang が kugu となる。そして tai が tu となって、kugutu、つまりクグツである。広大は『高麗史』（一二四列伝、全英甫伝）で「国語、仮面にして戯を為す者、これを広大と謂う」と説明されているのが初見だが「国語」としては以前にさかのぼることになる。koang tai に「広大《クァンデ》」という漢字をあてたのは、『楽記』に「この故に清明天に象り、広大地に象る」とあるのによったもので地下の音楽であるという意味であろう。林屋（一九七三）によれば、この一節が『古今著聞集』（管弦歌舞第七）にも引用されていることは、日本の音楽思想においても『楽記』が基礎にあったことを示すという。

さらに安藤は『高麗史』（一二九列伝、崔忠献）の次の記事に注目し、韓国で広大と似た人々である楊水尺《ヤンスチョク》が日本に実際にわたってきたのではないかと論じた。

> 楊水尺は太祖（王建）の百済（後百済）を攻むる時、制し難き者の遺種なり。素より貫籍・賦役なし。好んで水草を逐い、遷徙常

無く、ただ畋猟を事とし、柳器を編み、販鬻を業と為す。凡そ妓種は本は柳器の匠家に出ず。

まず後半から説明すると、「(楊水尺は)戸籍や賦役はなく、水草を逐って移動し、また狩猟をしたり、柳器を編んで販売することを生業としている。妓女《(遊女)》たちは本はこういう柳器作りの出身である」という。楊水尺の「楊」は柳で、「水」は水辺。「水草を逐う」とは『漢書』(匈奴伝)に「水草を逐い遷徙」という匈奴についての表現を流用したものだが、これは韓半島の現実では海藻なども含んでいたであろう。最後の「尺」の音はtiyokで「師」と同じ意味だというから、楊水尺とは「柳器作りの水辺の師(人々)」という意味である。

安藤がいうように、これは大江匡房『傀儡子記』に「男は狩猟、女は遊女を生業とし、定居はなく、テントに棲んで水草を逐って移徙する。北狄の俗に似ている」とある日本の傀儡子の描写に似ている。『傀儡子記』は一二世紀初頭成立、『高麗史』の楊水尺についての記述は一三世紀末から一四世紀初頭の執筆で(浜中昇一九九七)、一五〇年ほどの差がある。またこれらの表現は漢籍から借りたものですぐに実態とはできない。しかし、大江匡房が傀儡を北方の異民族だと認識していたことは事実で、そうだとすれば、その渡来は韓国からであったとするほかない。少なくとも、ここには東アジアにおける旅芸人たちの共通性が現れていると考えることもできるのである。

次に『高麗史』の前半部分を説明すると、その趣旨は楊水尺は、一〇世紀の高麗建国時に滅ぼされた後百済の遺民であるということである。これは韓国の後三国内乱において後百済が崩壊したとき、日本に相当数の亡命者がきて、その中には純友の反乱に関わった人々もいたであろうという前述の事情にかかわってくる。日本に亡命した後百済の遺民の中に楊水尺=広大=傀儡がおり、あるいは亡命した人々が本国の近親者の移住と芸能の伝播の条件となった可能性があることになる。これまで注目されたことはないが、彼らが志多良神上洛の舞踏の列にいた可能性も考えられるだろう。後三国の内乱はそれだけの動揺をまねいたはずである。

このようにクグツの語源から問題を論ずることには疑問をもたれる向きもあろうが、同じような問題は「細男」にもある。これも諸説並立の状況であるが、後藤淑（一九八一）は、①細男をセイノヲと読むのは発生期の語音を示しているが、その使用例が京都・奈良・北九州に限られることは「朝鮮半島の習俗から来た」可能性を示す、②細男は祇園御霊会などの御霊会・疫神祭に関係する、つまり死者に関係する、③細男の白い面布は穢れへの防備、腰鼓も疫神払いに関係するとした。これをうけて野村伸一（一九九七）は細男は韓語音では세남《セーナム》 se nam となるが、このうち nam の発音は和語では難しく、その類似音がセーノオだったとした。

なお後藤は現在の民俗事例をふくむ細男の芸態から、細男舞は傀儡子の芸としてはそれほど重要なものではなかったと結論したが、これは、細男が傀儡とは由来が違い、おもに死者儀礼に関係することを示すのであろう。これについても、野村は韓国巫俗でいう死霊祭儀のセーナム・クッに対応すると考えることができるとした。野村説は後藤の提出した論点のすべてを解き明かしたのである（なお現在セーナム・クッはおもに巫女によって行われるが、巫女が白いものを口にくわえて舞うことがあるという）。

このセーナムの渡来時期は後藤のあげた史料によれば一〇世紀にはさかのぼる。ただ九世紀前半には成立した『内裏式』には大儺（追儺）の祭儀に陰陽師に率いられた斎郎が登場する。この斎郎をセイノヲと読むことができるとすれば（中村義雄『魔よけとまじない』一九七八、塙新書）、さらにさかのぼることになる（なお斎郎は「大唐開元礼」の大儺条などにも登場するので韓国語自体の検討が必要であるが、現状では困難である）。

4　傀儡子の地方展開——播磨と東国

このようにして楽舞・散楽の流行は九世紀の仁明宮廷の時期に始まり、一〇世紀には志多良神の行進に現れたような多様な都鄙の交流の中で地方に広がっていった。それは山路が論文「伎楽・舞楽の地方伝播」（一九八五）で論じたように、八・九世紀地方の国衙・国分寺・一宮などに舞楽の設備・備品と楽人が置かれたことを条件としていたが、散楽・猿楽師、さらに傀儡の地方遊行の面も大きかったであろう。

このうち、傀儡子については『傀儡子記』に「東国は美濃・参河・遠江等の党を豪貴となす。山陽は播州、山陰は馬州《（但馬）》等の党、これに次ぐ。西国党は下と為せり」という地方分布を示した史料がある。

まず播磨からいくと、播磨には秦氏が蟠踞しており、それが秦河勝が播磨赤穂郡の坂越浦に流れ着いて神となったという伝説の基礎となったことはすでに述べた。坂越浦はおそらく一〇世紀頃から摂関家領となったらしく、一一六八年には近衛家領で、石清水へ往来するための淀の渡船を「毛レ三（肥後三池庄）・坂越庄々問男」が用意している（『平信範日記』仁安三年八月十五日条）。坂越は瀬戸内海交通でも重要な港だったので、そこには遊女・傀儡子がいたであろう。遊女の謡う今様には聖徳太子が登場するが、坂越では、それとあわせて秦河勝の伝説が語られたのであろう。

秦河勝を祀る大避神社は赤穂郡に多く、北の矢野荘を含め三濃山まで広く分布しているが、矢野荘（久富保）では、鎌倉時代末には前述の播磨大掾、秦為辰の子孫の寺田（秦）法念は坂越庄や備前や摂津まで所領をもつ「都鄙名誉の悪党」として有名である。彼は隣の坂越庄地頭と強い関係をもっていたという。一四世紀のことだが、矢野荘の大避宮には「神楽男」や「聖法師」などが付属していた（応安六年東寺引付、永和三年学衆評定引付）。法念は大避社の別当・神主・祝職をもっており、息子の範兼は実際に秦を名乗っているから（網野一九六五）、秦氏として聖徳太子と河勝の伝説を知っていたはずである。なお、平安時代までは矢野荘下司が秦氏同族の惟宗氏であったことも注意される。そもそも播磨守護の赤松氏は佐用庄地頭から立身したが、本拠は南の赤穂郡赤松村であり、千草川を下ればすぐに坂越である。赤松氏は村上源氏といわれるが、大田亮『姓氏家系大辞典』が本姓を秦氏とするのは証明できないとしても、さかのぼれば秦氏との関係があったと考えるのは自然である。赤松氏の勢力の絶頂期、赤松満祐（一三八一

〜一四四一）が猿楽を溺愛し、本拠の坂本で勧進猿楽を興行し、そこに矢野荘民が桟敷を打って見物したことが知られる（森末義彰一九四二）。これは『風姿花伝』執筆の頃（一四〇〇〜二年）の赤穂郡の様子を髣髴させるといってよい。

次は東国の傀儡子であるが、『傀儡子記』のいう「美濃・参河・遠江」については一〇・一一世紀の傀儡史料が少ないので、伊豆・相模についてみると、有名なのは、一一世紀初頭に伊豆守となった小野五友（倫）が任地についてから目代を探し、駿河に適材がいると聞いて採用したが、傀儡が国司の館《たち》にきて歌舞を始めたところ、目代が拍子をとって「太くからびたる声」で歌い出し、実は若い頃に駿河の傀儡であったことが分かったという話である（『今昔物語集』二八巻二七）。この目代は「傀儡子目代」とあだ名をつけられたが、その有能さを買われて目代をつづけたという。伊豆や駿河の傀儡子たちは、歌舞などの生業を営み、一部は国の組織の中に食い込み、自由な渡来人身分として賎民とは扱われていなかったのである。

伊豆の『走湯山縁起』によると、この少し前、九七〇年には依智秦永時が伊豆守として、この伊豆山に鎮座する走湯山の常行堂建立の勧進を支える願主となっている。前述のように依智秦氏は百済王氏の下で東国支配に携わっていたから、傀儡たちのあしらいにも慣れていたであろう（永時が実在の人物であることは『類聚符宣抄』巻四などに証拠がある）。『走湯山縁起』は走湯山の地下の「坤元之崛」の中心に「七星台」があったと伝えるが、これは上総国分寺に百済由来の七星台があったことと同じである。走湯権現は元来は「相模国唐浜《もろこしはま》の磯部海漕」すなわち相模国大磯周辺に出現した円鏡であり、高麗の神であったという。走湯山で神を迎えた初木・見津・赤松など一七人の巫女の名が住持の僧の母方として記録されているが、彼らも渡来系の巫女であろうか。また『箱根山縁起』によれば隣接する箱根権現も渡来系の神であった。この神は天竺の姫君が日本に渡航してきて、大磯高麗寺の峯を経て箱根山に登った神なのである。そして高麗寺は「（オキナガタラシ《（神功）》姫が）高麗大神の和光を当州大磯聳峯に移し奉る。因りて高麗寺と名づく」と説明されている。

沖本幸子（二〇〇六）は、この伊豆の走湯権現と箱根権現がどちらも最初は相模の大磯に出現した渡来神であったことに注目し、大磯の高麗寺こそがこの二神が渡来神とされる前提であったのであろうとした。

大磯は相模国府のあった平塚市のすぐ西に位置するから、高麗寺はいわば国衙付属の寺であった。前述のように百済勝義が九世紀半ばに相模守を重任しており、高麗寺の造営に勝義が関わった可能性がきわめて高い。伊豆守依智秦永時も、こういう構図の中で走湯山に関わったのではないだろうか。高麗寺は現在は廃寺となっているが大磯の北西の山に占地する丘陵寺院であって、福田晃（一九八六）はここを修験の寺院としている。発掘調査の結果をまたねばならないが、その根源は中野幡能がいう韓国の影響をうけた修験道の山寺である可能性が高いだろう。

そして沖本は、この地域から今様の大曲「足柄」が歌い出された様子を見事に復元した。つまり、この走湯権現と箱根権現から湯河原あたりまでを含む箱根火山地帯一帯を「足柄」というが、そこに宿る「足柄明神」は鎌倉期に独自の発展をとげた走湯権現と箱根権現の古層に存在した霊山・修験の神であり、東国との境界を守る関の神であった。そして『海道記』が「青墓宿の君女、この山《（足柄）》を越えける時、山神、翁に化して歌を教えたり」という。『更級日記』の記主、藤原孝標娘が伊豆の足柄山の麓に宿った時に、「遊女三人《あそびみたり》」がやってきて歌を歌ったというというのも有名な話であるが、彼女らも足利明神から歌を習った巫女であったのかもしれない。それを聞いた孝標娘の一行は「西国の遊女はえかからじ」（西国の遊女と異なる）と褒め感じたという。

『今様の濫觴』（尊経閣所蔵）には美濃青墓《あおばか》の傀儡子たちを中心とした後白河院をふくむ今様の相承系図が書かれているが、その冒頭には次のようにある。

宿《（青墓）》に今様はじまる事、相模こいその翁のながれをもちて秘蔵することなり。
足柄十首、萬寿之年に宮姫《みやき》、小三《こみ》に伝之

傍点部の「こいそ」とは明神が「翁」の姿をもって現れた場所であるが、『曾我物語』に「小田原・国府津・渋美・小磯・大磯・平塚・三浦」と並べられた、東海道の大磯より一つ西に位置する宿駅である。『海道記』が「青墓宿の君女、この山《（足柄）》を越えける時、山神、翁に化して歌を教えたり」とするように、そこで足利明神が遊女に歌を教えたという。右の引用部分にある「宿」とは注記したように美濃の青墓《あおばか》宿であるが、足利明神の歌が、萬寿之年間（一〇二四〜八）に宮姫《みやき》に伝えられ、次ぎに小三《こみ》に伝えられ、さらになびき――四三――目井などの著名な青墓《あおばか》の宿の遊女たちの今様となったという訳である。足柄明神が示現して「足柄十首」の神歌を伝えたという伝説が東海道の宿々の遊女＝傀儡たちに共有されており、彼女らは今様の技倆をそのように意識し、沖本のいうように足柄明神を「自分たちの起源と深く関わる」ものととらえていたのであう。なお、『今様の濫觴』では、宮姫が「天暦皇女」、つまり村上天皇の娘とされていることからすると、ここには芸能の天皇としての村上に遊女たちが系譜を求めたことも示されているが、彼女らの心意の奥には、自己の渡来民的起源の意識があったとみたい。

もちろん遊女は多様な境遇から生まれるから、そのすべてを異民族性をもつ傀儡と捉えることはできない。遊女を「うかれめ」と読めば『万葉集』の遊行女婦にまでさかのぼることは明らかである。また『更級日記』では、足柄の遊女について「さてもありぬべき下仕《しもづかへ》などにてもありぬべし」（然るべきところに仕えていた女たちであろうか）といわれている。これは彼らが史料でも確認できる「京から淫《うか》れた女」である可能性を示している（保立一九九九）。しかし流浪の女性が傀儡子の生き方に出会うことは十分にありえただろう。

三　太子信仰と大和猿楽

棚橋光男『後白河法皇』（一九九五）が論じたように、一二世紀以降、院は都市王として芸能の世界を爛熟させていき、その芸能的逸脱は王権の基礎をゆるがすほどのものとなった。その象徴が一〇九六年、京都を狂ったような喧噪に巻き込んだいわゆる永長大田楽であるが、その火元は白河院と娘の郁芳門院媞子にあった。この田楽の大流行は都鄙に広がり、波を大きくしながら、有名な北条高時の田楽狂いまで続いた。

その中で宮廷舞楽を継承する近衛府の官人は侍猿楽といわれた京都に居住する職業的芸能者となっていく。興福寺・春日社の翁猿楽に象徴されるもっとも伝統的な仏神事猿楽が院政の下で京都に移植されたというべきであろうか。彼らは舞楽の演目では散手や貴徳などといわれる走物の芸をもって六勝寺の修正会などで除魔の宗教的な役割を果たした。それを代表するのが鬼走りであり、能勢朝次『能楽源流考』（一九三八）は、この呪師の楽舞三番が猿楽能の翁舞三番の原型であったとしている。

問題は、この呪師＝侍猿楽の下に下衆猿楽といわれる民間芸能者が組織されるようになったことである。その猿楽は呪師の厳粛な呪義を引き立たせる烏滸《おこ》の業であったが、下衆猿楽は呪師猿楽を徐々に取り込み、自己の芸能を徐々に洗練していき、広く田楽の乱舞に影響をあたえていった。表章（二〇〇五）の用語では「乱舞猿楽」である。

この院政期における下衆猿楽の中心は丹波の矢田庄を本拠（本座）とする丹波猿楽の一派で、彼らは国堺を越えてすぐ南の摂津宿久庄に法成寺座、さらに南にいって淀川をわたったところに位置する榎並庄に新座を派出させている。なお『傀儡子記』には山陰道の傀儡子を「馬州《（但馬）》等の党」とするが、この「等」は中原広俊の詩に「丹波国傀儡」とあることからすると丹波を含むらしい（日本思想大系本の頭注）。そうだとすると、彼らの矢田―宿久―榎並というテリトリーは本来は傀儡子としてのテリトリーであった可能性が高いだろう。従来は丹波に法成寺の庄園があったことが機縁となったという理解が一般であるが、むしろ傀儡子の芸能の世界に京都の侍猿楽＝呪師が入り込んでいって、丹波猿楽の集団が形成されたのではないだろうか。前例を外れていく院政期の組織のあり方としては、こういうルートを考えたい。

1 倭寇的状況と芸能民の渡来

一二世紀から一四世紀の東アジアは、モンゴルの建国（一二〇六年）、高麗征服（一二五八年）、三別抄の反乱（一二七〇〜七三年）、モンゴルの日本侵攻（第一次：一二七四年、第二次：一二八一年）、北条幕府の滅亡（一三三三年）、韓半島に対する倭寇の本格的開始（一三五〇年）、明王朝の建国（一三六八年）という激動の時代であった。しかし、この中で東アジア諸国の間での人と情報の交流はむしろ増大した。本書で野村伸一が述べるように、それは東アジアの芸能世界にも衝撃をもたらしたはずで、この中で猿楽は劇場性・興行性・都市性を強めて「能」に発展していった。

しかし残念ながら、この時代の国際関係史料は、禅宗・律宗などの僧侶に関わって残されたものであって、彼らは中国の新知識や聖教を入手することを優先していた。しかも、彼らにとっては「本場」の中国に渡ることが第一であったから、この時代の文化・宗教交流を示す史料はほとんど日宋・日元関係に限られ、肝心の韓国関係の記事が極めて少ない。これは日本文化に骨絡みの中国中心の事大主義が史料の残存状況にあらわれたものである。またより根本的にいえば、芸能は一つの技能・技術であるが、技術の伝播というものは本質的に文字では伝わりにくい。東アジアからのさまざまな技術は十分な証拠はないものの、一般に比叡山を中心とする顕密仏教のシステムがその伝来の媒介をしていたとされる。その後は重源による東大寺大仏の再建にともなう中国の宋の技術体系の伝来が想定され、さらにそれは後にふれる西大寺を中心とする南都律によって継受された（馬淵和雄一九九八、山川均二〇〇六）。しかし、それらは技能をもった人間・人間集団の渡来によって果たされたのであって、その様相は文字資料にはほとんど残らないのである。

ただ、倭寇に関する史料からは、野村が想定するようなある程度まとまった韓国の芸能民の日本来住を想定しうる。つまり、一三八二年に慶尚北道寧海郡を侵した倭寇は実は高麗の「禾尺」が詐って「倭賊」のふりをしたものであった。同じ事件は翌年にも起きており、韓国西海岸の「禾尺と才人」がやはり詐って倭賊を称したという。『高麗史』は「禾《（水）》尺」を「即ち楊水尺なり」と説明しているが、この楊水尺が日本の傀儡子と同じ芸能民であることはすでにふれた。ここで「禾尺（楊水尺）」が「楽を作して」物乞いする人々である「才人」と一緒に行動していることからは（浜中一九九七）、「禾尺＝楊水尺」も芸能民の性格をもつことが分かる。

楊水尺が倭賊と称したことには倭寇集団との実際上の関係もあったと考えるべきであろう。村井章介は、一三五六年頃、全羅道で活動していた「禾尺と才人」が「済州人」とともに高麗国家から同じ位相の存在として徴用され、北辺の防衛に動員されたことに注目している（『高麗史』恭愍王世家・五年九月庚辰）。明証はないものの「楊水尺」には済州島人と共通する漁民・海民としての性格もあったのであろう。少なくとも彼らが済州島の人々と連携していたことは事実である。そして、高橋公明・村井章介がいうように、済州島の人々が倭寇と連絡していた状況証拠は否定できない（高橋公明二〇〇〇、村井二〇一〇）。藤田明良（一九九七）は、そこに中国浙江省の海民勢力も参加していたことを明らかにした。

このような関係の詳細は不明であるが、しかしその根が深かったことは、一〇〇年ほど前の『高麗史』（元宗一年二月・一二六〇年）に「済州は海外の巨鎮なり、宋商と島倭と、無時往来す」とあることに明らかである。ここでいう「島倭」とは倭寇の日本側の中心となった「三島倭人」と同じで、対馬・壱岐・松浦（なお博多が加わることもある）の人々である。「禾尺と才人」は少なくとも済州島人を媒介にして北九州の人々と関係を維持していたに違いない。

その関係を通じて「禾尺と才人」が日本に移動し、野村がいうように、身に付いた芸能や仮面その他の用具をもたらした可能性は十分にある。野村は著書『東シナ海文化圏』(二〇一二)において、東アジアの芸能民俗の歴史的鳥瞰によって中国江南・韓国・沖縄・日本が同じ文化圏にあったことを論じたが、それに対応する世界である。

私は、東シナ海における諸民族混淆の倭寇的状況はすでに一一世紀から始まっていたと考えている(保立一九九九)。たとえば一〇九三年、韓半島の西海岸において、「宋人・倭人」が乗り組み、「水銀・真珠・硫黄」などを積載した武装商船が拿捕《だほ》されている。高麗の側が、この商船に対して「ともに我が辺鄙《へんぴ》を侵さんとほっす」ものだと警戒心を露わにしているように、この動きは、本質的に後の倭寇と変わらない(『高麗史』宣宗世家。一〇年七月)。そこでは宋商の動きが大きいとはいえ韓半島の人々も何らかの形で参加していたに相違ない。そもそも第二節で述べたように、「禾尺=楊水尺」が日本に移住する動きは、時によって規模の相違はあるものの、一〇世紀から連続する根強い動きなのである。

日韓の交流は日宋関係とは違って、韓国と北九州を結ぶ濃密な局地的関係であった。そういう局地的関係は本来的に文献史料には残りにくい。しかし、たとえば、一三七五年、元の第二次日本攻撃の後に断絶した高麗と日本の外交関係を再開するために派遣された通信使、羅興儒は間諜であると疑われ監禁されたが、高麗人で若い時に日本の僧侶に従って日本に渡った良柔という僧侶の仲介によって無事に帰国することができたという(『高麗史』羅興儒伝、『高麗史節要』伝、辛禑二年一〇月)。これは通信使の関係で『高麗史』に偶然に残った史料であるが、このようなことは実際には相当数あったに違いない。ただ芸能のような習俗性をもつ文化の行き来に必要な交流となると、まったく文献として残らなかった。

しかし、モンゴルの高麗支配、それに対する三別抄《さんべつしょう》の抵抗と高麗王朝の内部闘争、そしてモンゴルの日本攻撃などの中で多くの人々が日本に移動してきたことは確実である。とくに最初は江華島に籠城した三別抄が拠点を済州島に移し、そこもモンゴルに占領されたという経過は注意したい。一二八一年（弘安四）九月、つまりモンゴルの第二次攻撃の直後に鎌倉幕府は「異国降人」の監視を命ずるとともに、「他国（日本の諸国のこと）より始めて来り入る異国人等の事、制止を加ふべし」と命令している。これは戦争捕虜以外に「異国人」が新顔の人々をふくめて日本国内を動き回っていたことをよく示している。この「異国人」の多くは韓国の人々であったと考えざるをえない。

北條時代末期に櫛売の供御人が櫛と共に特権的に販売していた「伊勢白粉」などの「八種の品・十種の色」を、「唐人・傀儡子」が「諸国七道で恣に売買する」ことを蔵人所に訴え、それに応えて蔵人所が「新儀非分の売買」をやめさせた（香取田所文書）。ここでいう「唐人」は韓国人を含むから、彼らの中には新しくやってきた人々も含まれたはずである。そして「唐人・傀儡子」と並んでいるということは、必要に応じてこれらの「唐人」は芸能の業にも従うことがあったであろう。

新来の韓半島の人々は日本での生活の道を拓く上でさまざまな手づるを必要としていたろう。とくに右の「伊勢白粉」を販売したという「唐人」などは相当の資本をあやつる人々が背後にいたはずである。大塚紀弘（二〇一七）は京都七条に「金源三次郎」という日本生まれの「商客」がいて、一二二〇年に彼が死去した後も、その「金党」の「余流」が拠点をもっていたという興味深い事実を明らかにしている。大塚は「金氏を名乗る中国系の日本商人はほかには確認できない」としながら、この金氏を中国系とする。あまりに史料が少ない中で臆測を重ねても仕方ないが、しかし、この金氏が韓国系であった可能性は否定できない。

前述のように、一四世紀までの日本社会は多民族社会としてこういう人々を相当数受け入れる柔軟性をもっていた。たとえば秦氏分族の惟宗氏は一一一六年、一二六一年に対馬守となっているが、モンゴルの第二次襲来の直後、一二八三年、一二八八年と続けて対馬守となっている。後の対馬の戦国大名、宗氏が惟宗氏であることはこれに関係している。彼らは韓国の人々との間に独自のルートをもっていたのであろう。また周防国の在庁官人で、有力な戦国大名となった大内氏は百済聖明王の子孫であると称していた。大内氏がそれを理由として韓国と関係をもとうとしたことはよく知られている。

2　聖徳太子信仰と律宗・禅宗

「能」が「能」になる上では、院政期において「下衆猿楽」といわれた人々、また田楽法師の芸能が、前述の強い宗教的性格をもった呪師猿楽、仏神事猿楽に並ぶような立場と意識を獲得することが何よりも重要であった。彼らにとって呪師の宗教的・呪術的権威に対抗して猿楽を自立させることは芸能者としての希求であったに違いない。そのためには烏滸の芸とされた猿楽を、独自の宗教意識の中に位置づけ直すことが必要であったのではないか。

これまで「能」と仏教との関係については、まず時宗が強調された。たとえば林屋は世阿弥は時宗との関係で同朋衆であったとしたが、村井康彦のいうように世阿弥が同朋衆であったというのは無理で、時宗の信徒であったというのも難しい（村井一九九一）。もちろん、松岡心平（一九九一）がいうように時宗こそが芸能に都市的な興行性をあたえた宗教であって、時宗が阿弥号をもったさまざまな芸能者の母胎となったことは村井も否定していないが、現在一般的なのは世阿弥と禅宗の関係の強調である。まず世阿弥が故郷の大和田原本の禅寺の檀那であって「至翁善芳」の法諱をもっていたという史料が紹介され、また世阿弥がつねに東福寺の住持、岐陽方秀と禅談をしていたという記事が禅の抄物にあることが紹介された。これによって世阿弥の禅機が本物であることが証されたのである。

しかし、右に述べた「下衆猿楽」の芸能を自立させる力をもった仏教思想は世阿弥の父の観阿弥に即して考えなければならない。そして能楽者たちが聖徳太子――秦河勝から、その芸能を受けついだと考えていた以上、まず何よりも問題にすべきは聖徳太子信仰である。太子信仰についての歴史研究は林幹弥『太子信仰の研究』（一九八〇）の段階でほとんど止まっているが、その原型は奈良時代、中国天台宗の第二祖、南岳慧思禅師が生まれ変わって太子となり、太子は小野妹子に命じて禅師の故地を尋ねさせ初めて法華経を日本にもたらしたという伝説であった。これは天台宗を中心に広がったが、四天王寺の西門は極楽に通ずるという浄土信仰もあって、白河院の時代から院の四天王寺参詣が続く中で、太子信仰は朝野に拡大していった。そして後白河の今様狂いの中で、聖徳太子はいわば仏教の祖であり、仏教王であるのみでなく、芸能の祖としても尊崇をうけたのである。後白河が編集した『梁塵秘抄』は太子伝説が多くの今様の中に歌い込まれていたことを示し、同『口伝集』には病者や盲人が太秦広隆寺に籠もって今様を一心に謡って病を直したとか、播磨高砂の遊女が聖徳太子の今様を謡って立派に往生したという物語がある。

一三世紀、中国南宋から輸入された禅宗と律宗が新しい宗派として朝廷と北条幕府でもてはやされたが、この禅宗と律宗の教義の中には深く聖徳太子信仰が組み込まれていた。それが能楽者にとって親しいものであったことは、金春禅竹の『明宿集』の「禅・教・律・真言等ノ祖師、一体分身ノ御事」という仏教と「能」の「翁」との関係を述べた一節に明らかである。つまり『明宿集』は教（天台）・真言については一般的な記述にとどまるのに対して、禅・律については記述が具体的である。まず禅については「達摩大師、東土ニ渡給フトテ、聖徳太子ノ御先生《せんじよう》、震旦ノ衡山思（慧思）禅士ニ向テ、日本化度ノ方便ヲ契給」とある。つまり、聖徳太子は中国の南岳慧思禅師の生まれ変わりとされているが、それは東アジア禅宗の祖師、達摩が生まれ変わって日本に行けと指示したためだというのである。これは当時の禅宗文献に頻出する伝説である。そして禅竹は太子と達摩は「翁の妙用・実体と知るべし」としている。『明宿集』は律宗については「律ハ興正菩薩（叡尊）ノ律儀、御入滅ノ実否ハ不知。秘伝ニ云、春日ノ一ノ御殿ニ入給フト云々。然バ翁ノ用身也」とする。日本の律宗の祖といってよい叡尊上人が「春日ノ一ノ御殿」に入って「翁の用身」として存在しているという春日社に直結する秘伝である。そして鎌倉時代に太子信仰を大きく広めたのは実は律宗であったことは、叡尊が河内磯長の太子廟・法隆寺・四天王寺に深く関わり、住寺である西大寺で太子講を始め、京都の速成就院（東山太子堂）にも関わっていたことなど、林幹弥が論じた通りである。

律宗の最盛期は叡尊の最晩年の一五年間のほどのことで（叡尊の死は一二九〇年）、この時期に叡尊は従来の北条氏との関係のみでなく亀山院との深い関係をもった。その極点は一二八四年、亀山院が北条氏の推挙もあって叡尊を四天王寺別当に任命し、翌年に四天王寺に行幸した時点であろう。この時、亀山は舞楽を観覧したが、細川涼一はその舞楽の演目にあった「胡飲酒」は胡人の酒飲みの醜態を嘲笑するという趣旨のものであるので、亀山院の賛同をえて飲酒（売り酒）の禁制を強調していた叡尊にとっては、どうしても上演したい題目であったと推定している。ところが、随行していた大内楽所の多忠有が、この舞の舞手に予定された四天王寺舞人、秦広栄について、正規の伝授をうけていないと異義をとなえるという事件が起きた。これは四天王寺舞人の側からすると、秦広栄の祖先は村上源氏の源雅行から伝授をうけていると主張したが、亀山の兄の後深草院の時に認められなかったという根深い問題であったらしい。しかし叡尊が秦広栄に口添えをしたため、亀山院はその場で多忠有に伝授を命じたという（細川涼一　二〇一九、なお保立一九八七も参照）。

四天王寺の舞人は多く秦氏が勤めていたが、内裏楽所の多氏・狛氏からは「散所」の芸能であると見下されていたことは、早く林屋（一九六〇）が論じたところである。これに対して叡尊が亀山院に取り次いで、秦氏の要求を通したことは秦姓の芸能者全体に伝わったに違いない。亀山院については世阿弥の『申楽談儀』にも「丹波のしゅく《宿》は、亀山の皇帝の御前にて申楽をせし時、長者になさる。新座・本座・法勝寺《法成寺》の三座の長者なり」とある。「しゅく」を人名ととるか、摂津宿久庄の法成寺座を意味するかは別として、亀山院の周囲に猿楽座の地位を認める雰囲気があったのであろう（亀山院が田楽法師其駒の娘に皇子を生ませていることについては、参照松岡一九八七）。

叡尊は鎌倉時代に新しく聖徳太子伝説を組み上げていった法隆寺の僧、顕真と連携して法隆寺の運営にも関わった。この顕真は聖徳太子の従者、調使麻呂（調子丸）の子孫を称して鎌倉時代の法隆寺の実際の中興の祖となった人物であるが、調使麻呂という人物は『日本書紀』や『七代記』などの奈良時代の書にはみえず、一〇世紀の『聖徳太子伝暦』などに初めて聖徳太子の従者として登場する。顕真は、その著作『聖徳太子伝私記』において、さらにそれをふくらませ、実は調使麻呂は百済聖明王の宰相の子で百済王が聖徳太子に奉った従者であり、太子のみならず、父の用命天皇や母后の死去に際しては柩を担いだなどと論じ、調使麻呂は太子の死後に法隆寺に入ったとしたのである。それとともに見逃せないのが、顕真が秦河勝の伝説もふくらませたことである。秦河勝の物部守屋討伐に際する活躍を細かく記し、さらには太子の母后、間人皇女の柩も調使麻呂とともに担いだことになっている。これは叡尊も同じで、叡尊は河内の教興寺を秦河勝建立の寺院であり、そこには太子が河勝にあたえた仏舎利が納められているとして復興している。この教興寺を「秦寺」ともいっていることが興味深い(『感身学正記』)。

秦河勝と調使麻呂は聖徳太子を支える人々の双璧であり、一人は百済の宰相の子、一人は秦始皇帝の生まれ変わりという訳である。さらに律宗では、聖徳太子は救世観音、后妃は大勢至、そして秦河勝は広目天にあたるなどと語られることになった(林幹弥一九八〇)。『風姿花伝』が秦河勝を毘沙門の化身としていることは本章冒頭でふれたが、一二七〇年に遠江橋本宿の長者妙相という遊女が河内磯長の太子廟に参詣して霊夢をみて毘沙門の像を造立し、その由来を願文に書いて像の胎内にいれたことも、秦河勝＝毘沙門という信仰が深くしみ通っていたことを示すのであろう(『鎌倉遺文』一〇七〇二)。秦河勝＝広目天という観念もそれに関わるに違いない。

3　大和の仏神事猿楽座の実相――坂戸座・竹田座を中心に

さて、「能」の形成の舞台となったのは、一四世紀の大和国における興福寺・春日社の仏神事猿楽に奉仕する大和猿楽の座衆であった。坂戸座《さかとざ》(金剛座)・竹田座(金春座)・結崎座・外山座《とびざ》の四座であるが、ここでは坂戸座・竹田座を中心に検討することとする。

この大和猿楽座の実態を考える上でもっとも参考になるのは『楽所補任』の保安三年（一一二二年）の条に「新任、山村時高、右舞人、東大寺」などとみえる衛府の府生であり、東大寺の舞人の家柄にあった山村氏の一族であろう。かって稲垣泰彦（一九六二）が詳細に明らかにしたところによれば、彼らは実は東大寺領小東《こひがし》庄の庄司でもあった。大和の仏神事猿楽の奉仕者は、芸能身分の寄人として寺社に仕え、また状況によって都の楽所の楽人を兼ねるが、生活の根拠の一つを大小の地主経営においていたのである。

以下、この想定にそって検討していくが、まず法隆寺の近くの坂門郷の坂戸座（金剛座）は一五世紀末まで「猿楽屋」を法隆寺南大門の外においている法隆寺付属の色彩の強い座である（『大乗院寺社雑事記』文明九年五月一八日条）。林屋（一九六〇）はこの座の起点を平安時代に求めている。平安時代の坂戸郷の土地本券紛失状（『平安遺文』六二七）にでる僧「長仁」は『藤原宗忠日記』（保安一年四月十日条）に「近代散楽法師」として名が出るのと同一人物であるというのがその根拠である。なお林屋は、この長仁が婿の狛延重に本券を預けており、延重は奈良に住む楽人であるから、長仁も楽人であろうとしたが、正確にこの文書を読み直すと長仁は狛延重と「同姓」とあるから、彼が法隆寺に奉仕する狛姓の楽人であったことは確実である。

なお『申楽談儀』に「金剛は松・竹とて、二人、鎌倉より上りし者也、名字なし猶々尋ねて記し置くべし」とある。末尾の「名字なし云々」とは世阿弥が彼らの本姓を知らなかったということである。彼らは秦姓ではなく、鎌倉で有力な楽人であった多氏、狛氏であったのかもしれない（荻美津夫二〇〇七）。なお、この文章の「松・竹」の二人が鎌倉から上ったというのは、『能楽源流考』のいうように、鎌倉時代、北条氏の推挙によって鎌倉から楽人が上ったというのであろう。天野文雄は論文「鎌倉末期の田楽界と相模入道高時」（二〇〇四）において、田楽狂で有名な北条高時が、一三三〇年（元徳二）、役者を推挙して東大寺田楽座に押し込もうとしたという興味深い一連の史料を紹介している。そこに安東平右衛門入道という人物が登場しているが、この人物は北条氏の御内人《みうちびと》で叡尊・忍性と

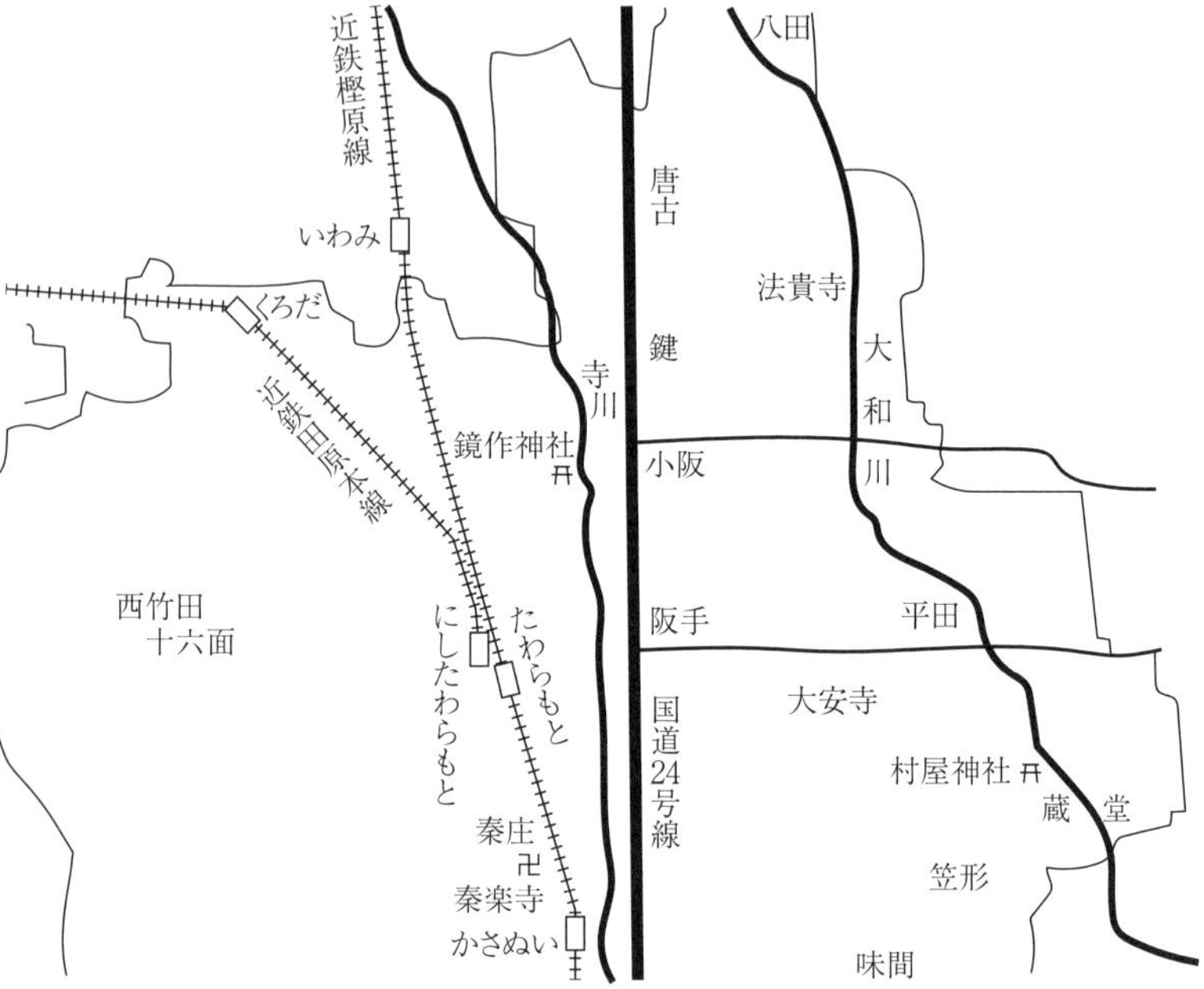

田原本町の地図。山路『中世芸能の底流』より

密接な関係をもって律宗を支えたことで有名な安東蓮聖の息子の沙弥円恵であって、円恵は前年に死去した蓮聖が「菊石」という田楽法師を押し込んだのを引き継いでさらに人事に介入したのである[1]。「松・竹」の場合も、法隆寺に対しても北条氏から同じような推挙があったのであろう。

次に竹田座（円満井座）は、興福寺に属する大和猿楽の本座である。『風姿花伝』は、秦河勝の子孫、秦氏安のさらに廿九代目の後裔が大和猿楽の竹田座の当主である光太郎・金春であるとし、竹田座は「聖徳太子の御作の鬼面、春日の御神影、仏舎利」を伝えるとしている。また下間少進の伝書を写し伝えたという奥書のある風姿花伝書に秦氏安には三人の子がいたが、「第二の金春、春日ニ宮仕、即為先祖、立秦楽寺、此門前ニ金春有屋敷」とある。つまり秦氏安の子の金春が春日社に宮仕して、先祖のために秦楽寺を建て、門前に自分の屋敷をおいたというのである（能勢朝次「円満井猿楽考」『能楽源流考』第二篇一章）。

これは伝説であるが、能勢が言うように、秦楽寺は一三世紀作成の梵鐘の銘に「大和国森屋郷新(秦)楽寺」とある実在の寺院であって、名前からいって秦氏の氏寺である。藪田嘉一郎（一九六四）は東大寺の重源の『南無阿弥陀仏作善集』（建仁三年〈一二〇三〉頃執筆）に、自己の作善の一つとして「秦楽寺ノ南ニ施入、半丈六迎講像一体」をあげていることを指摘した。これは「秦楽寺ノ南」に仏像を置いたことを意味するが、それは「秦楽寺を立て、この門前ニ金春屋敷あり」という竹田座の長者の屋敷の堂であった可能性があるだろう。現在、秦楽寺は旧地から離れて笠縫に移転しているが、それでも本尊の千手観音は百済王から聖徳太子を経て秦河勝に下賜されたものと伝えられているのは（松岡二〇一一）、これらの反映であろう。

さて、藪田が「秦楽寺は、ここが秦姓の楽戸の所在地であるがための寺名である」としているように、竹田座＝秦楽寺は「はじめに」でふれた百済の味摩之が伝えた伎楽《くれがく》（呉楽）を伝習する品部・楽戸の集住する「楽戸郷」の伝統をひいていた。「楽戸郷」の位置は大和国城下郡の杜屋村であるが（『延喜式』雅楽寮）、これは『和名抄』の城下郡室也《むろや》郷にあたる。[2] 室也《むろや》郷は一〇世紀には東大寺領杜屋《もりや》庄となっているが、右に地図をかかげたように、村屋《むらや》神社の近辺の蔵堂・笠形・味間のあたりが中心である。そして秦楽寺梵鐘の銘に「大和国森屋郷新楽寺」とあるから、秦楽寺＝竹田座が「楽戸郷」の故地、「森屋郷＝（東大寺領）杜屋庄」にあったことが明らかである。

なお山路の論文「『楽戸』の伝統」（二〇〇六）が述べたように、竹田座の竹田は、興福寺領竹田庄の竹田であるが、竹田庄は入り組み散在の庄園で、その境域は杜屋庄から初瀬川（大和川）を下ったところの法貴寺、唐古、八田のあたりから、その西南へ、寺川沿いの鏡作神社から田原本、西竹田にまで広がっている。山路は、これらを確認した上で、図の東北の法貴寺付近には興福寺大乗院領の「舞庄」という小庄園があり、一九八三年に大字法貴寺の溝から鎌倉時代の翁面（父尉）が出土していることに注目し、舞庄という地名が直ちに猿楽と関係しているかはわからないが、面の出土とともに示唆をあたえてくれるとしている。なお法貴寺には西大寺に寄進された土地があり、また現在、法貴寺集落の中にある法貴寺千万院は律宗で太子信仰に関わる寺であるという（今尾文昭二〇〇〇）。

しかし、藪田によれば秦楽寺は杜屋庄の村屋神社境内にあったから（一九六四）、これでは竹田座の位置は遠すぎる。実際には法貴寺より南、初瀬川沿いの法貴寺と平田・大安寺の間、竹田庄と杜屋庄の境界地帯に竹田座があったというのが妥当であろう。杜屋庄内でありながら竹田庄に属するというのは杜屋庄が東大寺領で、竹田庄が興福寺領であったためであろう。楽戸郷は奈良時代に優勢であった東大寺領杜屋庄となったが、竹田座は興福寺に属して、杜屋と竹田の境界地帯の竹田にも広がっていたのである。

これまで指摘されていないが、秦楽寺には市庭が立っていた。一一七六年（安元二）頃の史料によれば、大和南郷庄司が国中の市で出挙米《すいこまい》の貸し手を探したが、あそち《（阿土？）》・秦楽寺・田原本辺まで尋ねて、やっと秦楽寺で出挙主を見つけたとある（『平安遺文』三七五三）。市庭はしばしば境界地帯の河辺に立ったから、これは秦楽寺が杜屋・竹田の境界地帯に立地するという想定にも適合する。また、これは『風姿花伝』がいう、秦河勝が嬰児として壺に入って大和の泊瀬河（初瀬川）を流れてきた秦始皇帝の生まれ変わりであったという伝説とも関わる。『風姿花伝』は、この壺が三輪神社前に流れ着いたとするが、以上からすると実際には秦楽寺のそばの初瀬川の河辺に流れ着いたという物語として語られていたかもしれない。さらに秦楽寺の「秦」は始皇帝の「秦」であって、「秦楽」とは秦氏の「楽」という意味ではなく「秦の楽舞」の意味でつけられた寺名であったのであろう。これまでこれらは専ら伝説とされていたが、少なくとも楽戸郷の人々と彼らを継ぐ竹田座の座衆は実際にこの秦河勝伝説を語っていたはずである。ここには明瞭に秦氏の渡来民としての意識が認められる。

もちろん、大和猿楽座は、表章（二〇〇五）が強調するように興福寺・春日社に属する仏神事猿楽、式三番の座として、呪師・翁を中心とする性格を持ち続けていた。大和猿楽座にとっては、田楽のような乱舞はあくまでも神事の付属物でありつづけたはずである。だからこそ、観阿弥・世阿弥の父子が足利義満に保護されて華々しい活動を始めた後も、竹田座は大和の猿楽としての立場を維持したのであろう。彼らは寺社の寄人＝楽人としての伝統意識の中に拘束され続けたのである。

4　律宗と結崎座・観阿弥

大和猿楽座には秦河勝や聖徳太子についての強い信仰が存在した。鎌倉時代から南北朝期にかけて太子信仰を主導した律宗と大和猿楽座の関係を具体的にみていくこととしたい。

まず竹田座は、その所在する東大寺領杜屋庄が鎌倉時代半ばには売買・寄進されて東大寺の手を離れ（『鎌倉遺文』一五六五〇）、最終的には叡尊の寺、西大寺の支配に入っている。細川涼一によれば杜屋庄はまず大安寺に寄進されて律僧の供料になり、その後、大安寺自身が西大寺の末寺となっている（細川一九九七）。そして細川が『感身学正記』仁治三（一二四二）年条の注記で懇切に説明しているように、叡尊は「森屋」において五四人の住民に菩薩戒を授けている。さらに前述の秦楽寺は、いつの段階でかは不明なものの（西大寺ではないが）唐招提寺末の律宗寺院となっており、そこからすると叡尊の授戒は秦楽寺で行われた可能性が高い。杜屋庄は名実ともに律宗によって支配されたのである。このように大和猿楽の集団が興福寺・春日社・法隆寺などの本来の奉仕先にくわえて、西大寺流律宗の下に二重に編成されたことは、彼らの宗教性を大きく変化させた。そこにさらに西大寺の叡尊・忍性が朝廷や北条幕府と直接のルートをもっていたことが加わってくる。

能楽史の根本問題である大和猿楽の中からの観阿弥・世阿弥の登場という問題はこれと関係していた。ここでは観阿弥を中心にその事情を述べる。観阿弥の親は伊賀の武士、服部氏の出自であったが、両親は子供を楽人とせよとの春日大明神の託宣によって春日に向かう途中で長谷観音に参詣し、その機縁で観阿弥は「観世」と名乗ったという。『申楽談儀』は服部氏が京女の「落胤腹」に儲けた三人の息子の一人であって、南大和の山田（現桜井市）の猿楽大夫に養なわれて楽人となったと伝える。

結崎座建立については、以前は、成長した観阿弥が結崎座を立てたとされていたが、表章（二〇〇五）が『風姿花伝』の精細な読みによって、結崎座創立は観阿弥以前、鎌倉時代のことであることを確定した。ここではさらに結崎が法隆寺領庄園であり、また叡尊の弟子の忍性の出生地、屏風里《びょうぶのさと》の地であることに注意したい。考古学の今尾文昭によれば、法隆寺から奈良盆地を東南に斜行して下る太子道《たいしみち》は南半が奈良時代前に埋没したが、結崎から北は律宗系集団によって再整備された。つまり結崎は太子道の起点になっており、そこには西大寺に寄進された田地が散在しているという（今尾二〇〇〇）。ここが太子道の起点となれば史料はないものの律宗の辻堂も存在したであろう。

細川もここは律宗にとって大事な場であったという。つまり、一二四四年に叡尊は、忍性の母の十三回忌のためにそこにしばらく滞在し、これ以降各地で行うことになる殺生禁断を初めて興行し、三三八人の郷民に菩薩戒を与えている。その前日には寺川の少し上流で法貴寺の真西にあたる河辺に仮屋を立て、宿々に祭らせた文殊菩薩像を集めて、一千人の非人に施行を行っている。そもそも各宿に置かれた文殊像は忍性が亡母の死者供養のために図絵し、それが教団内で拡大していったもので、西大寺流律宗の非人供養の原点にあったものである（細川二〇一〇）。一二八三年にも結崎での三二〇人への菩薩戒の授与が繰り返されている（『感身学正記』）。

結崎座建立においては、このような律宗の新たな教化活動が一つの条件になったのではないだろうか。先にふれたように『明宿集』には叡尊が「春日ノ一ノ御殿」に入って「翁の用身」となったという伝承があるが、仏神事猿楽にとって宗教性なしの結座は考えられないとすれば、この伝承は結崎座において語られたものである可能性があるだろう。

観阿弥の生没年は一三三三年から八四年であるから、やや後のこととはなるが、観阿弥の若い頃は大和の律宗の絶頂期と重なるといってよい。観阿弥が長谷観音をバックとしていたことも、律宗が全国への長谷寺末寺の展開を主導して長谷寺をなかば包摂しえたこととの関係があったのではないだろうか（瀬谷貴之二〇二一）。

重要なのは、世阿弥『五音』が「太子クセ舞　亡父曲　是ハ、昔、太子伝節曲舞内也、作者不知人」、つまり他人は忘れているが、観阿弥は「太子伝節曲舞」の内の一つを作成したとしていることである。観阿弥にとって、律宗とその主唱した太子信仰からの影響は大きかったのではないだろうか。観阿弥は「いかなる田舎・山里の片辺にても、その心を受けて、所の風義を一大事にかけて、芸をせしなり」（『風姿花伝』）といわれているが、彼は大和のさまざまな仏神事猿楽の場に参勤すると同時に流行の田楽の乱舞の場数も踏んでいたのであろう。観阿弥はその中で秦氏伝来の太子信仰を律宗によって見なおすことで、芸能者として新しい道を開いていったのではないだろうか。普通、観阿弥は田楽の大流行の中で、奈良に登場した百万・賀歌・乙鶴などの女曲舞《くせまい》を「中楽ニ舞出シタリシヨリ」（『五音』）出世していったとされるが、松岡（二〇一二）がいうように、能『百万』の背景には西大寺律宗が奈良坂の般若寺を復興し、そこを場として非人施行に専心したことがあった。観阿弥は律宗が深めた太子信仰を軸にして、伝統的な神事猿楽と女曲舞・田楽の乱舞を統合し、新しい演劇性と宗教性を作りだしたのではないだろうか。

もちろん、「能」のもつ思想的あるいは芸術的・美学的な独自性は極めて高いものがあり、「能」の形成をもっぱら宗教に還元することは誤りである。しかし、本稿ではそこまで問題を詰めることはできず、表層のところで結論らしきものを急がざるをえないが、足利尊氏・直義の兄弟は聖徳太子信仰が強く、尊氏は関東祈祷寺であった太子堂（速成就院）との関係が深く、直義は広隆寺との関係が深かった。そして観阿弥が仕えた足利義満も、三〇代初めまで聖徳太子を篤く信仰していた（林幹弥一九八〇）。天野文雄「井阿弥をめぐる二・三の問題」（一九九八）は義満の周辺では、井阿弥作の「守屋」など聖徳太子の事績を材料にした曲舞がいくつも作られ、観阿弥の「太子クセ舞　亡父曲」も、その一つであったという。あるいは井阿弥も結崎の座衆であったのかもしれないが、彼らにとって太子信仰は義満との結びつきの重要な条件であったのであろう。

天野は尊氏は実は北条高時と同じ「田楽」趣味の持ち主であったことを、芸能世界の「田楽」から「能」への飛躍と結びつけ、それを前提として義満と観阿弥・世阿弥父子の出合いの中で「能」が成立したという画期的な見通しを提出している。そして、義満は観阿弥と出会った後に本格的に禅の宗教的教養の世界に入り、同時に聖徳太子信仰の直接性から離れたという。太子信仰から禅へ。おそらく観阿弥・世阿弥も二世代をかけてこの道を辿ったのであろう。世阿弥が六〇歳になったとき、生地とされる結崎ではなく杜屋庄の禅寺、補巌寺で出家したことは、世阿弥の段階において太子信仰の母胎となった律宗との縁がすでに薄くなっていたことを示すと考える。なお、前述のように『明宿集』は禅宗の項では聖徳太子にふれながら、律宗については叡尊が「春日ノ一ノ御殿」に入って「翁」となったとのみ伝えるが、これは世阿弥・禅竹の時代には能楽者はすでに律宗の太子信仰に現実感をもてなかったことを示すように思う。

おわりに

かって喜田貞吉は「大和における唱門師の研究」（一九二〇）という論文で、大和奈良坂の北山宿という非人宿から、南北朝時代に独立した「五ヶ所・十座」という声聞師の組織は、観阿弥などの能楽者をも含んでいたとしたことがある。これは大山喬平「中世の身分制と国家」など、歴史学界においてもやや曖昧な形で受けつがれ、松岡心平もそれに流されて同様の論述をしている（松岡二〇一一）。本章冒頭で引いた論文で、山路はこれは芸能者というとすぐに「河原乞食」という言葉をもちだす偏見だと断じた。伝統芸能を蔑視した明治の「文明開化」史観の繰り返しだというのである。

実際には、論じてきたように大和猿楽の能楽者は興福寺に楽人として奉仕する寄人であり、渡来民という自己意識を秘めた自由な芸能身分である。それに対して、唱門師は一四世紀にあらたに形成された乞食芸を所業とする賎民身分である。唱門師はおもに乞食で生きていた北山非人の組織の中から乞食芸を行う存在としてむしろ新しく作り出された身分であろう。その一つの契機となったのは一二六九年に叡尊の非人施行救済運動の総仕上げのようにして奈良般若寺、北山宿で行われた大規模な非人供養であったろうか。時の春日神社神主は、その様子を「非人皆以持斎、面々前々ニミアカシ（御燈）ヲ進之。此等ヲ供之時奏音楽、其後、聖人タチ大行道ヲスル也」と驚嘆をもって記録している。ほぼ同様のことが畿内一円で行われた非人供養で行われたはずであり、この中で非人たちは思い思いの乞食芸で生きる境地を社会的に演技したのである。

　これは微かなものであったとしても非人の人生環境の前進であり、律宗の非人救済事業の結果であったのではないだろうか。芸能としての猿楽は、その過程で律宗の動きと響き合うようにして、非人たちの乞食芸が文化的・宗教的に認められるような環境を作ったということもできるだろう。この意味で、松岡が「能『百万』の背景には西大寺流律宗とこれに関係する非人宿や芸人の面影が濃厚に存在する」として（二〇一二）、観阿弥の芸能の中に律宗やその非人救済事業との関係を読み込み、叡尊たちの運動は北山宿に代表される非人宿を引き上げ、非人階層をその芸能をふくめて歴史の表舞台に強く押し出すような運動であったと述べているのは正鵠を射ている。「百万」などの女曲舞の背景には西大寺律宗が奈良坂の般若寺を復興し、そこを場として非人施行に専心した事業があったことは、「百万」の主題である母子の別離が西大寺で起きたこととされていることに明瞭である。

　西大寺流律宗は日本の宗教の中でおそらくはじめて死の世界の現実を深く照らし出した仏教の宗派であった。それは死者の供養と追悼に専心し、死の世界にもっとも近いところで生きた非人の救済事業を遂行する中で獲得された宗教の深みであり、それによって律宗は仏教のあり方を刷新したのである。そこから文観のような異能の律僧が登場し、北条時代末期から後醍醐の時代を彩ることにもなった。京都泉涌寺などを場として展開した律宗の教学の位置も無視できない。

私は、この現実の死の世界、非人のみでなく多くの人びとが面と向かわざるをえない業苦の世界に対する宗教的な凝視の力が「能」の世界にあたえたものは実り豊かなものであったと思う。これが「能」の基層に存在した死者との対話の夢幻世界の宗教的な条件であったのではないか。

以前は日本仏教と葬送の問題は浄土宗の往生の理念と禅宗の中国的葬送を中心に論じられていたと思う。よく知られていた圭室諦成『葬式仏教』などは律宗への言及は数行しかない。それはここ二〇年ほどの律宗を含む研究の進展によって大きく切り替わったのである。もちろん、細川が強調するように律宗と葬送との関係はあくまでも当時の国家体制の枠内で機能したものである。それを象徴するのは天皇家の葬送を律宗の泉涌寺がもっぱら担うようになったことであろう。そこにはさまざまな限界はあった。しかし、律宗と「死」の関わりは、さらに仏教と死の関わりは、そういう枠組みをこえて、「能」に表現された「死」との対話という文化の形成の条件となり、また仏教はそれによって支えられたのではないか。


本書で竹内光浩が述べたように、多田富雄の新作能『望恨歌』は、世阿弥の『砧』という曲想の中に百済由来の井邑詞を組み込み、東アジアの芸能が人の死を問い追悼することの歴史性を見事に浮かび上がらせた。

さらに私には多田が日韓の芸能が根っこのところではよく似ているのではないかという問いを発しているようにみえた。本章は、それに教えられ、導かれて、日本芸能の本格的な出発に際して百済の芸能の位置が大きかったこと、そしてそこから始まった民族の芸能の創造においても、実は秦氏という渡来民＝芸能民による営為が大きかったことを論じた。そしてその中で、「能」と太子信仰、律宗のもつ関連を論じて、「能」における死の世界との対話と仏教の深い関わりという問題に到達した。今後は、この「死」の文化の問題をさらに広く韓国と日本における宗教と芸能の相互的な影響という背景の中において、少しずつでも考えていきたいと思う。

律宗の問題については細川涼一、馬淵和雄の両氏にご意見をうかがった。細川氏には該当部分の原稿を読んでいただき懇切な御教示をうけ、馬淵氏には律宗と東アジア技術の導入についてレクチャーをうけた。深く感謝したい。

注

（1）『東大寺文書』1/25/508、および6/3を参照。天野は1/25/508の（2）の文書の宛先を『東大寺文書目録』（第二巻、奈文研編）に従って「安東平左衛門入道」と読んでいるが、これは「右衛門入道」と読める。つまり円恵である。なお蓮聖・円恵については「泉州久米多寺隆池院由緒覚」（『久米田寺文書』（大東急記念文庫）を参照。

（2）大東急記念文庫本には「室原〈他本也〉」とあるが、これは「原」が他本では「也《や》」となっているという意味である（池辺彌一九八一）

参考文献

天野文雄
　一九九五　『翁猿楽研究』和泉書院
　一九九八　「井阿弥をめぐる二・三の問題」『世阿弥がいた場所』ペリカン社
　二〇〇四　「鎌倉末期の田楽界と相模入道高時」『藝能史研究』藝能史研究會
網野善彦
　一九六五　「播磨国矢野荘」『中世東寺と東寺領荘園』東京大学出版会
　一九八二　『東と西の語る日本史』そしえて
安藤正次
　一九一九　「久具都（傀儡子）考」『国語学論考Ⅲ』雄山閣
池辺　彌

　一九八一　『和名類聚抄郡郷里駅名考証』吉川弘文館
稲垣泰彦
　一九六二　「初期名田の構造」『日本中世社会史論』東京大学出版会
今尾文昭
　二〇〇〇　「叡尊、忍性・律宗系集団と大和の遺跡」『シンポジウム「叡尊・忍性と律宗系集団」』大和古中近研究会
大塚紀弘
　二〇一七　『日宋貿易と仏教文化』吉川弘文館
大山喬平
　一九七六　「中世の身分制と国家」『日本中世農村史の研究』岩波書店
　二〇一二　「葛野大井堰と今井用水」（『日本中世のムラと神々』岩波書店
大和岩雄
　一九九三　『秦氏の研究』大和書房
荻美津夫
　二〇〇七　『古代中世音楽史の研究』吉川弘文館
沖本幸子
　二〇〇六　『今様の時代』東京大学出版会
奥村周司
　一九八二　「高麗の外交姿勢と国家意識」『歴史学研究』大会別冊
表　章
　二〇〇五　『大和猿楽史参究』岩波書店
加藤謙吉
　二〇一〇　「漢氏と秦氏」『日本の対外関係1　東アジア世界の成立』吉川弘文館
喜田貞吉
　一九二〇　「大和における唱門師の研究」『喜田貞吉著作集』10巻、平凡社
後藤　淑
　一九八一　「細男」『続能楽の起源』木耳社

鈴木景二
　一九九六「現地調査からみた在地の世界――近江国薬師寺領豊浦庄・興福寺領鯰江庄」『土地と在地の世界をさぐる――古代から中世へ』山川出版社
瀬谷貴之
　二〇二一「長谷寺観音信仰と中世律宗」『鎌倉』一三〇号、鎌倉文化研究会
高橋公明
　二〇〇〇「海域世界のなかの倭寇」『ものがたり日本列島に生きた人たち　4　文書と記録　下』岩波書店
棚橋光男
　一九九五『後白河法皇』講談社選書メチエ
圭室諦成
　一九九三『葬式仏教』大法輪閣
辻　浩和
　二〇一七『中世の遊女』京都大学学術出版会
角田一郎
　一九六三『人形劇の成立に関する研究』旭屋書店
戸田芳実
　一九七五「律令制からの解放」『日本中世の民衆と領主』校倉書房
中野幡能
　一九九八『八幡信仰と修験道』吉川弘文館
中村義雄
　一九七八『魔よけとまじない』塙新書
西野雅人
　二〇一六「市原市稲荷台遺跡の円丘祭祀」『千葉史学』六九号
能勢朝次
　一九三八『能楽源流考』岩波書店
野村伸一

一九九七　「古要神社の人形戯」『自然と文化』五五、日本観光振興協会
二〇一二　『東シナ海文化圏』講談社選書メチエ

浜中　昇
一九九七　「高麗末期・朝鮮初期の禾尺・才人」『朝鮮文化研究』四号、東京大学大学院人文社会系研究科・文学部朝鮮文化研究室

林　幹弥
一九八〇　『太子信仰の研究』吉川弘文館

林　陸朗
一九七四　「朝鮮の郊祀円丘」『古代文化』二六―一、古代学協会

林屋辰三郎
一九五一　『古代国家の解体』東京大学出版会
一九六〇　『中世芸能史の研究』岩波書店
一九七三　「古代中世の芸術思想」『日本思想大系　古代中世芸術論』解説、岩波書店
一九九六　「インタビュー　中世芸能史研究の軌跡を語る」（インタビュアー竹内光浩・馬田綾子）『歴史評論』五五〇号「特集
中世芸能史との対話」歴史科学協議会

福田　晃
一九八六　「曽我語りの世界」『文学』五七巻、5～6号、岩波書店

藤田明良
一九九七　「『蘭秀山の乱』と東アジアの海域世界」、『歴史学研究』六九八、歴史学研究会

細川涼一
一九九七　『中世寺院の風景――中世民衆の生活と心性』新曜社
二〇一九　「西大寺叡尊と禁酒運動」『仏教史学研究』六二巻一号、仏教史学会
一九九九～二〇二〇　訳注『感身学正記』東洋文庫、平凡社

保立道久
一九八七　「酒と徳政」『月刊百科』三〇〇号、平凡社
一九九三　「日本中世の諸身分と王権」『講座前近代の天皇　第三巻　天皇と社会集団』青木書店
一九九九　『平安時代』岩波ジュニア新書、岩波書店

一九九九『中世の女の一生』洋泉社
二〇〇四『黄金国家』青木書店
馬淵和雄
一九九八『鎌倉大仏の中世史』新人物往来社
松岡心平
一九八七「田楽法師其駒をめぐって」『中世文学』二八号、中世史学会
一九九一「演劇としての宗教」『宴の身体』岩波書店
二〇一一『能　大和の世界』山川出版社
水谷千秋
二〇〇九『謎の渡来人秦氏』文春新書
村井康彦
一九九一『武家文化と同朋衆』三一書房
村井章介
二〇一〇「倭寇とはだれか」『日本中世境界史論』岩波書店
森末義彰
一九四二「猿楽能の発展と社会」『中世芸能史論考――猿楽の能の発展と中世社会』東京堂出版
藪田嘉一郎
一九六四「新楽寺鐘銘と大和猿楽」『能楽風土記――能楽の歴史地理的研究』檜書店
柳田国男
一九一四「巫女考」『柳田国男著作集』九巻　筑摩書房
一九一四「茶筅及びサ、ラ」『定本柳田国男集』九巻　筑摩書房
山尾幸久
一九八九『古代の日朝関係』塙書房
山川　均
二〇〇六『石像物が語る中世職能集団』山川出版社
山路興造

一九八五「伎楽・舞楽の地方伝播」『中世芸能の底流』岩田書院
二〇〇六『中世芸能の底流』岩田書院
山中　裕
一九七二『平安朝の年中行事』塙書房

Ⅱ

中国・朝鮮・日本の仮面舞の連鎖——世阿弥まで

野村伸一

本章要約

東アジアの仮面舞の連鎖を概観し、『望恨歌』は世阿弥以前に立ち返って演じるべきだと提言した。

四節からなる。「第一節　中国の仮面舞」では「1　儺舞の系譜」と「2　歌舞戯の系譜における仮面舞」の二系譜に大別してその歴史を述べた。儺舞は周代以前の禓《ヤン》（横死者の霊、またその追却儀礼）、周代以後の儺に伴う仮面舞である。いずれの祭儀も死者霊の帰趨が共同体の安寧維持と深い関係があるという認識に由来する。ただし、南北朝以降には儺戯化が進展する。一方、漢代以降、西域から仮面戯を含む歌舞戯の流入があり、一系譜をなす。儺舞と歌舞戯の二系譜が東アジアの仮面舞の淵源、源流であり、朝鮮の仮面舞踊《タルチュム》、日本の能もそれに含まれる。これが、本章全体の視点である。

「第二節　朝鮮の仮面舞」は、「1　朝鮮から日本への仮面舞の連鎖――概説」「2　新羅五伎の仮面舞」「3　新羅のその他の仮面舞」「4　高麗の仮面舞」の四項からなる。このうち第4項「高麗の仮面舞」中の「5.高麗時代の村落の仮面舞――「河回別神クッ仮面戯」」の目では「河回別神《ハフェビョルシン》クッ仮面戯《タルロリ》」を取り上げ、①概観、②河回洞の古伝承、そして③では次の視点から連鎖を追究した。1.郷儺、2.巫儀（別神クッ）と寺院儺の結合による法楽、3.年初の寺院儺が地域の主行事となること、4.仮面制作者の死の伝承、5.演戯開始前の戯神祭祀、6.朝鮮と日本の切顎仮面の類似［本章の「朝鮮」は地域名］。

「第三節　中国、朝鮮からみた能楽の仮面舞」は四項からなる。第1項では『風姿花伝』を基に、中楽《さるがく》は儺ということ、細男《せいのう》は男巫の演戯に相当すること、大和の洪水伝承は朝鮮南部にもあることを述べた。第2項では、世阿弥が力動風の舞、天女舞を遠ざけたのは、幽玄の堺を逸脱するからだと述べた。第3項では、世阿弥は翁舞を左右左の人体の舞と右左右の神鬼舞を繋ぐものとして位置付けたとみた。また中国、朝鮮の儺、神鬼舞、演戯開始の際の呪詞、面相などから「翁」舞への連鎖を考察した。第4項では、夢幻能の淵源は巫覡の口寄せ、男巫によるその劇化にあるとみて、済州島《チェジュド》の霊魂泣き《ヨンゲウッツリム》の霊話を例示した。

第四節は提言。世阿弥以前の能への回帰を大枠として掲げ、第一、「まことの冥土の鬼」の召喚と力動風の鬼舞の取り返し、第二、「恨の舞」は、神女舞（巫舞）、菩薩舞を含んだ今日の天女舞として舞われるべきだと提言した。

はじめに

多田富雄の新作能『望恨歌』は植民地期の強制動員被害者の妻、全羅道のある村の老女をシテとする作品である。その主題は、今ここに生きる老女のこころの痛みを伝えることである。古典的な夢幻能とは違い、本作品の上演は容易ではない。過去三人のシテにより演じられたに過ぎない。しかし、韓国釜山公演もあった（二〇〇五年）。今後どのくらい再演されるか未知数だが、再演されて然るべきものとおもう。その日のために、能とは元来、何を表現しようとしたものなのか、東アジアの仮面舞の文化史のなかで考えてみた。

なお能は直面《ひためん》でも演じるが仮面舞を核心とする。それは世阿弥（一三六三／一三六四～一四四三／一四四四）により大成されたが、大成以後の能にも禅竹の作能、演能などがあり、それらを含めて「能」というべきだが、ここでは世阿弥までに限った。

一　中国の仮面舞

1　儺舞の系譜

中国の「儺《な》」［nuó］は「五音十義」（『東方儺文化概論』）といわれるように、多様な読み方、意味を持つが、古代の儺の核心は鬼［gui］（とくに横死した者の霊、強鬼）を逐いやる儀礼である。儺は時代を経るに連れ、儺舞、儺戯、儺俗を伴う複合的な儺文化を形成した。その歴史については、この三〇年ほどの間に多くの論がなされてきた。そのうち曲六乙《チュリウイ》、銭茀《チエンフー》（二〇〇六）は、原始から周代までを「上古儺」、秦漢から唐滅亡後の五代までを「中古儺」（前二二一～九六〇）、それ以降、遼、宋以下清までの儺を「晩古儺」と区分する。

そして各期の特徴を上古儺は神聖なる宗教文化の時代、中古儺は儺戯化への漸変期、晩古儺は儺の地域的拡散と儺戯の普及、「清末民［中華民国］初」の衰退と述べる。[1] 以下、この区分に沿って概観する。

1. 上古儺：禓、宄と儺

儺の開始時期は不詳だが、次の神話伝承がある。張衡（七八～一三九）「東京賦」[2]（蕭統編『文選』巻三、欽定四庫全書）の唐・李善注にある後漢・衛宏『漢旧儀』の文である。

［善曰：漢旧儀曰］、昔、顓頊《せんぎょく》氏に三子有り。已《死んで》、疫鬼と為《な》る。一は江水に居《お》り瘧鬼《ぎゃくき》と為る。一は若水に居り罔両蜮鬼《よくき》と為る。一は人宮、室区の隅に居り、善く人を驚かし小鬼と為る。［顓頊は］是《ここ》に歳十二月を以て、方相氏をして虎皮を蒙り黄金四目、玄衣丹裳、執戈持盾、百隷及び童子を帥《ひき》いて時儺をさせ、以て室中を索し、疫鬼を敺《おいや》った。［引用文中傍線、野村、以下同］

死者霊は諸種の鬼となるので、その追却のためには方相氏の儺が必要であった。これは漢代には通説だったのだろう。ところで、周代の儺礼以前に死者霊儀礼が存在した。禓《ヤン》［yáng また shāng］とよばれる。禓は周代以前、夏に遡り、商（殷）代の甲骨文字（殷墟文字、卜辞）宄《グウィ》［guǐ。元来⿱宀殳、簡略化して宄］にみられる儀礼を経て周代の儺に到った。[3]

2. 上古儺：宮儺のなかの方相氏――仮面の儺舞

『礼記』月令によると、儺は年三回。(一)三月、国儺(二)八月、天子儺(三)十二月、大儺。いずれも方相氏が主導した。方相氏の任務は儺礼での駆疫と葬における悪鬼払い[4](図版1)。またその「執戈揚盾」は一種の舞踏、後世の神鬼舞の淵源となった。

なお、周代には郷儺もあった。『論語』郷党に「郷人飲酒、杖者出《ろうじんいでて》、斯《すなわち》出矣。郷人儺、[孔子は]朝服《れいふく姿で》而立於阼階」とある。但し、仮面舞の有無は未詳である。[『礼記』郊特牲では「郷人禓、孔子朝服立于阼、存室神也」とある。死霊への畏怖と祭儀は東アジア基層文化の核心として今につづく。]

3. 中古儺：概説

儺と楽舞の盛行　中古儺の時代(約一二〇〇年間)は儺と共に楽舞が大いに発展した。秦漢期には領域が拡張し西域の胡舞が到来。魏晋南北朝期には梁の「上雲楽」、また西涼楽(西涼伎)が起こり、これは隋唐時代にも盛行した。このほか胡楽、胡舞の亀茲《きじ》楽[クチャ、現新疆、庫車市]がある。これらの楽舞系統の仮面舞は日本の伎楽、舞楽の淵源でもある。

図版1　方相氏。1919年、朝鮮元国王高宗の葬礼に使用。王朝に伝承された四目の鬼神像をよく表現している。村山智順写真集

十二獣舞ほか　後漢の宮儺の内容は『後漢書』[実は西晋、司馬彪『続漢書』]志・礼儀中に記される。

先臘一日、大儺、謂之逐疫。其儀：選中黄門子弟年十歳以上、十二以下、百二十人為侲子《しんし》。皆赤幘《ずきん》、執大鼗《ふりつづみ》。方相

図版 2　祭壇から降りた儺公、儺母。土老師（男巫）が音楽に合わせてこれを舞わす。貴州省徳江儺堂戯

図版 3　開山。斧を振るって岩を砕き、駆儺をする。方相氏の末裔による神鬼戯。貴州省徳江

図版 4　正月神事（雪祭）に現れ、抱擁する神婆と爺。儺公儺婆の末裔とみられる。長野県新野

氏黄金四目、蒙熊皮、玄衣朱裳、執戈揚盾。十二獣有衣、毛、角。……［黄門倡、侲子和、十二獣神吃鬼歌《鬼を食う歌をうたう》」因作方相与十二獣儛《方相と十二獣が舞をする》。

郷儺の多様化

中古儺の時期に民間では多様な儺がみられた。儺丐《かい》（門付けの儺）および官家の儺隊[5]の出現（南北朝期）、儺礼への仏教の混淆（金剛力士の先導。梁、宗懍『荊楚歳時記』）、「方相専業戸」の発生（北斉）を経て隋唐時代にはさらに①鍾馗など儺神の出現による儺の多様化②儺公・儺母[6]の登場③敦煌儺の成立がみられた。

また後漢末～呉初にベトナムへの儺礼伝播があり、七世紀初には荊楚地方の儺舞と関係する「呉地」の伎楽舞が百済を経て日本に伝播した[7]。

なお、南北朝期の儺隊の家巡り・駆儺や唐代の「儺公、儺母」は後世、中国国内だけでなく朝鮮や日本にも伝わり、多彩な祭祀芸能として伝承されている。中国貴州省の儺堂戯、江西省の儺舞（跳儺）などでは儺公、儺母（図版2）が現れ、また開山などによる神鬼戯がみられる（図版3）。一方、日本の民俗芸能でも儺公、儺母の名残が各所でみられる（図版4）。また韓国の年初の農楽隊には鬼神の末裔のような者がいて、各家の悪鬼払いをする（図版5）。

4. 晩古儺：概説

遼、宋、金、西夏、元、明、清の儺は「晩古儺」に属する。儺戯化が進展し、また儺が西、南方に広がり巫師（巫覡）による儺壇が成立した。ただ遼、金、元時代、宮儺は廃止され巫俗的な駆魔儀礼がなされた。明代に一時復活、清代にはまた排された。注目されるのは宋代の宮儺、郷儺。その郷儺は社火《シャフォ》［社（土地神）の祭祀芸能］や戯劇、民俗のなかに入った(8)。

図版5　韓国の正月の農楽隊に伴うマルトゥギ。棒杭で雑鬼を追いやる。年初の農楽隊の巡行は中国郷人儺の系譜上にある。慶尚南道泗川郡駕山里

北宋の宮儺「埋祟」と儺舞　孟元老『東京夢華録《とうけいむかろく》』第十巻除夕には唐制の宮儺とは全く異なる宮儺「埋祟《マイスイ》」がある。千余人による儺で、方相氏の姿はない。

なお、「埋祟」は同時代の高麗にも伝わった。高麗王睿宗は徽宗の朝廷に使節を度々派遣していたとみられる（『高麗史』十三世家では、金緣〈睿宗七（一一一二）年〉、安稷崇〈一一一三年〉の入宋が記される）。

また『高麗史』六十四志十八には次のようにある。［睿宗十一（一一一六）年十二月］大儺す。先是《これに先立って》、宦者は分儺《儺者を分けて》、左右と為《し》、以て求勝《勝ち負けを競った》。王又命親

王、分主之《わかれてつかさどらせた》。凡倡優雜伎以至外官遊妓、無不被徵。遠近から坌至《おしよせてきて》、旌旗《はた》が亘路《道にたちならび》、充斥禁中。［当日の晩、左右、紛然とし争って呈伎をした。仮面舞もあっただろう。］

晩古儺：宋代の多様な郷儺――打夜胡ほか

『東京夢華録』第十巻、十二月の条に次の記述がある。

十二月……歳節《しょうがつ》が近づくと、市井では皆、門神、鍾馗、桃板、桃符、及び財門鈍驢、回頭鹿馬、天行帖子を印刷して売る。……此の月に入ってから、即《すぐに》、貧者三数人《しごにん》、一火《ひとくみ》を為《な》し、婦人、神鬼を装い、敲鑼《ドラ打ち》、撃鼓《たいこ叩き》して巡門《かどづけ》、乞銭《ぜに乞い》する。俗に呼んで打夜胡と為《す》る。亦駆祟の道だ。

北宋の市井では正月用に門神、鍾馗像、桃の木を用いた護符を門口に張り出した。そして打夜胡《ダーイエフ》［儺隊による鬼やらい］を待った。南宋も同様。これは清代の「跳竈王」「跳鍾馗」に繋がる。［同時代、高麗の郷儺は明確な史料がない。一方、平安時代の日本の貴顕の間では「鬼やらい」があった（『かげろう日記』天禄二（九七一）年十二月大晦日）。］

2　歌舞戯の系譜における仮面舞

1. 張衡「西京賦」の散楽

長安の平楽観［王、御遊の宮館］での散楽百戯が描写される。その一部に「巨獣百尋、是為曼延《まんえん》」、また「東海黄公、赤刀、粤祝《ユエジュ》［粤＝越の呪祷法術を使って］、冀厭白虎《白虎をおさえようとしたが》、卒《にわかに》不能救」とある。前者は巨獣の戯、後者は、東海黄公とぬいぐるみ（または仮頭）の虎との格闘戯［角觝（抵）戯］であろう。

2. 上雲楽

南朝の梁の仮面戯。一老翁が西域の神仙変化の事を演じる。老胡文康が鳳凰、獅子を従え、各地を経巡り、大梁にきて国王の寿千萬歳を願う（周捨〔斉～梁代〕「上雲楽」）〔北宋、郭茂倩『楽府詩集』所収〕。文康の容貌は「青眼、高鼻、白髪」（李白「上雲楽」の注）、老胡の胡はイラン系という。浜一衛はこの西方老胡と従卒は仮面仮頭で演戯をしたものとみた。そして、日本の伎楽の「酔胡」や舞楽の「胡飲酒《こんじゅ》」も「この系統」だという(9)。

3. 西涼伎

「上雲楽」を継承した唐代「西涼伎」。白居易『新楽府』「西涼伎」に「仮面胡人仮獅子」、「如従流砂《さばく》来万里」とある。金学主《キムハクチュ》は上雲楽と西涼伎に共通の特徴として、第一、胡人の舞（胡舞、胡騰舞〈西域由来の跳躍的舞踊〉(10)）、第二、獅子舞〔五色獅子（李白「上雲楽」）〕、第三、国家の威徳称賛をあげた。西涼伎は宋、明代にまで伝承され、明代には郷儺でも演じられた（顧景星『白茅堂集』郷儺(11)）。

4. 法会の場の行像（仏菩薩巡行）

散楽百戯は歴代、諸寺院の法会の場でも演じられ、多くの庶民が見物した。五世紀、東魏、楊衒之『洛陽伽藍記』に描写がある。

5. 唐代、段安節『楽府雑録』にみる仮面舞

『楽府雑録』「鼓架部」の仮面舞には「代面」「鉢頭（撥頭）」、酒飲み男を演じる「蘇中郎」がある。蘇中郎の次に、「踏揺娘」が名前だけ記されるが、これは酒飲みの男が妻を殴っては見物を笑わせる仮面戯である。蘇中郎と踏揺娘は

同一とする説〔王国維、周貽白。浜一衛『散楽考』一〇二頁参照〕もあるが、歌舞戯「蘇中郎」を劇的にしたもの、つまり別の仮面戯であろう。類似の演戯は『楊州別山台戯《ヤンジュビョルサンデノリ》』『鳳山《ボンサン》タルチュム』にもある。そこでも、酒飲み男の酔発《チウイバリ》、また別に老妻をいたぶる亭主が現れる〔ただし、「踏搖娘」における妻は美人で善く歌うとある（唐、韋絢『劉賓客嘉話録』）が、タルチュムの妻は不細工とされる。元来、笑劇なので男女ともに、見るにおかしな容貌だったのだろう〕。一方、日本では舞楽「二ノ舞」の尉と嫗が「踏搖娘」の夫婦を髣髴させるという（野間清六『日本仮面史』芸文書院、一九四三年、一〇八頁参照）。〔但し、「二の舞」は朝鮮のタルチュムの翁と嫗に近い。〕なお代面＝大面は北斉（五五〇～五七七）にはじまり俗称『蘭陵王入陣曲』、朝鮮、日本に伝わった。

6. 宋代の鬼神舞ほか

成尋（一〇一一～一〇八一）『参天台五台山記』第六に都汴京（開封）の芸能の記述がある。

〔煕寧六（一〇七三）年正月十四日〕諸僧行興国寺見物、種々舞楽、雅樂、女舞、童舞等、如相国寺、元三日《がんじつ》見物云々。

……十八日……太平興国寺楽声、始自十四日、昼夜不断、小師等毎日見物、種々術、猴樂舞、不可見盡云々。

……処々皆行見物……名上元節、正月例事也。

但し、名目だけなので、仮面舞の有無はわからない。

道観の場　『東京夢華録』第八巻に（二十四日神保観神生日）、「装鬼〔神鬼の仮面戯〕……装神鬼、吐煙火、甚危険駭人」とある。神鬼を装い煙火を吐きだし人を駭《おどろ》かした。道観は神事だけでなく芸能の場でもあった。吐煙火の鬼戯は高麗朝の宴でもなされた（「有一人作鬼戯《ある者が鬼戯をなした》、含火吐之、誤焚一船、王大噱《おおわらいした》」『高麗史』一二二　列傳　三十五　宦者　白善淵）。

宝津楼での仮面舞

『東京夢華録』第七巻「駕《王の車》登宝津楼、諸軍《雑伎芸人》呈百戯」には「抱鑼」「硬鬼」「舞判」などの神鬼戯がみられる。

……そこへ仮面披髪《ざんばら髪》、口からは狼牙、煙火《火煙》を吐きだし、鬼神状の如き者上場《あらわれる》。青地に金花を貼った短後の衣を着て、金を貼った皂《くろ》の袴、跣足、大銅鑼を携え、歩舞して進退する。これを抱鑼という。［この衣裳、浜一衛は「能の鬼神の衣裳を思い起こさせる」という。(12)］

……面に青緑《ろくしょう》を塗り、面具《かめん》に金睛《きんのまなこ》を戴き、飾るに豹皮、錦繡の看帯などで飾った者が現れる。これを硬鬼と謂う。或いは刀斧を執り、或いは杵、棒の類を執り、脚歩《あるき》、蘸立《とまり》、駆捉《おいかけとらえ》、視聴《様子見》の狀《さま》を為す。……仮面に長髯、展裏《おおきな》緑袍、鞾簡《靴と笏》、鍾馗《しょうき》像の如き者が現れる。傍に一人、小鑼を以て相招《まねき》、和《ともに》、舞歩する。これを舞判と謂う。

浜一衛は以上三種は「鬼の芸で重要な地歩を占めていた」という。(13) その重要性は朝鮮、日本の芸能においてもいえる（鍾馗の影響を受けた処容、猿楽における鬼。後述）。

宝津楼の散楽はなおある。そのうち、「一装田舎児者《ひとりのいなかもの》入場」以下の描写も注目される。

一装村婦者《いなかおんな》が村夫と相値《であい》、各《それぞれ》、棒杖《つえ》を持ち、互相撃觸《互いに打ち合い》、如相毆態《なぐりあいのさまをみせる》。そして村夫は村婦を背負って出場畢《しりぞく》。この諍いは韓国仮面戯の翁、媼を髣髴させる（『鳳山タルチュム』ほか）。ここにも連鎖がみられる。

市井の仮面舞

①瓦子（遊芸場）の伎芸――傀儡戯と仮面舞

『東京夢華録』第五巻「京瓦［都の瓦子場《ゆうげい》］の伎芸」には市井の散楽が諸種みられる。嘌唱《はうた》（［鼓の伴奏の艶歌］、女優たちの雑劇《しばい》、杖頭傀儡《てづまにんぎょう》、懸糸傀儡《いとあやつり》、薬発傀儡《しかけあやつり》、講史《こうだん》、小説《こうしゃく》、散楽［とくに歌舞戯］、影《かげ》戯《え》、諸宮調［諸種の曲調で物語し、歌う語り物］、商謎《なぞあて》、雑班《きょうげん》、神鬼［仮面戯］など。

浜一衛は「宋代の傀儡劇は主として物語を演じており、その他の劇種よりは進んでいた」という。[14] なお中国の傀儡は方相氏の鬼面に由来するという孫楷第『傀儡戯考原』（上雑出版社、一九五三）の所説がある。方相の畏怖すべき貌を形容した語が傀儡だという。これは朝鮮朝初期、崔世珍『訓蒙字会《くんもうじかい》』（一五二七）にある傀儡認識と通じる。

傀광대괴［傀は광대《グァンデ》を意味するもので괴《グェ》と読む。］

儡광대、傀―仮面戯、俗呼鬼臉児［儡は광대《グァンデ》を意味するもので뢰《レェ》と読む。傀儡とは仮面戯で、俗に鬼臉児《きれんじ》と呼ぶ。］

浜一衛は「俗呼鬼腧兒」を引用して「孫氏の方相説を裏書していておもしろい」という。[15] 同感である。方相氏の鬼面＝傀儡、また傀儡は仮面戯のことでもあり、世間では鬼臉児ともよんだ。通称は広大《グァンデ》である。鬼の臉《かお》で象徴された広大は傀儡戯、仮面戯のほか諷刺の狂言にも通じていた。彼らは日本に渡り、大分県宇佐八幡神社奉納のクグツ人形舞を残し、また猿楽能をはじめたとみられる。

②年末の打野胡、正月の大頭和尚

宋代の年末年始の仮面舞は注目に値する。「打野胡」（打夜胡、打夜呵）および「耍和尚《さいおしょう》」（『武林舊事』巻二舞隊）がそれである。打野胡の演者はのち、芸能者「路岐《ルーチー》」（路岐人）として巡回した。康保成《カンバオチャン》によると路岐は元代の「囉哩人《ルオリーレン》」（ジプシー）に重なる。彼らは囉哩嗹《ルオリーリエン》の歌詞を戯曲にもたらし各地を巡った（後述）[16]。なお、この囉哩嗹は高麗時代以降の口音アリ、アラリ、日本のトウトウタラリとも連鎖する（田 耕 旭《ジョンギョンウク》）。[17] そこでは神鬼舞、翁舞の連鎖もあっただろう（後述）。

耍和尚《さいおしょう》は大頭和尚ともいう。舞い手は僧と女性。仮頭（大頭）を着けた僧と婦人との演戯である。文献では明、洪楩《こうべん》『清平山堂話本』所載の「五戒禅師私紅蓮記」が古いものとされる。[18] 長老が紅蓮をみて破戒する。だが、同門の明悟禅師に見破られた。これを恥じて《辞世頌》を書き残し「合掌坐化」する。宋元時代の語り物なのだろう。元初には李寿卿『月明和尚度柳翠』という雑劇が作られた。以降、明代にかけて「度柳翠」の物語は流行した。これは近代にまで伝承され、正月の門付け「大頭和尚」となった。

原話は古代インドの一角（独角）仙人説話に遡る。中国には仏教と共に入り、『大智度論』（鳩摩羅什訳）ほかの漢訳経典に記された。日本では平安末、『今昔物語集』天竺部などに記され流布した。それは能『一角仙人』、さらに江戸時代には歌舞伎『鳴神』として演じられた。一方、朝鮮では文献資料はないが、慶尚北道「河回別神《ハフェビョルシン》クッ仮《タ》面戯《ルロリ》」の僧マダン（後述）および山台都監《サンデトガム》系統劇［李杜鉉《イドゥヒョン》の分類］における長老僧「破戒」の場面がある。これは同系のものだろう。

二　朝鮮の仮面舞

1　朝鮮から日本への仮面舞の連鎖——概説

中国の仮面舞の二系譜——儺舞の系譜と歌舞戯の系譜は時間、規模の差はあっても朝鮮に伝わり、さらにそこから日本に伝わった。伎楽、舞楽だけではない。滑稽な散楽（烏滸の猿楽）、真摯な猿楽（翁猿楽）も朝鮮に多くのものを負っていると考える。まずは以上の連鎖を時代順に概観してみる。［あらかじめ記すと、中国の散楽と同様、朝鮮でも儺舞と歌舞戯が混然として演じられることも多い。］

第一、高句麗の古墳壁画上の仮面の人物。同壁画には中国由来の散楽がいくつかみられる。そのうち安岳三号墳（四世紀中葉、黄海南道安岳郡）［一名、冬寿墓］壁画の舞楽図に仮面の人物がみられる。[19] これは仮面舞を伴う歌舞戯の痕跡とみられる。

第二、百済人味摩之が、「呉に学んで」得た伎楽舞（仮面黙劇）を日本に伝えた（六一二年。『日本書紀』巻二十二）。この伎楽舞の淵源に関しては六朝、荊楚地方の儺舞（前述）、「梁の上雲楽その他」（浜一衛）などがある。いずれにしても百済は梁の仏教文化を積極的に吸収していたので、百済では寺院を中心に仮面舞を含む百済楽が存在していたことだろう。但し、資料がない。

第三、新羅には「五伎」中の仮面舞（『三国史記』）、処容説話および、それと一続きの山神による霜髯舞（『三国遺事』）がある。また黄昌舞（『東京雑記』、十七世紀）も仮面舞である。これらのうち処容伝承とその歌舞戯化の過程（新羅末～高麗、朝鮮朝）は日本の翁猿楽の生成と深くかかわるとみられる（後述）。なお、宮儺は新羅では史料上、確認できない。高麗にはじまり朝鮮朝まで挙行されたとすべきであろう。しかし新羅末までに中国の郷儺および歌舞戯と一体化した儺舞は伝来していたとみられる。憲康王（在位八七五～八八六）の造寺（望海寺）に関連した処容伝承と処容舞、また上記の霜髯舞に加えて山神の玉刀鈴の舞があり、さらに山神舞には亡国の警告としての呪語「智理多都波都波」があったことなど（『三国遺事』、後述）は、寺院の場での疫神追却祭儀（寺院儺）および行幸時に一種の儺礼があったことを示唆する。また新羅五伎は広義の散楽であり、そこには儺舞も含まれていただろう。

第四、高麗時代には八関会、燃燈会および儺礼で山台を設け歌舞百戯がなされた。高麗末、李穡「山台雑劇」によると、「山台結綴似蓬萊《山台を蓬莱山のようにしつらえ》」、海彼からきた仙人が献仙桃のような祝賀の戯をし（「献果仙人海上來」）、つづけて処容舞や各種の散楽が演じられた。［「上雲楽」の老翁文康の到来にも通じる。］

歌舞百戯の担い手は才人《ジェイン》（広大《グァンデ》）、才僧《ジェスン》などである。その多くは北方からきた異民族（楊水尺[20]）の末裔、また元からきた優人とみられる。彼らは朝鮮朝初期まで定居せず移動した。［その日本渡来は大いにあり得た。］高麗の雑戯（散楽）関連の記述は多くはないが、『高麗史』には人形《ひとがた》の前での演戯および仮面舞を示唆するものがいくつかある。

①睿宗五（一一一〇）年、「有優人《ある優人が》、因戯称美《戯によってほめたたえた》先代功臣河拱辰、王追念其功」（『高麗史』十三世家十三）。［河拱辰の人形の前で、またはその扮装をして演戯したのか。］

②「有一人作鬼戯、含火吐之、誤焚一船、王大噱」（前述。『高麗史節要』十一では毅宗二十（一一六六）年四月）。

③一二三六年、「曲宴于内殿、承宣蔡松年奏、『僕射宋景仁、素善爲処容戯』。景仁乗酣作戯、略無愧色」（『高麗史』二十三世家二十三）。［宋景仁は日頃から処容戯が得意で、曲宴でも酒を飲み恥ずかしげもなく演戯した。処容歌に合わせて妻に寄り添う疫神を逐いやる演戯をみせたのか。］

④一二四四年、「曲宴、崔怡進仮面人雑戯」（『高麗史』二十六世家二十六）。［曲宴で崔怡が仮面人雑戯をさせた。③④は高宗（一二一三〜一二五九）在位中のこと。同時期には才人の雑戯、倡優舞などの記事が多い。日本では滑稽な猿楽が盛んな頃だ。］

⑤元宗五（一二六四）年十二月二三日、「致仕宰樞三品員等、迎于郊外《王を郊外にむかえ》、八坊廂両部奏楽、争呈百戯。王駐輦綵棚前、観楽」（『高麗史』二十六世家二十六）。［八坊廂〈音楽担当部署〉の両部が奏樂し争って百戯を呈した。王は綵棚の前でこれを観た。］

⑥『高麗史』百二十四列伝三十七全英甫（?〜一三四八）によると、当時の王室には広大の如き、口の達者な者がいた。その記述の末尾に「国語仮面為戯者、謂之広大（国語では仮面で戯を為す者を広大と謂う）」とある。［高

麗の宮廷にいた広大は弁舌の徒であり、また仮面戯、傀儡戯をなす俳優であった。上記の小広大は大広大らを口先でやりこめた。広大の演戯は参軍戯（智者と愚者による対話劇。唐宋時代に盛行し、宋雑劇、金院本に至る〔浜一衛『散楽考』〕）や日本の狂言に通じる。そしてそれがのちのタルチュムの科白に反映された。」

2　新羅五伎の仮面舞

崔致遠《チェチウォン》（八五七～?）「郷楽雑詠」五首（通称、新羅五伎。『三国史記』三十二　雑志一　楽）は次のとおり。

金丸。（丸投《たま》げの曲芸、『新猿楽記』の品玉）。

月顚。肩高項縮髪崔嵬、攘臂羣儒闘酒盃。聴得歌声人尽笑、夜頭旗幟暁頭催。
（肩高く突き出し、首縮《すく》め髪は崔嵬《そば立ち》、腕まくりの群儒らが飲み較べ。歌声を聞いて観る者は笑いほうけ、夜頭《夜間》に立てた旗幟《はた》は暁《あかつき》まではためいている。）

大面。黄金面色是其人、手抱珠鞭役鬼神。疾歩徐趍呈雅舞、宛如丹鳳舞堯春。
（黄金の仮面を着けた、あの人が珠のついた鞭を手に鬼神を役《使役》す。速くまた徐《おもむろ》に歩みつつみせる優雅な舞は、丹《あか》い鳳凰が堯の春に舞うかのようだ。）

束毒。蓬頭藍面異人間、押隊來庭學舞鸞。打鼓冬冬《どんどん》、風瑟瑟《さらさら》、南奔北躍也無端。
（蓬頭《ぼさぼさあたま》、藍面《あいいろのかお》の異人間《けったいな者たちが》、隊を成し庭に来て鸞［霊鳥］のごとく舞う。鼓音どんどん、風さらさら、南奔、北躍、その舞は無端《奔放だ》。）

狻猊。遠渉流沙万里来、毛衣破尽看塵埃。揺頭掉尾馴仁徳、雄気寧同百獣才。
（遠渉《はるばる》、流沙《さばく》の道を万里渡りくる、毛衣《かわごろも》は破れ埃まみれ。頭を振り尾を打ち仁徳に馴れる、その雄気《雄々しさ》は百獣《並のけものたち》の及ぶところではない。）

月顛、大面、束毒は仮面の舞戯。このうち大面、束毒は儺舞系統の舞とみられる。李杜鉉は流浪芸人竹広大《デーグァンデ》に関する民間伝承を踏まえて「新羅末の五伎の内容」は一連の「五科場のレパートリー」とみられるという。[21] 首肯できる。

金学主は五伎と唐の楽舞を比較対照した。結論は次の通り。月顛は「西涼伎」の胡騰舞とよく似る。また日本の舞楽の胡飲酒《こんじゅ》と胡徳楽《ことくらく》は月顛類似の楽舞だ。大面は「唐戯『蘭陵王』が輸入され新羅化したもの」。これが日本に伝わり「陵王」となった（中国から直接日本に伝わった可能性も認めるが）。束毒と最も近いのは唐戯「蘇莫遮」戯中の渾《こ》脱隊舞《だつたいまい》。

また日本の舞楽の蘇莫者《そまくさ》は番舞《つがいまい》「蘇志摩利《そしまり》」が新羅楽だ。それゆえ蘇莫遮戯全体が「新羅を経て日本に入ったのだろう」という。[22] 狻猊は西涼伎の獅子舞。[23] 一方、日本には伎楽、舞楽の獅子があり、また散楽の獅子も伝わった。能、歌舞伎にも獅子物（獅子芸）があるという。[24] 以上のことから唐の楽舞、新羅五伎は日本の楽舞に連鎖しているといえよう。

3　新羅のその他の仮面舞

1. 南山神、地神の舞

これは一然『三国遺事』巻第二「処容郎望海寺」の説話に基づく。

憲康王の鮑石亭行幸時、南山神が現れ御前で舞った。左右の者には見えなかったが、王独りこれを見た。ある人が現れ王前で舞った［実は山神］。王自《みずか》らその舞を作《な》し、その像《さま》を示した。この神の名は祥審ともいう。それ

図版6　高麗～朝鮮朝初期の処容像。牡丹の花を着けた紗帽を被る。『楽学軌範』（1493年成俔ほか編纂）巻之九冠服図説、処容冠服。成俔등찬、金智勇해제『악학궤범』明文堂、2011

故、今に到るまで国人はこの舞を御舞祥審または御舞山神といっている。……［また神の皃《かおかたち》を審《つまびらかに》象し工人に摹刻《もこく》（模刻）させ後人に示した（仮面舞にした）。］或いは霜髯舞ともいう。……［また北岳神も「玉刀鈴」の舞を舞った。］また同礼殿の宴の時、地神が出て舞った。……『語法集』［伝未詳］には『時に山神が獻舞、唱歌しつつ智理多都波都波などといった』と記す。これは亡国の予兆だったが、国人は悟らず現瑞《めでたいきざし》と謂為《おもっ》て耽楽した。そのため新羅は滅亡した。

上記山神舞は霜髯舞即ち白鬚を着けた翁の舞である。さらに、山神（翁神）は舞いつつ智理多都波都波《チリダドバドバ》と歌った。これは呪詞である。以上の山神舞伝承は日本の翁舞を考えるとき、示唆的である。さらに以上の記述の直前には次の処容伝承がある。処容は東海龍王の子として王前に現れ、王と共に入京した。長じて王政を補佐し、のち疫神を逐う儺神となった。高麗時代には処容歌が歌われ処容翁の舞、戯がなされた。処容は当初は鬼面であったとみられるが、高麗から朝鮮朝にかけては牡丹を戴く柔和な翁面に変貌する（図版6）。この処容舞は中国の鍾馗舞、日本の翁舞と連鎖する（後述）。

2. 黄昌舞

これは少年黄昌の追悼仮面舞かつ剣舞である。閔周冕『東京雑記』（十七世紀）「風俗」は次の様に記す。

舞剣之戯：黄倡郎は新羅人也。諺伝《民間でいうには》、年七歳、入百済《くだらにいりて》、市中舞剣、観者如堵《みるものかきのごとし》。済王聞之《くだらおうこれをきき》、召観《めしてみて》、命升堂舞剣。倡郎《黄倡郎が》、因刺王《百済王を刺し殺したため》、国人殺之《百済人がこれをころした》。羅人哀之《しらぎ人これをかなしんで》、像其容《そのすがたをかたどり》、為仮面《かめんをつくり》、作舞剣之状《ぶけんのさまをなし》、至今伝之《いまにいたってこれをつたえる》。

同じ内容が『増補文献備考』（一九〇八）にもある。これによると黄昌舞は「処容舞と並陳する」。処容の駆儺舞と死者追悼の仮面舞は儺にかかわる。両者は郷儺の舞だったのだろう。

4　高麗の仮面舞

高麗時代には嘉礼として仲冬《十一月》八関会、上元《一月十五日》（のち二月、また四月）燃燈会がなされ、凶礼として儺礼がなされた。いずれも国家儀礼で歌舞百戯（山台戯《サンデノリ》）が伴った。

1．八関会、燃燈会の仮面舞

八関会　太祖元（九一八）年十一月、八関会開催。綵棚の前では散楽、歌、舞がなされた。その記述中に「其四仙楽部《宮中おんがくたい》、龍・鳳・象・馬・車・船、皆新羅故事」とある（『高麗史』六十九　志二十三　礼十一）。李杜鉉は、龍鳳象馬車船は単なる装飾ではなく、「散楽雑戯の内容」とし、漢代の「魚竜之戯」などに当たるもので、「一種の仮面舞」だという[(25)]。

燃燈会　上元燃燈会は仏に仕える行事。二月、四月に移されもしたが、元来は正月十五日になされた。中国の上元節と同様、朝鮮半島でも古来、上元を中心に一年の予祝がなされた（日本の小正月も同様。これらは年末の儺と関連があり、東アジア共通の基層文化を成す）。この民俗が宮廷・寺院の行事となり、燃燈会とされたとみられる。このため上元燃燈会はとかく歌舞百戯が際立ち宗教性は弱まる。高麗時代の燃燈会は法会ではなく王室の安泰、天下泰平を言祝ぐ国家儀礼となっていった。以下は高麗後期の事例。

［高宗三十二（一二四五）年四月八日］、怡《崔怡》燃燈、結彩棚、陳伎楽百戯、徹夜為楽《夜通し楽をなしたので》、都人士女《みやこの士女たちは》、観者如堵《みるもの垣のごとし》（『高麗史』百二十九　列伝四十二　叛逆崔忠献、崔怡）。

この燃燈会は私邸での開催か。崔怡はこの翌月、五月にも盛大な宴を催した。そこでは八坊の廂工《楽工》人一三五〇余人が皆、盛飾《着飾って》入庭し奏楽した。その絃歌鼓吹は轟震天地《天地をとどろかした》。伶官《楽官》、両部の伎女、才人《グァンデ》には金帛が下された（同上）。こうした伎楽百戯のなかでは才人の仮面舞も当然あっただろう。

2. 宴の場の歌舞百戯

通常の宴の場でも歌舞百戯、さらには仮面舞がなされた。『高麗史』には鬼戯、処容戯、仮面人雑戯の記述がある（前述）。このほか、次も仮面舞である。

［忠恵王（後）四（一三四三）年、五月二十一日、新宮造営の役徒のための宴で］王置酒、観儺戯、歓甚起舞《王はいたくよろこび起ち上がって舞う》……有人作乞胡戯、賜銀五十両（『高麗史』三十六世家三十六）。

この乞胡戯は蘇莫遮（前述「束毒」参照）。唐、慧琳『一切経音義』によると、蘇莫遮は胡語、西亀茲《きじ》国由来の仮面戯である。それは七月の悪鬼逐いの民俗から起こった。元来、儺戯の場にはふさわしい歌舞戯であった。

3.　儺礼のなかの仮面舞

高麗の儺礼は『高麗史』六十四志十八軍礼、季冬大儺にみられる。侲子、方相氏、唱帥が仮面を着けて悪鬼を逐う。それは唐初、顕慶（六五六〜六六一）の「顕慶儺制」の「翻版」である。悪鬼逐いのあとに大祝が太陰之神（月神）を祀る点まで顕慶儺制と一致する。[26] しかし、中国同様、高麗の宮儺も変容する。睿宗十一年の大儺では「宦者分儺、爲左右、以求勝」とあり、あらゆる芸能者が徴集された（『高麗史』六十四、前述）。

儺の演戯内容は高麗末の李穡「駆儺行」（牧隠詩藁巻之二十一）にみられる。前半にある「十又二神恒赫霊」は十二支神舞を指す。後半では五方鬼と獅子舞（「舞五方鬼、踊白沢《獅子》」）、吐火、呑刀の散楽雑技、胡人の仮面戯、「新羅処容」の舞、「魚竜蔓延」類似の仮装の演戯がある。[27] このうち処容舞はとくに好まれたようで、やがて処容戯として巷間に流布した。

4.　神人と翁——処容を巡る儺舞の連鎖

『高麗史』七十一志二十五俗楽に「処容」がある。簡略だが、高麗人のみた新羅処容伝承の核心を伝える。すなわち処容は月夜の市の辺で歌舞をしたが、所在は不明。人は神人とみなし、歌を作ったという。

処容歌は『高麗史』にはないが、朝鮮朝初期の『楽学軌範』巻五にある。[28] その冒頭、処容の徳は羅候〔唐代にインドから中国に導入された九曜《くよう》神の第八黄旛星〕のように高く、人語を語らないものの「三災八難一時に消滅せり　あ、翁よ　処容の翁よ」という。処容歌には「熱病神」への呼び掛け、その返答、また第三者（巫覡?）のことばもみられる。高麗後期の処容舞は芸能化していた。東アジアの芸能連鎖からみて、次の二点は重要である。

①鍾馗舞との比較――金学主の所説　金学主は、1.発生説話、2.門神としての性格、3.仮面舞戯としての特徴、4.儺礼の駆疫神としての位置、その他の面から鍾馗と処容を比較した。その結果、「あらゆる面で類似点乃至共通点を求めることが出来た」と述べた[29]。同意する。とくに、鍾馗、処容は元来は若者の表象だったが、神化されるに連れて翁姿へと変貌すると述べた点[30]は日本の「翁」を考える上で示唆的である。

②処容舞と翁舞との比較――金賢旭《キムヒョンウク》の所説　金賢旭は韓日比較芸能史の視点から翁の生成問題を日本中世の翁神信仰の高調と関連させて論じた[31]。そこでは渡来集団秦氏が日本の翁神信仰に深く関与しているとし、秦氏と関係の深い八幡、稲荷、松尾の各神話伝承を取り上げた。いずれの神も翁姿で現れること、各神話には渡来系文化を示すモチーフがみられること、また八幡と稲荷の縁起にみられる「翁、童子」の身体互換形式は能の「翁、千歳」の構造に通じるという。その上で、秦氏は新羅の山岳信仰（道教と巫教信仰）を日本に伝え維持してきたこと、その土台から能の翁が生成されたと結論付けた[32]。

金賢旭は、能の翁の成立にとって朝鮮半島の宗教文化、とくに渡来集団秦氏の役割が大きかったことを例証した。これは首肯できる。但し課題は残る（次項参照）。

神人を翁とすることの連鎖　金賢旭は、処容における儺舞を「土着的追儺の舞[33]」とみなし、そこから出発した。これに対しては以下のような問題提起をしたい。

第一、鍾馗ほか、神の翁姿は中古以降の中国でも広くみられた（前引金学主。また中国の土地神は通例、翁、媼の姿）。それゆえ処容や日本中世の諸神の翁姿は東アジアの中近世的表象というべきである。

第二、鍾馗に集約される中国の儺礼、歌舞戯、神としての翁形成などを踏まえて処容舞、翁舞を再考する必要がある。

第三、高麗後期に巫・芸能者の集団が日本に移住した可能性を考慮すること。彼らは戯神としての仮面（含翁面）を携えるだけでなく、神を翁として表現することに通じていたとみられる(34)（後述）。

5. 高麗時代の村落の仮面舞――「河回別神クッ仮面戯」

高麗時代の村落の仮面舞に関する文献資料はない。但し、韓国では「河回《ハフェ》別神《ピョルシン》クッ仮面戯《タルロリ》」をソナンクッ(35)（村祭《マウルクッ》）仮面戯の代表とし、その成立を高麗時代中、後期のものとする(36)。これは首肯できる。加えて、この仮面戯は「翁」の生成に示唆する点が多い。以下、概観、古伝承、考察の順に記した。

[1]「河回別神クッ仮面戯」概観(37)――

慶尚北道安東《アンドン》郡豊川《プンチョン》面河回洞《ハフェドン》（現、安東市豊川面河回里）では例年のソナンクッ（洞祭《ドンジェ》）のほかに三年、五年または十年に一度ほどの間隔で別神《ピョルシン》クッをし、そのなかで農民による仮面戯が演じられた。別神クッは他地域では巫女《ムーダン》が主宰するが、河回では山主《サンジュ》（堂山主、司祭）がソナン女神（村神）の啓示を受けて開催する。別神クッをしなければ、神罰があり、病人が続出する（崔常壽、一九五九）、また、神の啓示のほか精神病者（「精神異状者《ママ》」）の治療のためにする（『部落祭』、三二頁）。つまり村の異変への予感、村人の病が契機となる。

山主は毎月、一日と十五日にはソナン堂にいき、村民の祈願内容を聞いた。十二月の神託で開催が決まると広大(38)や有司（庶務係）らを選任した。山主と十五人の広大らは別神クッの期間中（年初の十五日間）、家に戻らず洞舎（村の集会所）で共同生活をした。洞舎は村中央にあった大きな建物で一九四〇年代に燃えてしまい現存しない。そこには元来、寺院があったという(39)。洞舎（寺院）が仮面戯の根拠地だったことの意味は大きい（後述）。

十二月の末日または正月二日にソナン堂内で降神の儀がある。このあと、山主らはソナン竿《デ》、降神竿を掲げて下山する。このとき、閣氏（ソナン女神）は広大の肩車に乗り（舞童《ムドン》）、仮面姿の広大らは農楽を奏でる。一行は洞舎まで路戯《キルロリ（キル・ノリ）》をし、洞舎前では仮面戯をした。仮面戯は別神クッの最終日、堂祭の際にも演じた。河回の別神クッは一九二八年の開催が最後、以後、途絶えていたが、一九七〇年代後半に当時のクッの聞書がなされ、復元されて今日に到る。

仮面戯の各マダン

李杜鉉（『朝鮮芸能史』一九九〇）によると、各マダンは次のとおり。

降神以下、キルロリ（路戯）。
第一場《マダン》　舞童。閣氏役が舞童舞をしつつ観衆から賽銭を集める（乞粒《コルリプ》）。
第二場　ジュジ（獅子）。獅子頭を手にした二人による闘いの演戯。開場の厄払いか。
第三場　白丁《ペクチョン》。白丁がぬいぐるみの牛を倒し屠畜のさまをみせる。乞粒。
第四場　老婆《ハルミ》。ハルミが機織りしつつ歌で苦難の身の上を語る。乞粒。
第五場　破戒僧。若い女と僧の交歓。［耍和尚《さいおしょう》、能「一角仙人」に繋がる（前述）。］
第六場　両班と学者《ソンビ》。両班らと従者チョレンイ、若い女による演戯［両班諷刺の狂言。朝鮮朝の仮面戯に継承。日本の能、狂言の初期形態か］。
第七場　還財。下級官吏別差《ビョルチェ》が現れ、「還財を納めろ」と叫ぶ。還財は農民に穀物を貸与し収穫後に返済させる制度。それを悪用した官吏への諷刺。［一九八〇年代の公演では省略。顎の欠けた仮面のイメがこの役を担った。[40]］

以上で降神後の仮面戯は終了。だが、一月十五日にソナン堂で堂祭がなされ、その際、村民の見守るなかで再び仮面戯がなされた。終了後、広大らの合宿は解かれるが、閣氏広大と両班広大、有司二名、チョン広大は残った。彼らはその日の深夜、村の入り口の畑のなかで婚礼の儀をした。

第八場　婚礼。婚礼の式のあと、新婦（閣氏広大）と新郎（青広大）とが初夜の共寝をする。これは村のソナン女神の慰撫のためだという。(41)

第九場　餞別《ホッチョン》コリクッ（雑神への道饗）。コリクッは雑鬼雑神を送る巫祭。河回でもこの部分は巫堂《ムーダン》らによりなされた。彼らは四、五日前から村に招かれていたという。なお以前はムーダンたちは別神クッの最初から参加し、仮面戯にも出演していたという。(42)

②河回洞の古伝承——

村のソナン女神の来歴　河回の女神は元は戊辰生まれの義城《ウィソン》金氏、実在した女性。十五歳のとき、近隣の月涯《ウォルエ》から河回に嫁ぎ、幾日もしないうちに夫に死なれた。子もなく一人で暮らし、恨《ハン》多くして死に、のちソナン神になった（『部落祭』(43)）。上記の「婚礼」はこの女神の慰撫のためにする。これは東アジアに一般的な「冥婚」の演戯化ともいえる。なお、一九二八年に閣氏役を担った李昌熙によると件の女性は十七歳で嫁して死んだ。それで閣氏役は必ず十七歳の少年が引き受けた。(44)

河回洞の支配的な家系の興亡　河回洞には「許氏《ホシ》宮殿에《に》、安氏《アンシ》터에《(の)地に》、柳氏《ユシ》배판（杯盤《ベパン》）」という口頭伝承があった。これについて、一九五〇年代に崔常壽《チェサンス》は、「許氏一族が第一に居住していたが、次に安氏が居住し、その次に柳氏が住んで今に到るとのこと」と聞書した。(45) 柳漢尚の聞書でも「高麗中葉以前まで」は許氏が住み、末葉までは安氏、「李朝初から柳氏」が住んで今に到るという。(46) 高麗時代に許氏と安氏がいて仮面が作られたことは確かだろう。

図版7　神聖視された河回洞の仮面。村山智順所蔵写真

図版8　河回洞の山主と神鈴。

仮面制作伝承　河回には仮面制作伝承がふたつある。

第一、許道令《ホトリョン》が「神から仮面制作を命じられ」秘《ひそ》かに作っていたが、若い女が覗き見したため、許道令は血を吐いて死に、仮面の顎が未完成に終わった（現在の登場人物イメの顎なし仮面）。村人は許道令の慰霊のためにソナン堂の近くに壇を造り毎年祀っている。[47]

第二、河回には新羅以来、いつの世にも一人ずつ神名を理解する者が現れた。広州安氏の一族で、神は洞祭の末日に出現する。この日、神竿を堂に捧げその前に祭壇を設け、巫女たちが舞う。そのとき神が現れる。この安氏の一人が仮面を秘《ひそ》かに作っていたが顎を作り忘れ、神の怒りに会い血を吐いて死んでしまった。[48]

［許氏も安氏も仮面を以て神に奉仕する家、巫系であろう。］

神聖仮面（図版7）　河回仮面は神聖視された。「別神行事以外には、みてはならず、やむなくみるときは、神に告げてからみた」。うかつに扱えば、村に変事が生じると信じられていた。[49]仮面はソム（藁製の入れ物）に入れて洞舎の棚に保管した。［元来は寺に保管したのだろう。］

神鈴の飛来伝承　河回には「大きな拳」ほどの鈴がある（図

版8)。これは「昔、どこからか飛んできて落ちた。そこにソナン堂を建て」、仮面と共に洞舎に保管している。(50) このソナン堂は巫俗および仏寺と深い結び付きがあったとみられる。鈴は巫具。巫女の鈴は「悪精」を退け、善神を招く。鈴の音は「神の声」でもある。また神鈴は「巫の守護神が宿るもの」でもある。一方、男巫は揺鈴を用いる。これには仏教の影響がある。(51)〔河回の神鈴は巫儀と法会の媒介となったとみる。〕

3 「河回別神クッ仮面戯」の考察――

「河回別神クッ仮面戯」(以下「河回仮面戯」)は芸能の連鎖の観点からみるとき、何を伝えているか。以下考察、六点ある。

考察1：郷儺――村落の安寧維持のための仮面戯

両班柳氏は前代からの堂祭(上元、四月八日の二回)と別神クッ仮面戯に参与はしないものの許容した。それは、堂祭とくに別神クッ〔数年に一度の臨時の祭〕が地域の安寧維持、共同体の秩序更新に不可欠ということを諒解していたからであろう。

河回洞一帯では「別神クッをみなければ、死後、いいところにいけない」といわれていた。一九二八年には近隣から多数の人が見物にきた。堂祭日は立錐の余地もなかった。仮面戯は見物客が多ければ、一日に三回演じることもあり、最終日はソナン堂の近くで二度演じた。舞は即興的なもの、慶北地方のモンドゥリ舞《チュム》」〔=허튼춤《ホットゥンチュム》。不定形の肩踊り〕が主であった。(52) これは一九七八年の李昌熙からの聞書だが、近代以前も同様とみられる。河回仮面戯は降神後、随時、演じられた。それは神事であり祝祭であった。この性格は同時期(鎌倉〜室町時代)の日本の村落における神事猿楽にも通じるだろう。いずれも郷儺といえる。

考察2：巫儀(別神クッ)と寺院儺の結合による法楽

河回仮面戯は別神クッの戯《ノリ》と寺院の法楽から生じたもの

と考える。河回別神クッは地域の寺院と提携してなされた儺（寺院儺）でもある。木製仮面での演戯には法楽の意味もある。それゆえ神聖視され寺院内に保管された〔元来、巫祭では祭儀に用いたものは不浄として焼却する。仮面も近代に到るまで不浄とみなされてきた。李杜鉉によると、仮面はタル탈とよばれてきた。タルはまた事故（災厄）、病をも意味する（『韓国의仮面劇』、一志社、一九七九年、三二頁）。それもあって、『鳳山タルチュム』や『楊州別山台戯』などでも、以前は公演後に焼却するか壊したという（同、一二三頁）。一方、チベット系寺院では仮面を保管する〕。

考察3：年初の寺院儺が地域の主行事となること　村内に寺院があれば年初の燃燈会がなされる。村の危急の際には寺院儺も催される。これが年初の村祭・別神クッと結合し、一種の儺戯《儺のあそび》がなされる。そこでは専門の広大集団の仮面戯がある。やがて寺院儺が地域の主たる年初の行事となる。こうしたことはチベット仏教におけるチャム[53]（寺院儺）、日本の修正会、修二会にもみられる。

考察4：仮面制作者の死の伝承――安氏一族の参与　前記の仮面制作伝承は彼らが男巫であり広大でもあったことを示唆する。安氏はとくに降神巫の家系のようで、通常は仮面戯に携わったのだろう。しかしあるとき、安氏の一人は「顎を作り忘れ、神の怒りに遭い」死んだ。これは、仮面（神）に事《つか》えないことに対する神罰とみられる。

類似した伝承が観世座にある。「観世小次郎画像賛」によると、観世の家は元は服部氏。その三人の子に春日大明神が憑き、「神に事えて掌楽せよ」と神託した。長兄、次兄は従わず神罰で死んだ。三男は父と共に長谷観音参詣後、一僧により「観世」の名を与えられた。父子はのち大和に住む。結崎《ゆうざき》と名乗り、以後、神楽（猿楽能）を掌った[54]。

考察5：演戯開始前の戯神祭祀　河回の広大らは仮面装着前に儀礼をした。これは大和猿楽で「翁」上演前、鏡ノ間で面箱（翁面）に向かい拝礼するのに通じる。面箱の前には供物が置かれ（図版9）、シテのほか各役の全員が集まり拝礼する。[55] この種の仮面祭祀は中国貴州省の儺堂戯にもみられる。

そこでは「法事」後に「開洞」の儀をする（図版10）。それにより仮面が神霊となり儺戯としての仮面戯がなされる。[56] 仮面祭祀後、広大たちは神霊に事える者となる。巫俗の世界では倡夫《はいゆう》は死後、倡夫神《チャンブシン》となる。河回の許道令の慰霊のための壇は一種の倡夫堂《チャンブダン》であろう。安氏や許氏は倡夫のような存在だったとみられる。秋葉隆によると、一九三〇年代の、京畿道の徳物山上には倡夫堂があり、鬼面のグァンデが安置されていた[57]（後掲図版16）。

考察6：朝鮮と日本の切顎仮面の類似　河回の木製人物面中五面が切顎である。李杜鉉はこれらは「日本の能面へ移る前の段階」といい、製作年代は十一、十二世紀とみなした[58]。一方、中村保雄も日本の翁面を解説しつつ、同様の見方をしている。

図版9　鏡の間の祭壇。最上部に面箱を置く。中村保雄『仮面と信仰』（新潮社、1993）

図版10　儺堂戯中の開洞。仮面祭祀後、仮面戯が開始される。貴州省徳江

切顎で眼を「へ」の字形に刳りぬくといった形式は、わが国の仮面彫刻としてはかなり特異である。……［河回仮面は同形式。そこで］やや筆者の独断であるが、その仮面の様式が、わが国の翁面にも影響を与えているのではないかと考えたい[59]

李杜鉉、中村説は首肯できる。彼我の近縁性は高麗後期（十二～十四世紀）に仮面と仮面戯の連鎖があったことを端的に示すものと考える[60]。（図版11）（図版12）。

◎附記――――

「河回仮面戯の考察」脱稿後、徐淵昊《ソヨノ》、伊藤好英訳「『教訓抄』の伎楽と河回別神仮面劇との相関性」『朝鮮学報』第一九八号、二〇〇六年に接した。そこでは朝鮮三国時代の伎楽が高麗に伝わり、これが城隍巫俗祭と融合して「河回別神仮面劇」が形成されたことを指摘している。その際、日本の『教訓抄』の伝える伎楽の痕跡が河回仮面劇に

図版11　河回仮面戯の僧。撮影金秀男

図版12　翁面。中村保雄『仮面と信仰』（新潮社、1993）

みられることをあげる。伎楽と河回仮面戯の両者間の時代差は否めない。だが、徐淵昊のあげる、先払いの治道と両班の下僕チョレンイ、崑崙と僧〔いずれも若い女に懸想する〕、呉公・酔胡王と両班・ソンビ〔無能で愚弄される存在〕、迦楼羅とチュジなどの対応（四〜五頁）は首肯できる。両者は構造的に通じるといえるだろう。

河回は慶尚道安東府に含まれた。ここは十三世紀初には安東大都護府も置かれ、有形無形の文化が多数伝承されていた（一八頁）。そして、「別神仮面劇」は「高麗伎楽の継承」だという結論に達した（一九頁）。徐淵昊は安東地域には「三百余箇の寺」があったこと（柳漢尚『安東誌』）、そうした地域で巫祭と伎楽とが融合したという。この観点は慧眼といえる。但し、何故、両者が融合したのかについては「祝祭精神と遊戯多様性という側面」をあげた（一五頁）。そこには「中国儺戯国際学術討論会」（一九九〇）以降、この三〇年ほどの間に東アジア各国に広がった儺文化、とくに郷儺や寺院儺の視点はなかった。この点は拙論と異なる。

三　中国、朝鮮からみた能楽の仮面舞

1　猿楽由来伝承の含意

1. 申楽の淵源は儺ということ

世阿弥の「風姿花伝」（応永〈一三九四〜一四二八〉初年頃成立）第四神儀云《しんぎにいわく》に猿楽の歴史が記される。冒頭に三種の伝承がある。第一、神代、「天下常闇」のときに「神楽を奏し、細男《せいなう》」をはじめた。すると「国土又明白たり」、つまり秩序が戻った。その遊びが「申楽の始め」だ。[61] 第二、仏在所で釈迦如来が説法したとき、提婆《だいば》、外道が踊り叫び、法会に支障が生じた。そこで釈迦の門弟らが「御後戸《うしろど》にて……六十六番の物まね」をしたところ、外道らは見物に集まり、静まった。以来、天竺で「此道」（申楽）がはじまった。第三、欽明天皇のとき、泊瀬《はつせ》河に洪水があり壺

図版13　別神クッ中のコリクッ。産後すぐに嬰児を亡くしたが、再び身籠もる婦人。慶尚北道盈徳

が漂着、壺中からみどり子が現れた。「才智人に越え」、秦姓《しん》を下賜され秦河勝《はだのかうかつ》となった。上宮太子のとき、天下に支障があり、面を作り紫宸殿で神楽をすると、天下が治まった。

以上は中楽の淵源が儺（追儺）にあることを物語る。さらに細男《せいのう》と後戸に関する認識、洪水伝承も注目に値する。それは次にみるように朝鮮と繋がる。

2. 細男と後戸の物真似の含意——巫祭《クッ》からの観点

世阿弥によれば中楽とは神楽の演奏に伴う「細男」である。細男により神が姿を顕した。その神がみは「御面《おんおもて》白かりけり」。つまり細男舞により白面（神聖？）の神が顕現した。世阿弥はこれが中楽の本義と信じていたようだ。

「天《あま》の鈿女《うずめ》の尊《みこと》」が「歌ひ舞奏《まひかな》で給ふ」というのは巫女の行儀だ。では細男とは何か。『風姿花伝』によれば、巫女と一体となってする御遊《おんあそび》（歌と舞）であり、しかも、おもしろいものであった。

巫女舞と細男の関係は朝鮮の巫祭《クッ》をみると理解できる。巫女《ムーダン》が神を招き神語《かみがたり》をする。多くは祈願者たちへの祝福だが、死霊慰撫の祭儀では口寄せもする。[62] その一連のクッのあと、最後に男巫が雑鬼雑神の供養をする（道饗《コリクッ》）。[63] 簡単な唱詞だけの場合もあるが、別神クッなど、大規模な巫祭のコリクッでは、盲人や身体不自由者、水死した漁師、戦死者、産後すぐに嬰児を亡くした婦人などが現れる（図版13）。通例、それは滑稽な物真似で演じられる。

この男巫の演戯に相当するものが細男だったと考える。後藤淑によると、細男は「清め祓いの意味」、御霊会、疫神祭と関係がある。だが、その発生期の意味は不詳、そこで後藤は「朝鮮半島などの習俗」を想定した。支持し

たい。私見ではもう一歩進めて細男とは朝鮮語セーナム〔死霊祭〕の当て字と考える。(64)

元来の細男舞の伝承は世阿弥の時代まではまだ残っていたのだろう。それを演じた男巫らは音楽に秀で歌舞も演じた。また巫儀中の滑稽戯の担い手ともなった。これが大和、近江などの猿楽者の淵源だったとみる。高麗ではこれを才人《ジェイン》ともよんだ。まさに才《ざえ》の男《おのこ》である。(65)

ところで世阿弥は申楽を仏在所《インド》における後戸での物まねに結び付けた。これは巫舞・細男からなる在来の巫儀（とくに死霊慰撫の巫儀）が仏教法会に取り込まれたことを意味する。それは河回仮面戯の場合と重なる。またチベット文化圏の寺院におけるチャム（仮面儀礼）、日本の修正会、修二会とも通じる。

3.　秦氏と仮面戯――洪水伝承の連鎖

前述のように『風姿花伝』によると、「泊瀬の河に洪水の折節、河上より一の壺流れ下る。……中にみどり子あり」、その子は成人後、秦河勝を名乗る。そして申楽をして天下を治める。それは実は神仏の化身（坂越《しゃくし》の浦の大荒《たいこう》明神、毘沙門天王）であった。

洪水と仮面戯という点で類似した伝承が朝鮮南部にある。かつて慶尚南道草渓《チョゲ》パムマリ（陜川《ハプチョン》郡栗旨《ユルジ》）は洛東江辺の河港、物資集散地として賑わった。その地に次の伝承がある。

洛東江の洪水時、大櫃がひとつ栗旨の水際に流れ着いた。櫃には仮面とその他の道具があり、人はこれを忌避した。だが、これも因縁と考えなおし、あそぶことにした。一説では、この櫃は忠清道から流れてきたので、忠清道の人をよんであそんだという。(66)さらに洛東江下流の金海《キムヘ》郡駕洛《カラク》と陜川郡駕山《カサン》にも類似の伝承がある。(67)

以上は口伝である。これは洪水などによる混乱時には仮面戯による世直しが必要とされたこと、それを伝える放浪芸能者集団は処々にあり、時にはそれが地域に根付いたということを物語る。こうした広大らの口伝は秦河勝伝承の淵源といえるだろう。

彼ら仮面戯輩および巫系集団は日本に渡り、秦氏の巨大集団に身を委ねることもあっただろう。ちなみに秦氏を名乗る円満井《えんまんい》座には巫系を示唆する伝承がある。

「河勝カ子」秦氏安に三子がいた。次男金春は「春日ニ宮仕」した。そこで氏安は先祖のために「秦楽寺《じんらくじ》」を建立した。この門前に金春の屋敷があった。「其内ニ天照大神ノ御霊八咫鏡陰ヲ移シ給ト云伝也。故ニ金春ノ家ヲ円満井ト云也[68]」

金春の屋敷内に女神の霊としての八咫鏡《やたのかがみ》の陰（?）があるから円満井というとのこと。不可解な伝承だが、霊鏡を持つ家とは巫覡の家のことである。この伝承は巫系の猿楽集団（金春）が他所から大和に移り来て秦氏を名乗った記憶を告げるものとみられる。

2　世阿弥の語る申楽史および鬼舞の検討

1. 猿楽（申楽）の歴史に朝鮮がないこと

『風姿花伝』による申楽史は天竺《インド》、秦《中国》、日本国にまたがる。ところで、世阿弥の語りになぜか朝鮮半島が抜け落ちている。新羅、高麗の歌舞音曲を度外視している。これは能楽史としてはやはり不自然である。朝鮮からの視点で世阿弥以前を再検討する必要がある。

2. 世阿弥にとっての鬼舞、天女舞

まずは鬼舞を検討したい。鬼舞は中国、朝鮮の仮面舞と能楽の結節点となる。世阿弥は『風姿花伝』第二物学《ものまね》条々

のなかで、鬼は「是、ことさら大和の物也。一大事也」という。身を細やかに動かして鬼らしくみせることは容易だという。しかし、難しい鬼舞もある。

まことの冥土の鬼、よく学べば恐ろしきあひだ、面白き所更になし。まことは、あまりの大事の態《わざ》なれば、これを面白《おもしろ》くする物、稀《まれ》なるか。（『風姿花伝』）

世阿弥は「二曲三体人形図」のなかで鬼舞を二種に分けた。第一は砕動風《さいどうふう》。第二は力動風（図版14）、「力を体《たい》にしてはたらく風」［荒々しい舞態］だ。但し後年、世阿弥は力動風を否定した。なぜか。それは鬼による憑依、つまり忘我の境地を憚《はばか》ったからではないか。それは幽玄の堺を逸脱する。

「二曲三体人形図」の最後にあげた天女舞もやはり幽玄の世界を超える。観阿弥は天女舞を舞わなかったが、世阿弥は父の遺言で舞った。但し格別、追究はしなかった。世阿弥なりの断念があったのだろう。天女舞には龍女、神女、菩薩舞も含まれていて、変化の激しい舞もあったようだ（表章）[69]。世阿弥は抑制のできない女の舞を避けたのだろう。

図版14　力動風。「二曲三体人形図」

3　翁舞の系譜

1.　猿楽の翁舞は神楽《かみあそび》

翁の舞は能の「翁」成立以前に、すでに中国、朝鮮にあった。新羅の霜髯舞、高麗の処容翁の舞、高麗後期の河回仮面戯などは日本への連鎖を示唆する。また朝鮮朝の『鳳山《ボンサン》タルチュム』に現れる翁、嫗は村の災厄を防ぐ者（儺神の類）だと自《みずか》ら語る（後述）。唐代の儺隊における儺公、儺母もやはり同じ性格の者であり、儺戯をしたのだろう。

一方、日本でも平安時代の猿楽のうちに翁の舞がみられた。『新猿楽記』（十一世紀中頃）には目舞之老翁体《さかんまいのおきなすがた》がある。稲荷祭の場では衰翁、姹女《かほよき》に扮した男女の滑稽な演戯がなされた（『雲州消息』）。こうした民間の祭儀の場でみられた翁、嫗は以後、各地の民俗芸能のなかで継承された。余興の性格もあるが、元来は神楽《かみあそび》だったとみられる。

2. 世阿弥における翁舞の含意——『却来華』の翁とその後

世阿弥の翁舞観　世阿弥は最晩年の著『却来華』（一四三三）で三つのことを述べた。第一、嫡男元雅の病死を悼みつつ、元雅に伝えずに終えた秘曲があること、それは「却来風とて、一語《一期》に一度なす曲風」だ。これは「無上妙体の秘伝」であり、また「却来を望むが、却来を急がない［望却来、不急］」。つまり最後に会得すべき境地だということ。第二、舞とは通常左右左《さいうさ》と舞う。その根本は天女舞だ。しかし、右左右《いうさいう》と舞うものもある。第三、白拍子をよく習う必要があるが、申楽の舞の根本は翁だ。

以上のうちの何が秘伝に値するのか。不可解なところが残る。そもそも第二、第三は第一と無関係の記述という見方もありうる（表章）[70]。しかし、ここでは第一の内容の注釈が第二、第三とみて、上記三点を次のように関連づけて読解した。

一、却来とは敢えて戻ること。世阿弥は「九位」のなかで、能は中三位から上三花に到ったあと、「却来して、下三位」の風に身を置くことを習道の究極とした。上の境地に上り詰めてから下に下って舞うこと、「山を崩し……塵にも」交わること（『申楽談儀』）は容易ではない。だが、観阿弥はこれを成し遂げた。それに習うこと。

二、左右左の舞は天女、神女の舞にはじまり、申楽はこれを取り込んだ。観阿弥は舞わなかったが、その遺言により世阿弥は舞った（『申楽談儀』）。だが、それは一部に過ぎない。女の舞には白拍子など習うべきことがまだある。

三、世阿弥には、天女舞の系譜のほかに、右左右の舞が念頭にあった。そこには「まことの冥途の鬼」の舞（力動風の鬼舞）やモノ狂いの舞もあっただろう。これらの舞は下三位の舞風に含まれうる。総じて、それらは神鬼舞である。

四、却来風による申楽舞（却来華）は容易ではなく、先祖観阿だけができた。だが、それは絶えず翁舞に立ち戻ることで可能となる。禅竹のいうように翁舞は「是一大事。…コレワ右左右ト舞フベシ[71]」。翁は、左右左の人体舞ではなく、右左右の神鬼舞のひとつでもあった。

以上のことから、世阿弥の翁舞は人体の舞と神鬼舞を繋ぐ架け橋であったといえよう。世阿弥は幽玄の境地を極めるために、巫舞や荒々しい舞態を否定したとみられる。「力動ナンドワ他流ノ事ニテ候」といった（佐渡からの禅竹宛書状）。とはいえ、却来風ではこうした神鬼の世界を退けるのではなく、それを「花」にしようとした。花と塵の世界を繋ぐものが世阿弥における翁舞ということになる。

翁舞の神化、分化

大和の翁舞は従来は年の順に舞ったが、観阿弥以降は大夫（一座の棟梁）が舞った（『申楽談儀』）。それは翁舞の位相の向上を意味する。翁舞の位相は禅竹時代になるとさらに高まり、翁は仏、神そのものになる（『明宿集』）。だが、一方では翁と三番叟の分化が進む。

これは処容のあり方と類似する。新羅の処容は龍神の子として現れ、のちに儺神となった。それが山神などの仮面と共に顕現し、高麗時代には翁姿の尊貴な主人公となった（前述）。ところが一方では処容戯として宴席などで享受された。戯中の処容は三番叟のように滑稽に跳舞したのだろう。ちなみに高麗時代の処容舞は二人舞でもあった。李穀「開雲浦」の詩では両仙翁と謳われている。〔朝鮮朝ではさらに五方処容舞となる。〕

3. 翁猿楽の系譜考――六方面からみた連鎖

翁猿楽はどこからきたのか。古く咒師猿楽説（能勢朝次『能楽源流考』一九三八）があり、後藤淑、山路興造による修正説があった。(72) 近年では渡来集団秦氏の貢献説もある（金賢旭）(73)。私見では金賢旭説を踏まえて渡来の巫系芸能者集団がもたらしたとみる（前述）。これを補足しておきたい。

◎翁猿楽の連鎖――中国、朝鮮そして日本へ――

以下、翁猿楽（「翁」、翁舞）の連鎖を六方面からみた。

①「翁」の淵源は中国の古儺

日本では天下の障りを鎮めるため、秦河勝が六十六番の申楽をなした。その当時の聖徳太子作の鬼面が円満井座（金春家）に伝わる（『風姿花伝』）。この鬼面は「翁一体ノ御面」。

人間だけでなく、諸天、善神、仏、菩薩、いずれにも柔和、忿怒の二《ふたつ》ノ形《かたち》がある。翁にも「夜叉、鬼神ノ形」、「面貌端厳《めんみやうタンゴン》ニシテ、本有如来《ほんうにょらい》」の姿がある（禅竹『明宿集』(74)）。

上記は翁舞が天下の秩序回復のための舞であり、それは実は鬼面の神鬼舞を含むこと、畢竟、「翁」の淵源が中国の古儺にあることを示している。

図版 15　戯神田公元帥。2001 年、福建省仙游県楓亭鎮斗北村大浦

図版 16　倡夫堂に祀られた「首広大」中の精鬼（左）と広大（右）。戯神のひとつ。赤松智城・秋葉隆『朝鮮巫俗の研究』下巻

②唐宋の神鬼戯の拡散――鍾馗、処容の翁舞化

唐宋時代、大いに神鬼戯がなされた。その代表格の鍾馗舞は新羅、高麗の処容舞に影響を及ぼした。また高麗の才人、倡優らは鬼戯をした（『高麗史』百二十二列伝）。その神鬼戯は「抱鑼」（『東京夢華録』巻七）に通じる。この倡優らは中国の内外に拡散した散楽者の系譜上にある。彼らによる神鬼戯の拡散の過程で処容舞が翁舞化したとみる。平安末、鎌倉時代、王室や大寺社に隷属した猿楽者は中国・朝鮮の神鬼戯を知っていて、法楽の場でこれを演じたのであろう。

③芸能者の守護神「戯神」の連鎖

中国福建、台湾の傀儡戯班や劇団は今も公演前に楽屋で戯神を祀る（図版15）。その総称は田公《ティエンゴン》だが、異称も多い。戯神信仰は南宋時代に生じたとされる。[75] 台湾では戯神は一般に「老爺」とよぶが、童形、それも三体の戯神もある（福建、広東）〔老爺、童形は日本の「翁」に通じる〕。また田元帥や二郎神などの戯神は楽神のほか、「厄祓いの神としての性格」も持つ。[76] さらに福建省莆田などでは田公元帥を地域神としても祀る。[77]

朝鮮の場合、河回の神聖仮面および巫俗の倡夫《チャンブ》（俳優、俳優神）などは戯神といえるだろう。秋葉隆によると、京畿道徳物山上には高麗末期の崔瑩将軍を祀った将軍堂と精鬼堂《チョンゲダン》（倡夫堂《チャンブダン》）とよばれる側堂があった。この側堂には将軍の下卒の画像六枚、「朱塗の木彫仮面四個」と神鏡が祀られていた。これらの仮面を首広大《モックァンデ》という。秋葉は、うち二点を提示した(78)（図版16）。

倡夫・精鬼には複合的な意味がある。第一、倡夫は将軍神の下卒、その役割は主神守護にある。第二、精鬼は「精神病魔」。これが人に憑くと精神病を引き起こす。第三、巫覡の間では「歌舞そのもの」が精鬼の仕業とみられていた。秋葉は精鬼堂を「穢れの鬼神の住家」と述べた(79)。だが、倡夫堂は戯神の家ともいえる。この「将軍堂と側堂」の関係は仏寺でいえば、「本堂と後戸」に当たる。朝鮮の芸能神「首広大」〔＝広大らの棟梁〕は朱色の鬼面であった。これは広大守護の面であり、演じる面ではない。それは金春家の鬼面と通じる。〔首広大の面は今日伝わらない。〕なお、山台都監系統劇の『楊州別山台戯』では演戯開始前に仮面告祀《タルコサ》をする。これは戯神祭祀の名残といえるだろう。

以上の中国、朝鮮の戯神のありかたは日本中世の翁信仰に通じる点が多い。金春家の鬼面は「戯神」かつ儺神の性格も持つ（『風姿花伝』第四神儀）。それは翁でもある（『明宿集』）。「みどり子」の秦河勝は翁、さらに地域神ともなった（坂越《しゃくし》の大荒大明神。『風姿花伝』）。これらは畢竟、戯神の東アジア的な連鎖を物語る。

④郷儺および法会の連鎖と翁の生成

儺公、儺母を主とする郷儺と天下国家のための寺院・宮廷での法会は中国、朝鮮を経て日本に伝来し、そこから「翁」が生成された。以下は、こう考える理由である。

郷儺の連鎖　儺隊の儺公、儺母は唐代にすでにあった。また朝鮮では山台都監系統劇での翁、媼の彷徨と邂逅に儺公、儺母の痕跡がみられる。『鳳山《ボンサン》タルチュム』第七科場老婆《ミヤル》舞で老婆がいう。「村人があたしらを追い出すってよ」。すると亭主は、「お前とおれがこの村をあとにしたら、村の者によくないことが起こるぞ。お前があっちの

入口に立ち、おれがこっちの口に立っていればこそ、村に雑鬼がやってこないんじゃないか」という。(80)

ここには儺公、儺母の名残がみられる。二人は村落の駆疫のために訪れる儺者（また儺神）の一類で、逐い払えば祟りが生じる。それは村人たちもわかっていた。つまり、この仮面戯は郷儺でもある。同様の翁、媼の演戯は十一世紀の日本の散楽のなかでもみられた。また民俗芸能のなかでも演じられている（前述）。三河の花祭、長野県新野の雪祭、沖縄県石垣島のアンガマなど、仮面姿の翁、媼の来訪の事例は数多い。彼らは他界（とくに海彼）から寄り来る霊で、祭場で舞い、満足して戻る。それが供養であり、地域の平安に繋がる。やはり郷儺である。これらの翁、媼は中国では儺隊、朝鮮では農楽隊、日本では元来、田楽隊に伴ったとみられる。

法会の連鎖

日本の翁舞を考える上で、中国・朝鮮・日本の寺院・宮廷での法会の連鎖も重要である。中国宋代の寺廟の演戯については成尋『参天台五台山記』以下、『東京夢華録』『夢粱録』などにみられる（前述）。また高麗時代の法会と芸能に関しては年初の燃燈会はいうまでもなく、辛吨（?～一三七一）の催した下記の文殊会などがその姿をよく伝える。

［辛吨は世継ぎのいない恭愍王に勧めて凡そ七日間、宮中で祈子のための文殊会（文殊道場）を開く。］

前会一日、別建浄殿、覆以白茅為道場《白い茅で覆って道場とする》、吹螺撃鼓《ラッパ、太鼓の音》、如三軍鼓角《左右中央三軍の太鼓、喇叭〈ラッパ〉》、声振城中《音は城中になりひびく》、都人初聞、以為宮中有変《宮中の異変かとおもって》、皆驚駭《ぎょうてんする》、久之乃定《ひとしきりしたあとで鎮まった》。会罷《おわり》、吨乃出、緇黄雑流《僧や道士、雑輩らが》、塡咽宮掖《宮廷に充ちた》。令諸君・宰樞及各司、逐日設斎《日ごと斎（とき）を設けさせ》、糜費不貲《浪費は計り知れなかった》（『高麗史』百三十二　列伝四十五　辛吨）。

三軍の鼓角のような鳴り物に都人は宮中の異変かと驚いた。これほどの道場（法会）は珍しかったようだが、『高麗史』によると、上元、消災、蔵経などの名を冠した諸種の道場が頻繁に開催されている。それには俳優や巫覡による法楽が伴っていただろう。一方、同時期（十四世紀後半）の日本では京都、奈良の大寺の法会に大和、近江、丹波などの猿楽座や田楽座が参勤していた。興福寺の修二会では大和四座《よざ》の演能があり、冒頭には「翁」が舞われた。以《もっ》て、宋元、高麗、鎌倉・室町期の芸能の連鎖は十分、想定できる。

⑤呪詞の連鎖

仮面舞や傀儡戯の冒頭に呪詞が唱えられる。東アジアには、その連鎖があった。

中国の囉哩嗹　中国では宋元以来、諸種の芸能の冒頭に囉哩嗹《ルオリーリエン》（luō lǐ lián）を唱えた。今も中国南部の地方戯や傀儡戯、民歌などではこれが唱えられる。この由来については明清以来、諸説がある。康保成《カンバオチャン》は儺戯研究の視点から囉哩嗹を取り上げていう。囉哩嗹は西域の梵曲［梵唄。仏教音楽］羅犁羅《ルオリールオ》に由来する。晋代（二六五〜四二〇）には「重羅黎《チョンリールオ》、重羅黎」の歌詞がみられた（『晋書・五行志』）。この梵曲は遅くとも晋代までには中国に入り、以来、今日まで歌われている。その間、隋末唐初に禅宗が流行し、その布教の際に囉哩《ルオリー》が唱えられたが、それは囉哩嗹の来源ではない。一方、囉哩嗹は宋元以降、急速に戯曲中に取り込まれていった。そして康保成は囉哩嗹を四分類した。(81)

（1）宗教的な意義の咒語。それは駆邪、浄め、また神呼び出しの意味も持つ。
（2）結婚や恋愛時の喜慶《よろこび》、調侃《からかい》の歌声。
（3）門付けが歌う蓮花落《リエンファラオ》［竹板で拍子を取って歌う乞食歌］の和声《ハーモニー》。
（4）とくに意味のない添えことば。

康保成によると（1）と（2）はとくに注目すべき点だ。漢代に中国にきた西域僧たちは「沿門教化《門付け》」方式で仏典を説いた。これは郷儺における「沿門逐疫」と結合した。両者の結びつきから禅宗の囉哩や「蓮花落」が生まれた。(82) さらに康保成は元代の中国にいた囉哩回回《ルオリーフイフイ》を取り上げ、この囉哩人の性格は上記四類の囉哩嗹に対応するとし、また宋元時代の路岐に相当するとみた。そして彼らの足跡は越南《ベトナム》、南洋、日本にまで及んだという。(83)

韓国のアリ、アラリ

康保成の所論を踏まえて田耕旭はアリ、アラリという口音《グウム》（口吟）に着目し、その種の口音はアジア規模でみられるという。(84) 日本のトウトウタラリも視野に入れたもので興味深い。その際、朝鮮での最初期のものとして高麗歌謡「青山別曲」を取り上げ、そこに挿入されたヤッリ、ヤッラリ、ヤッラソンはアラリ系統とみた。(85) 囉哩嗹の流布、アリ、アラリの上限年代などから、田耕旭は、この口音の流布は十一～十三世紀、「流浪〈放浪〉芸人集団」によりなされたのだろうという。そして元から高麗にきた俳優の一部が日本に渡った。そこにはジプシーもいた可能性があるという。(86)

康保成、田耕旭の所説支持

両氏の所説は支持できる。以下、その理由、三点。

（1）音の連鎖――オリ、アリ、ラリ　囉哩嗹《ルオリーリエン》に関連する語は囉哩《ルオリー》、囉哩哩《ルオリーリー》、囉嗹囉《ルオリエンルオ》等々。ここではオリの音がよく響く。それは朝鮮のアリ、アラリ類でのアリの響きと通じる。さらに、「翁」の「チリヤタラリ、タラアリラ」（『法華五部九巻書』）、また「トウトウタラリ、タラリラ」ではラリがよく響く。結局オリ、アリ、ラリの音を中心にした連鎖が認められる。

（２）呪詞の意味の連鎖　トウトウタラリの意味については従来、議論がある。能勢朝次は「陀羅尼咒文説・声歌説・西蔵説」の三つに大別し、逐一、批判的に紹介した。その上で結論として「陀羅尼的な咒文的な意義づけを與へられた聲歌」とみた(87)。

能勢の結論は概《おおむ》ね妥当と考える。それは結果的に康保成のいう四点の含意（前述）のうち、（１）咒語と（３）歌の和声という二点を結び付けたものになる。

なお金春家所伝の「翁」詞章に「総角《あげまき》やとんどや。尋《ひろ》ばかりやとんどや。座《ざ》してゐたれども。まゐらうれんげりやとんどや」がある（高野辰之『改訂日本歌謡史』(88)）。これは催馬楽歌「総角」に由来する。世阿弥以前の翁猿楽では男女の睦み合い、つまり「婚恋時」の喜慶、調侃《ことばあそび》の歌［康保成の（２）］も歌っていただろう。ここからも囉哩嗹の連鎖が確認できる。

（３）詞章の担い手の連鎖　「囉哩回回」、路岐、打夜呵などは放浪芸人であった。また元代の俳優らは高麗にもいき、宮廷や寺院の歌舞、音楽を担った。そのうち、傀儡戯と仮面戯の芸人は従来の散楽者以上に人目を引いたためか、とくに広大とよばれた。そして彼らの一部は日本に渡り切顎の仮面と傀儡戯を伝えた。

大分県のくぐつ人形舞の担い手は踊り子《オドリコ》とよばれた。元来は歌舞の者だったのだろう。その演戯始めに「神起こし」の奏楽がある。ところで、この傀儡戯とよく似た男寺党《ナムサダン》の傀儡戯の冒頭では楽士たちが「ティルテイルティオラ……」という口音を反復する［神起こしに当たる］。そして傀儡戯をはじめる(89)。この口音は「チリヤタラリ」、「トウトウタラリ」と通じる。くぐつ人形舞の開始時期は不明だが、一五世紀の記録があるので、それ以前のものだろう。高麗後期に日本に伝わったとみられる。なお、その末裔、佐渡のノロマ人形でもやはり冒頭に口音がある(90)。以上は、口音を携えた芸能伝承者らの連鎖の一端である。

⑥翁面の連鎖

翁舞の連鎖を傍証するものの最後に翁面の連鎖をあげておく。能勢朝次は、能面は「我国独自の成立発達をとげたもので、猿楽系といふ名で呼ぶのが至当であらう……最も古く出来たと思はれるものは、翁系統の面」だろうといった[91]。しかし、中村保雄は翁面に河回面の影響があることを述べた（前述）。その『仮面と信仰』の要点は以下のとおり。

(a)猿楽座および各地の神社で翁面を神として祀ること〔神聖仮面〕。
(b)「翁」上演前の仮面祭祀。
(c)翁扇には蓬莱山の図があり、翁が道教の神仙思想の上に成立していること。
(d)切顎と眼の形式は日本では特異だが、韓国河回洞の仮面と同形式。河回面は日本の翁面にも影響を与えているとみること[92]。

以上(a)(b)(d)は河回の仮面との連鎖、また(c)は海彼からの翁の到来という点で処容との連鎖を示唆する〔前述、「山台結綴似蓬萊」そしてそこでの処容舞（李穡「山台雑劇」）、参照〕。

なお、朝鮮の広大は仮面と同時に呪詞も帯同したはずである。高麗歌謡「青山別曲」にはヤッリ、ヤッラリ、ヤッラソンなどという口音があった（前述）。高麗後期の広大たちはこうした口音、呪詞を唱えつつ演戯を開始したとみられる。それが日本では大和猿楽によって保持された。しかし、トウトウタラリに相当する呪詞は河回仮面戯には見当たらない。これは河回の場合、寺社革罷（朝鮮朝初期）などで環境が変わり、演戯開始前の仮面祭祀が断片化しているためだろう。大陸の芸能史のなかでは消失したものが日本で残存している場合がいくつかある［伎楽、舞楽、狂言など］。河回仮面戯の呪詞の場合もその一例といえよう。

4　夢幻能の淵源――死霊祭の口寄せ

「夢幻能」はどこからきたのか。夢幻能の構造、性格については横道万里雄の解説がある(93)。だが、その由来、淵源への言及はない。そこで、以下、死者霊祭儀の場から考えた。結論を記すと、夢幻能形式とは「死霊慰撫の巫儀における口寄せ」を淵源とし、それを男巫の歌舞、仕種で劇化（仮面戯化）したものではないかということである。

済州島《チェジュド》の死霊祭「十王迎え《シワンマジ》」中に霊魂泣き《ヨンゲウッリム》［영게 울림］(94)がある。祭場に到来した死者霊が「（自分は）神房《シムバン》［巫覡］の口を借りて話をする」といい、一人称で「生前の想い、死んでいく際の悲哀、あの世での生活、近親への頼み事」を泣き語りする(95)。遺族は霊話として耳傾ける。例えば、「霊魂泣き」とはこんな語りである。

［伯母の霊が姪（祭儀依頼者）に向かって語る。この伯母の息子とその嫁、子供二人は一九四八年四月三日以降の混乱（四・三事件）の最中、山に連行され虐殺されたとみられる。］

嫁は「日が暮れてからいくんだ」といって。でもね、「子どもはおいていきなさい」といったら、［嫁は］「子どもをみれば、まさかわたしを殺さないでしょ」といって……、［嫁と子供らが］もう戻ってくるか、今くるかとおもってね、帰ってくる人ごとに聞いたんだけど。アイゴ、……結局、息子一人が死ぬだけじゃなくて、三人とも死んでしまい、アイゴ、……このお母さんは死にもせずに［生き残ってしまい］、あのひどい奴らは［親子を］槍で、刀で刺し殺しておいて。わたしにゃ、わかるよ、はっきりわかるんだ。

アイゴ。ごはんの支度して食べようとしても、のどにひっかかって通りやしない。〔このあと、「息子」の霊が現れていう。〕あの新村のチギョン（?）で父さんはおれを埋め、母さんとは一言もかわせず、アイゴ、おれは全身血だらけになって、死んでしまったんだ。妹よ……ありがとう。母さん……〔治病儀礼「トンイプリ」（一九九五・三・二〇）。済州島朝天面臥屹里〕(96)

霊たちは解説者でもあり、また身の上を語り、聴く者へ呼び掛けたりもする。これはまさに夢幻能の文体だ。神房は招霊の際は第三人称を使う。一方、霊話は第一人称が基本だが、第三人称も混じる。巫歌《ムガ》では人称の混淆は頻繁で、寧ろ自然である。この霊話を楽士たちが仮面を着けて演じれば夢幻能となる。十三〜十四世紀の大和や近江などには巫系の猿楽者がいたとみられる。彼らは巫覡の死霊祭の場に参与し、霊話に通じていただろう。世阿弥は五〇歳のころ、十番の演能により病気治しをした（『申楽談儀』）。能は鑑賞される以前、民間の治病や願い事の場で巫祭と同じように営まれていたのであろう。夢幻能形式を死者霊慰撫の巫祭に還元させるとするなら、その淵源は高麗時代に盛行した巫儀(97)にあったと考える。

四　新作能および『望恨歌』への提言

多田富雄の『望恨歌』は夢幻能ではない。だが、シテ（老女）の夫は死者となっている。そして手紙の形で他郷での死を告げられる。いわば霊話がある。夫の無念の死を知った老女にはいかなる語りと舞が必要なのか。多田は、説明過多に陥らず端的に表現できるのは「能しかない」と考えた。そして物語を書き、舞台に乗せた。その試みは称賛に値する。しかし、古典芸能となって久しい能形式に従うだけで今ここの「こころの痛み」を伝えきれるのか。

図版 17　天女舞。「二曲三体人形図」

図版 18　中国南部の傀儡戯中の巫女舞。女神陳靖姑の生前譚『奶娘伝』。福建省寿寧県下房村

この問に答えるべく、世阿弥以前の仮面舞の歴史を中国・朝鮮・日本の順に振り返った。

そこで、次のように提言する。まず新作能および『望恨歌』が定着するためには世阿弥以前の能、「幽玄の堺」の外縁に回帰する必要がある。これが提言の大枠である。そもそも東アジアの仮面舞は儺舞に発した。それは禍（強鬼）への畏怖を核心とする。これを踏まえて二点、提言する。

第一、「まことの冥土の鬼」〔強鬼〕の召喚と力動風の鬼舞の取り返し禍の芸能化でもある。世阿弥の時代、足利政権に抗して死んだ南朝側の者たちの霊話は力動風の鬼舞で表現されただろう。しかし、世阿弥はそれは放棄した。世阿弥は平家一門の武将や古物語の男女を召喚し幽玄のなかで演じた。当時は不可避な選択だっただろう。だが、元来、能は民衆の芸能であった。民衆にとって真に畏怖し供養すべきは横死者の看取られぬ霊である。東アジアの巫儀、民衆宗教はこれを救ってきた。その周辺から起こった申楽能は定型化以前の鬼舞に戻る必要がある。

とはいえ、『望恨歌』では強制動員被害者の夫は顕現せず、その霊を迎える老妻の舞があるだけである。そこで第二の提言。

第二、天女舞の系譜の探究から「恨の舞」へ

天女舞は究極、巫女舞に到る。『望恨歌』の老女は全羅道の村に住み、「巫堂にいささかの関係」を持つ（多田富雄「創作ノート」『多田富雄新作能全集』所収）。そうであれば、その「恨の舞」は、神女舞（巫舞）[98]、菩薩舞を含んだ今日の天女舞として舞うべきであろう（図版17）（図版18）。それはまた現代の「却来華」［花を伴った民衆文化としての仮面舞］への道かも知れない。山を崩し塵にも交わる想いを以て下三位《げさんゐ》に下ることが望まれる。これは世阿弥最晩年の理念でもあった。

注

（1）曲六乙、銭茀『東方儺文化概論』、山西教育出版社、二〇〇六年、二六一、三一〇頁参照。

（2）漢籍の引用は「中國哲學書電子化計劃」〈電子図書館〉による。［　］は野村の補注。

（3）饒宗頤『殷上甲微作禓（儺）考』の所説（曲六乙、銭茀『東方儺文化概論』、五三頁、一三五頁以下）。殷代の宄は実質的な儺とされる。卜辞には「方相」相当の文字もみられる。

（4）『周礼』夏官司馬は方相氏について、「掌蒙熊皮、黄金四目、玄衣朱裳、執戈揚盾、帥百隷而時難、以索室驅疫。大喪、先柩《ひつぎに先だつ》及墓、入壙《はかあな》、以戈擊四隅、駆方良［妖怪類］」という。
なお日本古代の遊部に禰宜と余此《よし》（余比）がいて大葬に従事した。前者は刀・戈を持ち、後者は酒食を持ち刀を負う。これは日本固有の祭儀伝承とはいえないだろう。

（5）唐、李延壽『南史』巻五十五、曹景宗（四五七〜五〇八）伝。
為人《ひととなり》嗜酒《さけずき》、好楽《おんがくずき》。臘月於宅中使人作邪呼逐除《シエフちくじょをさせる》。徧往人家《くまなくひとの家にいって》乞酒食。本以為戯《もとよりあそびだが》、而部下多剽軽《ひょうきん》、因弄人婦女《おんなたちをからかって》、奪人財貨《ざいかをうばいとった》。帝頗知之《それをよく知ると》、景宗懼《おそれ》、乃止《そこでやめた》。
邪呼 xiéhū は大勢《おおぜい》の歓声（漢語詞典）。これは敦煌『児郎偉』駆儺詞中の夜胡《イエフ》、宋代の打夜胡《ダーイエフ》［打野胡、打夜呵］、清代の跳竈王、跳鍾馗に継承された（曲六乙、銭茀、一八六頁以下）。

（6）唐、李淖「秦中歳時記」に「歳除日、進儺《儺をする》、皆作鬼神状《さま》、内二老兒《ろうじんは》、儺公儺母」とある。儺戯の儺公、儺母は広く流布し、今日、

江西省南豊県の跳儺に「儺公儺婆喜得子」［晩年に子を得る］の演目がある。朝鮮、日本の仮面芸能にもその名残がみられる。

（7）前引、曲六乙、銭茀『東方儺文化概論』、二六七、二九三頁以下。この伎楽は『日本書紀』に記述があるもの。その淵源については諸説あるが、銭茀は仏教と結合した民間の荊楚儺舞とする。

（8）同上、三一二頁。

（9）浜一衛『日本芸能の源流　散楽考』、角川書店、一九六八年［以下、『散楽考』］、八一頁。

（10）中唐、李端「胡騰児」の詩の冒頭に「胡騰身是涼州児」。劉言史「王中丞宅、夜、観舞胡騰」の詩には「石国胡児、人見少」とある。石国は今のウズベキスタンのタシュケントの辺り（『百度百科』）。胡人の出身地は一様ではない。

（11）金学主『한・중 두 나라의 가무와 잡희』、ソウル大学校出版部、一九九四年、六九頁以下。なお、金学主は新羅五伎中の「大面」「月顛」や狻猊（獅子舞）は西涼伎に最も近いという（八一頁）。

（12）前引、浜一衛『散楽考』、一六七頁。

（13）同上、一六八頁。

（14）同上、一七一頁。

（15）同上、一五頁。

（16）康保成『儺戯芸術源流』、広東高等教育出版社、二〇〇五年（再版、初版一九九九）。

（17）田耕旭「〝아라리〟구음의 보편성과 한국적 독자성」『비교한국학 Comparative Korean Studies』국제비교한국학회、二〇一二年。

（18）前引、浜一衛『散楽考』、二一〇頁。

（19）田耕旭著、野村伸一監訳・李美江訳『韓国仮面劇　その歴史と原理』、法政大学出版局、二〇〇四年、八五頁。

（20）李俊九は鮎貝房之進の所説に従い、九、十世紀に朝鮮半島にいた楊水尺の淵源として中国東北部の東胡族、またその系譜の契丹人をあげた。そして楊水尺は高麗後期に才人（倡優、妓）・禾尺（屠畜、柳器造り）となったという。이준구「조선시대 백정（白丁）의 전신（前身）양수척（楊水尺）、재인（才人）、화척（禾尺）、달달（韃靼）、그 내력과 삶의 모습을 중심으로」『조선사연구』九권、조선사연구회、二〇〇〇年、五頁以下。才人は歌舞音曲の者たちで、時には広大と同義となる。なお愛媛県大三島の「三島文書」（一二五五）に「道々の外才人」［手工業者や芸能民］という表記がある。それには傀儡《くぐつ》（人形舞わし）も含まれる（皆川学〈阿波の「三番叟まわし」「えびすまわし」、「箱まわし」〉『民俗芸能研究』六八、民俗芸能学会、二〇二〇年、七七頁）。鎌倉時代の識者は高麗の才人を知っていたとおもわれる。

（21）李杜鉉『朝鮮芸能史』、東京大学出版会、一九九〇年、四七～四八頁。

（22）前引、金学主『한・중 두 나라의 가무와 잡희』、七一頁以下。

(23) 同上、九三頁。
(24) 前引、李杜鉉『朝鮮芸能史』、五一頁。
(25) 李杜鉉『韓国의仮面劇』、一志社、一九七九年、七〇頁。
(26) 前引、曲六乙、銭茀『東方儺文化概論』、三八二頁以下。
(27) 前引、田耕旭『韓国仮面劇　その歴史と原理』、八九頁以下および前引、李杜鉉『朝鮮芸能史』、六七頁、また前引、曲六乙、銭茀『東方儺文化概論』、三八四頁以下参照。
(28) 前引、李杜鉉『朝鮮芸能史』、四三頁以下に印南高一訳が引用されている。
(29) 前引、金学主『한・중 두 나라의 가무와 잡희』、一四七頁。
(30) 同上、一四〇〜一四一頁。
(31) 金賢旭「오키나마이（翁舞）의 성립과渡來人하타씨（秦氏）」『민족무용』七권、한국예술종합학교　세계민족무용연구소、二〇〇五年。および金賢旭『翁の生成——渡来文化と中世の神々』、思文閣出版、二〇〇八年。
(32) 同上、金賢旭「오키나마이（翁舞）의 성립과渡來人하타씨（秦氏）」、二〇四頁。
(33) 同上、金賢旭『翁の生成——渡来文化と中世の神々』、一七七頁。
(34) 彼らはのちに秦氏の傘下にはいり秦を名乗ったとみる。秦氏集団の日本渡来は古代のこと。「翁」生成の時期（鎌倉〜室町）とはかなり隔たりがある。
(35) ソナンは中国の城隍《ソンファン》神の訛した語で、全国到る処の村落にソナン堂《ダン》がある。
(36) 前引、李杜鉉『朝鮮芸能史』、一三四、一四一〜一四二頁、前引、田耕旭『韓国仮面劇その歴史と原理』、七六頁など。
(37) 「河回別神クッ仮面戯」に関連する論著は数多い。朝鮮総督府編「安東河回の洞祭」『部落祭』、朝鮮総督府、一九三七年、崔常壽『河回仮面戯의研究』韓国民俗学研究叢書、高麗書籍株式会社、一九五九年、柳漢尚「河回別神仮面舞劇台詞」『国語国文学』通巻二〇号、国語国文学会、一九五九年、金宅圭・成炳禧『하회별신굿놀이　조사보고서』、文化財管理局、一九七八年、前引、李杜鉉『韓国의仮面劇』、一九七九年、成炳禧「河回별신탈놀이」『韓国民俗学』十二、民俗学会、一九八〇年、朴鎮泰『탈놀이의 起源과構造』、새문사、一九九〇年、前引、李杜鉉『朝鮮芸能史』、一九九〇年、徐淵昊『서낭굿　탈놀이』、悦話堂、一九九一年、前引、田耕旭『韓国仮面劇その歴史と原理』、二〇〇四年など。
(38) 日頃は農民だが、仮面戯の担当者になると、役名をつけて「〇〇広大」とよんだ。
(39) 前引、徐淵昊『서낭굿　탈놀이』、一一三頁。
(40) 成炳禧「河回별신탈놀이」金宅圭・成炳禧編『韓国民俗研究論文選Ⅱ』、一潮閣、一九八二年、一一三頁。これは一九八〇年

の論文の再録。
(41) 前引、金宅圭・成炳禧『하회별신굿놀이 조사보고서』、十九頁。
(42) 前引、李杜鉉『朝鮮芸能史』、一四〇頁。
(43) 朝鮮総督府編『部落祭』、一九三七年、二九頁、金宅圭『氏族部落의構造研究』、一潮閣、一九八二年、二四七頁および前引、金宅圭・成炳禧『하회별신굿놀이 조사보고서』一一頁に掲載された婆《ハルミ》さんの歌を参照のこと。
(44) 前引、成炳禧「河回별신탈놀이」、一〇一、一一八頁。
(45) 前引、崔常壽『河回仮面戯의研究』、一頁。
(46) 前引、柳漢尚「河回別神仮面舞劇台詞」、一九六頁。
(47) 同上、一九七頁。
(48) 朝鮮総督府編『部落祭』、一九三七年、三一頁。なお、現在の河回仮面戯の公演では巫女の参加はないが、本来の別神クッでは山主とは別に、やはり巫女による降神があったのだろう。
(49) 前引、柳漢尚「河回別神仮面舞劇台詞」、一九七頁。
(50) 前引、成炳禧「河回별신탈놀이」、一〇七頁。
(51) 赤松智城・秋葉隆『朝鮮巫俗の研究』下巻、大阪屋號書店、一九三八年、二二五頁以下。
(52) 前引、成炳禧「河回별신탈놀이」、一〇一頁以下。
(53) チャムの事例は野村伸一「ラダックの儺」『慶応義塾大学日吉紀要言語・文化・コミュニケーション』No.14、慶応義塾大学日吉紀要刊行委員会、一九九四年参照。
(54) 能勢朝次『能楽源流考』、岩波書店、一九三八年、六九五頁。
(55) 中村保雄『仮面と信仰』、新潮社、一九九三年、三六頁以下。
(56) 野村伸一「中国貴州省徳江の儺戯」『自然と文化』五二、日本ナショナルトラスト、一九九六年、三八頁以下。
(57) 赤松智城・秋葉隆『朝鮮巫俗の研究』下巻、大阪屋號書店、一九三八年、一〇八頁および参考図録二〇頁。
(58) 前引、李杜鉉『朝鮮芸能史』、一四一頁以下。
(59) 前引、中村保雄『仮面と信仰』、三三一～三九頁。
(60) 切顎仮面は中国の儺面にもある(貴州省芸術研究室、上海人民美術出版社編『貴州儺面具芸術』、一九八九年、図版64、65、70、71)。だが、翁面との近縁性では河回面に及ばない。
(61) 引用は表章、加藤周一校注『世阿弥 禅竹』日本思想体系24、岩波書店、一九七四年所収『風姿花伝』、三八頁。

(62)　五来重はアマノウズメノミコトの踊りを「死者の鎮魂の祭り」とする。またその神懸かりを「死霊の口寄せ」とみる。朝鮮半島の死霊祭の原形のようなものが天岩戸神楽にあることになり、興味深い。脇田晴子『女性芸能の源流』、角川書店、二〇〇一年、一〇頁以下。

(63)　巫祭のコリクッは仏教儀礼の施餓鬼（普施）、道教の普度《ブドウ》と同質のものである。

(64)　セーノオ《せいなう》は細男の朝鮮語音セーナム sae nam に由来するものとみる。sae nam は大規模な死霊祭を指す語で今も使う（野村伸一「古要神社の人形戯」『自然と文化』55、日本ナショナルトラスト、一九九七年、二九頁）。

(65)　宮中の御神楽《みかぐら》に才《ざえ》の男《おのこ》（サイノオ）がいた。折口信夫はこれを細男と結び付けたが、今日では両者は別とされている。だが、あながち無関係ともいえない。細男を巫儀の端役、脇役とするならば、才《ざえ》の男《おのこ》ともなりうる。

(66)　前引、李杜鉉『韓国의仮面劇』、二四四頁以下。

(67)　前引、李杜鉉『朝鮮芸能史』、一八八頁。

(68)　前引、能勢朝次『能楽源流考』、三〇八頁以下。

(69)　前引『世阿弥　禅竹』、四五九頁以下の補注参照。

(70)　前引、『世阿弥　禅竹』、四九三頁。

(71)　禅竹「明宿集」『世阿弥　禅竹』、四〇四頁。

(72)　金賢旭『翁の生成　渡来文化と中世の神々』、思文閣出版、二〇〇八年。

(73)　山路興造『翁の座』、平凡社、一九九〇年所収〈「翁猿楽」考〉、一六〇頁以下。

(74)　前引、『世阿弥　禅竹』、四〇七頁。

(75)　葉明生『福建傀儡戯史論』上、中国戯劇出版社、二〇〇五年、四七八頁。

(76)　鄭正浩『漢人社会の礼楽文化と宗教』、風響社、二〇〇九年、一三〇頁。

(77)　前引、葉明生『福建傀儡戯史論』上、五一三頁以下。

(78)　前引、赤松智城・秋葉隆『朝鮮巫俗の研究』下巻、一〇八頁および参考図録二〇頁。

(79)　同上、一〇九頁。

(80)　前引、李杜鉉『韓国의仮面劇』、一三八頁以下。

(81)　以下は前引、康保成『儺戯芸術源流』所収「第三章　〝囉哩嗹〟与中国戯曲的伝播」、七七〜一〇五頁による。

(82)　同上、一〇二頁。

(83)　同上、一〇一〜一〇二頁。

(84) 前引、田耕旭「〝아라리〟구음의 보편성과 한국적 독자성」、二〇一二年。

(85) 同上、三一六〜三二〇頁。

(86) 同上、三三六、三三八頁。

(87) 前引、能勢朝次『能楽源流考』、二一三頁。

(88) 高野辰之『改訂日本歌謡史』、春秋社、一九三〇年（初版一九二六）、四五七頁。

(89) 前引、野村伸一「古要神社の人形戯」、一九九七年、二七頁。中国南部の傀儡戯における囉哩嗹は葉明生「寿寧県岱陽村的元宵福興梨園教之傀儡戯《華光伝》」『民俗曲芸』第一二二、一二三期、台北、財団法人施合鄭民俗文化基金会、二〇〇〇年、一五六頁参照。

(90) 下ン長の登場前に口音がある（金両基『韓国仮面劇の世界』、新人物往来社、一九八七年、二〇二頁）。ノロマ人形は一六七〇年頃、野呂松勘兵衛が人形浄瑠璃の合間に演じた滑稽人形戯に由来する（河竹繁俊『日本演劇全史』、岩波書店、一九五九年、四六九、四七四頁）。

(91) 前引、能勢朝次『能楽源流考』、四六四頁。

(92) 前引、中村保雄『仮面と信仰』、三二一〜三九頁。

(93) 『謡曲集上』日本古典文学大系40、岩波書店、一九九〇年、「解説」七頁以下。

(94) 死者霊の語り《イヤギ》を神房が代弁すること。神意伝達《ブンプサレム》の一種。死者霊はその哀しみを泣きながら語るためヨンゲウッリムという。

(95) 玄容駿『済州島巫俗資料事典』、新丘文化社、一九八〇年、八九〇頁。

(96) 野村伸一「トンイプリ――甕を解く儀礼」『日吉紀要言語・文化・コミュニケーション』No.19、一九九七年、一三二一〜一三三頁。

(97) 李奎報（一一六八〜一二四一）「古律詩老巫篇」『東国李相国全集』巻第二をみると、当時、京師からの追却令が出されるほどに巫俗が流行していたことがわかる。

(98) 巫舞の映像は「済州島の巫の回旋舞（도랑춤）」参照。https://www.youtube.com/watch?v=FX_eXQi7esQ

Ⅲ 『望恨歌』と百済歌謡「井邑詞」

辻 浩和

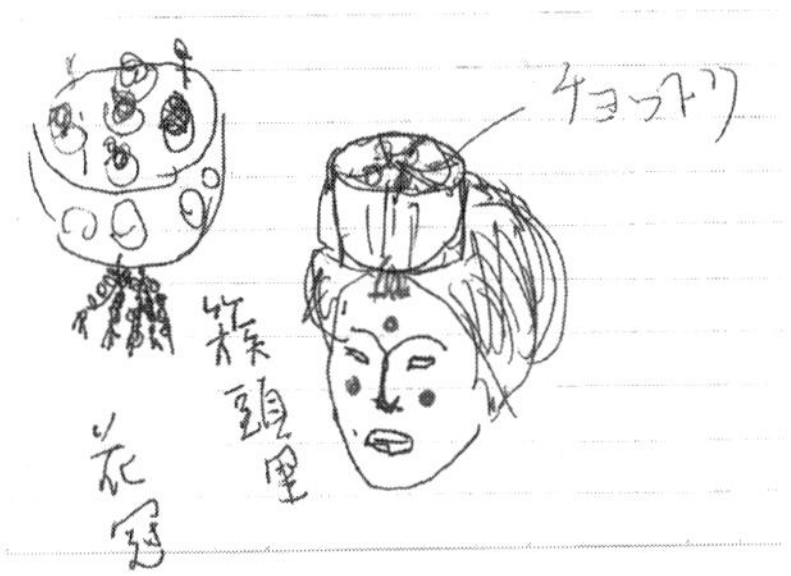

本章要約

井邑詞は行商に行ったまま帰らない夫を待ち続ける妻の心配を歌った民謡であり、東アジアの望夫石伝承の中に位置づけられる。当時の社会条件のもとでは、帰らぬ夫を待ち続ける妻という悲劇は一般的に起こり得るものであった。妻にとって、夫が帰らぬことは単に別れの悲哀を示すだけではなく、生活の破綻を意味していたはずである。『望恨歌』で夫・李東人をなくした妻は、孤独のうちに後半生を送らざるを得なかった。彼女はこれまでの道のりを「思い出ずるも憂き年月」として語る。それはまさに、井邑詞の妻が恐れていたはずの過酷な未来に他ならない。『望恨歌』を作るにあたって多田が最も心を寄せたのは、若妻から白髪の老婆に至るまでの一人の女性の長い長い道のりと、その「痛み」であった。多田がこうした主題を表現するにあたって井邑詞を基調としたのは、まことに的確であった。

さて、井邑詞は高麗朝では宮廷舞楽に組み入れられ、その歌詞が君臣関係を示すものとして読み替えられた。また朝鮮王朝では十五世紀、歌詞内容よりも「女楽」である点が強調され、「朝鮮らしさ」を示す音楽ととらえられるようになった。日本では、井邑詞が異民族による日本への服属を象徴する歌謡として踏歌で歌われた可能性がある。つまり、朝鮮でも、日本でも、井邑詞は本来の歌詞内容にかかわらず、政治的な思惑で読み替えられてきたのである。人々は井邑詞の妻の想いを耳にしながら、彼女の声に正面から向き合おうとはしなかった。そのことは、朝鮮人強制労働の被害者やその家族たちの声が「公式の記録には現れない」ものとして扱われていることと相似形を成している。そうした中で、多田が井邑詞を老婆によって語らせ、歌謡本来の意味に即して用いた点は、老女たちの物語に素直に耳を傾けることの重要性を示している。

本論文を通して、『望恨歌』の基調に「井邑詞」を用いた多田の着眼の確かさを明らかにできたと思う。

はじめに

多田富雄は、強制連行によって夫を亡くした妻が韓国の寒村で白髪の老婆となってひっそりと生き延びている様子をテレビ番組で見たことが『望恨歌《ぼうこんか》』創作のきっかけとなったことを明かし、「公式の記録には現れない不幸な歴史」を能に書こうとしたこと、「老女の痛み」を表現できるのは能しかないと考えたことを述べている。そしてそれに続く記述で、「この能の基調となったのはただひとつ、百済《くだら》歌謡『井邑詞《チョンウプサ》』の一節である」という注目すべき証言をしているのだが[1]、「公式の記録には現れない不幸な歴史」や「老女の痛み」という主題と、「井邑詞《せいゆうし》」がどのように結びつくのかという点については説明していない。『望恨歌』を理解するためには、両者の関係を明らかにすることが重要である。

そこで本章では、「井邑詞」という歌謡の歴史をたどることで、この歌謡を基調に据えることの意味について考えてみたい。

一　井邑詞とはどんな歌謡か

1　井邑詞の内容と歌詞

井邑詞は百済（四世紀後半～六六〇年）で歌われた民謡である。井邑《チョンウプ》は地名で全羅北道の南西部に位置する。

一四五一年成立の『高麗史《こうらいし》』巻七一(2)「楽志」（三国俗楽）によれば、井邑県の男が行商に行ったまま久しく帰らなかったため、その妻が山に登って夫を待ち、夫が夜道で危害を受けはしないかと心配しながら泥水の汚れに託して歌ったのがこの歌であり、現地には「登岵亡夫石」(3)があるという。一四八一年成立の『東国輿地勝覧《とうごくよちしょうらん》』(4)巻三十四「井邑県」には、この石は県北十里の場所にあり妻の足跡が残っているとある。

『高麗史』は他にもいくつかの百済歌謡を挙げているが、これらの歌詞はいずれも「俚語《りご》」（朝鮮語）であるとして記載していない。朝鮮語の歌詞を漢字表記（吏読《りとう》）するのは難しく、一四四六年に公布されたばかりのハングル（訓民正音《くんみんせいおん》）を用いることもまだ困難だったのであろう。しかし一四九三年成立の『楽学軌範《がくがくきはん》』には井邑詞の歌詞がハングルで示され、左のような歌であったことが判明する。(5)

月よ　高みに昇り給へ
ああ、四方《よも》遠く照らし給え
　　アオ　タロンディリ
ぬしは市《いち》に通うらん
ああ、泥濘《ぬかるみ》に足をとらるな
心しずかに　せくまいぞ
　オキヤ　オカンジョリ
ぬしの夜道に胸さわぐ
　アオ　タロンディリ

2 井邑詞に込められた心情

井邑詞以外の百済歌謡については歌詞が伝わらないが、『高麗史』に載せる「禅雲山《ソヌンサン》」が井邑詞と類似する内容を持つことは注目される。すなわち、長沙の人が「征役《せいえき》」に行ったまま帰らなかったため、その妻が夫を思って禅雲山に登り、この歌を歌ったというものである。夫の外出理由に行商と征役との違いはあるが、基本的な話型は井邑詞と共通する。

高寛敏はこれらの歌謡を東アジアの望夫石伝承の中に位置づけることで、そこに込められた人々の心情を読み解いている。高によれば朝鮮半島にはほかにも望夫石の伝承があり、井邑詞・禅雲山はこうした伝承と関わって成立した可能性が高い。『東国輿地勝覧』巻三七「長興都護府」には億仏山《オクブルサン》（全羅南道）の中腹に「婦巌」あるいは「望夫石」のあったことが記されるほか、時代不明ながら済州島《チェジュド》にも夫が沖合の島に竹を採りに出たまま帰らず、待ちわびた妻が息絶えたという「竜水浦節婦岩」の伝説があるという。十三世紀末の『三国遺事《さんごくいじ》』巻一「紀異第一」に記される金堤上《キムチェサン》の妻や『仏国寺《ぶっこくじ》古今創記《ここんそうき》』に記される阿斯女《アサニョ》など説話的展開を遂げた例もある。さらに『高麗史』巻七一「楽志」（俗楽）は高麗の歌曲として「船商」に出た夫の帰りを喜んで妻が歌ったという「元興《ウォンフン》」、鵲《かささぎ》や蜘蛛に託して「役」に出た夫の帰りが近いことを期待する「居士恋《コサリヨン》」の二曲を挙げるが、これも望夫石伝承のバリエーションと考えられる。中国や日本にも同様の望夫石伝承は多く存在し、国役・行商・舟行などによって帰らぬ夫を待つ妻の悲劇は東アジアに広範な広がりを持つ話型といえる。高はこれらの悲劇が中世の閉鎖的な自然経済と劣悪な交通条件、厳格な身分制度の下では当然起こり得た事件であり一般性を持つことを指摘した上で、夫が帰らぬことは単に別れの悲哀を示すだけではなく、残された妻や家族にとっての生活の破綻を意味し、望夫石伝説には生きていくことの厳しさに対する民衆の感情の発露が認められると看破する。(6)

井邑詞で妻が夫の無事な帰宅をこいねがうのは、単に恋情によるものではない。夫が帰らなければ、妻はその後の長い人生を一人で苦労して生きていかねばならない。これからの生活に対する不安、恐怖がないまぜになった複雑な感情が妻を突き動かしているのである。そうした生活上の嘆きや苦しみが歌い込まれているからこそ、井邑詞は人々の共感を集め民謡として成立したといえるだろう。

しかし井邑詞はその後、民衆の生活感情とはまったく切り離された形で王権に利用され、現在に伝わることとなった。次節ではその点について述べてみたい。

二　朝鮮における井邑詞の展開

1　高麗朝における井邑詞の宮廷舞楽化

東アジアの国々では、中国から輸入した礼楽思想《れいがくしそう》の影響で「礼楽」つまり儀礼と音楽を整備することが政治上の重要な課題となった。儀礼は君臣関係、上下の序列など人間関係の秩序を指し示す。一方音楽は人の心情の表れとされ、為政者は民謡を収集することで世情を察するとともに、儀礼で正しい楽（雅楽）を示して人々の心情を安定させる必要があった。音楽は単なる娯楽ではなく政治上の重要事であり、楽制の整備は国家的な事業として行われたのである。(7)

朝鮮半島でも既に三国時代から楽の萌芽が見られたが、本格的に雅楽が発達したのは高麗朝（九一八〜一三九二年）の時代であった。睿宗《えいそう》一一年（一一一六）に宋の徽宗《きそう》から大晟楽《たいせいがく》を授けられて以降、次第に宮廷雅楽が整備され、元や明の音楽が輸入された。高麗で製作した舞曲も多い。(8)『高麗史』巻七一「楽志」（三国俗楽）に、高麗は新羅・百済・高句麗という三国の楽を用いたとあるが、これは先述した礼楽思想に基いて民謡の収集を図ったものと考えてよいだろう。

こうした高麗朝の楽制整備のなかで、井邑詞も宮廷雅楽に取り入れられるにいたった。忠烈王《ちゅうれつ》（在位一二七四～一三〇八）の時代には民間の歌舞が多く宮廷楽舞に取り入れられる。そうした時期に、地方に左遷されていた侍中の李混《りこん》（一二五二～一三一二）が井邑詞の曲調を整えて舞をつけ、「舞鼓《ムゴ》」を制作したのである。舞鼓は李混の帰京とともに宮廷にもたらされたと考えられる。『高麗史』巻七一「楽志」（俗楽）によればその舞は以下のようなものであった。まず男性の楽官と妓女が登場し、楽官二人が鼓と台を所定の位置に置く。妓女たちが井邑詞や郷楽を歌い、楽官たちがその曲を奏でる。妓女二人が鼓の前に立って北の方向（王のいる方向）へ向かって拝礼し、跪いたあと立ち上がって舞いはじめる。鼓の槌を手に持ち、左右に分かれて鼓をはさみ一進一退する。輪になって向かい合ったり背を向けたりしながら鼓の周りを旋回しつつ舞い、楽に合わせて槌で鼓を打つ。楽が終われば再び深く礼をして退場する。

このように国家儀礼の中で王に向かって妓女たちが歌う形式をとることで、歌詞の意味が全く変わってしまう点に注意しなければならない。すなわち、妻が夫を恋慕する歌詞は以下の如く臣下が王を慕う内容に読み替えられてしまうのである。[9]

王よ、月のように空高くお上りになって広く天下の民をお照らしください。政をご覧になりながら、ご失政のなきように。どうか平静にお心をお持ちになって、この世の混乱に足を取られぬようお祈りします。

こうして王の治世を祝福するものとなった井邑詞は、以後歴代宮中での「国讌呈才《こくえんていさい》」つまり公式の宴礼における舞曲として定着していく。

2　朝鮮王朝における女楽の位置づけ

朝鮮王朝（一三九二～一九一〇年）においても雅楽の整備は非常に重視された。とりわけ第四代の世宗《せいそう》（在位一四一八～五〇年）は礼楽に積極的に関わり、高麗朝で渡来した宋楽を整理するとともに音律や雅楽組織を整え、中国の周に倣って新しい雅楽譜を作った。また高麗時代に生まれた郷楽を編曲して「定大業《ていたいぎょう》」「保太平《ほたいへい》」「発祥」「鳳来儀《ほうらいぎ》」などの新しい音楽（新楽）も制定した。世宗も自ら「龍飛御天歌《りゅうひぎょてんか》」「与民楽《よみんらく》」などを制作している。第七代の世祖《せいそ》（在位一四五五～六八）は世宗の定めた楽制を整理し簡略化するとともに、仏楽である「霊山会相《れいざんかいしょう》」の改作などに取り組んだ。この両朝で製作された楽譜は、儀式次第を記した儀軌《ぎき》とともに後世の典拠として重要視された。[10]

第九代成宗《せいそう》（在位一四六九～九四年）は両朝の楽譜と儀軌が散逸したことを嘆いてその復旧を図り、成俔《せいけん》（一四三九～一五〇四）に命じて『楽学軌範』を編纂させた。この『楽学軌範』によって井邑詞の歌詞が判明することは先述した通りである。『高麗史』と『楽学軌範』とで「舞鼓」の項目を比較すると、鼓と台を設置する役が楽官二人から楽師に率いられた楽工一六人になり、舞う妓女の数も二人から八人に増えている。朝鮮王朝に入って「舞鼓」もより大規模で華麗なものに拡充されていったことがうかがえる。

ところで、「舞鼓」のように妓女が舞う舞楽を女楽《じょがく》と呼ぶ。國原美佐子によれば女楽は朝廷内だけではなく行楽のための行幸や王の親族（宗親）のための宴など様々な機会に催され、外交使節を招いた宴席にも接待として利用された。一方で女楽のあでやかさは儒教倫理からすれば礼的な秩序からの逸脱につながりかねないものであり、明の使節や朝鮮の官僚たちからたびたび停止を求められてきた。しかしそれにもかかわらず歴代の王によって女楽は擁護されてきたという。[11]太宗《たいそう》（在位一四〇〇～一八年）は一四〇一年、明の使節をもてなす宴で使節から女楽を外すよう求められ、「郷風（朝鮮風）はこれなのです」と答えている。[12]一四七七年、一四八八年、一四九一年にも同様のことがあり議論となっているが、成宗は「女楽は我が国の土風《どふう》（風俗・風習）である」「国ごとに風俗は異なる」などと述べて女楽の維持を主張した[13]。結局のところ、成宗は正殿を用いるような礼宴で女楽を用いず、私的な場や曲宴に限って用いるという形で、空間や参加者に制限を課すことにより上記のような議論の妥協点を見出していったという。このように一五世紀朝鮮王朝において舞鼓を含む女楽は「朝鮮らしさ」（土風）の象徴として用いられるようになったのである[14]。井邑詞・舞鼓が王権への祝福として用いられたのとは別に、対外的なナショナリズムのよりどころとしても用いられるようになったといえよう。

三　日本の踏歌と井邑詞

1　日本における初期の踏歌と百済系移住民

本節では、井邑詞をはじめとする百済歌謡と日本との関係について、踏歌《とうか》を軸として考える。踏歌とは隋唐代以降中国で行われた集団舞踏であり、正月一五日（上元）や八月一五日（中秋）の満月の夜、宮中や民間の男女が手に手を取って隊列を組み、足で地面を踏みながら踊るものであった[15]。日本には七世紀後半頃に伝わって歌垣《うたがき》の習俗と結びついて広まり、朝廷では当初から正月一六日を中心に行われた。満月の一五日ではなく一六日に行われた理由は定かでないが、一五日に薪進上が行われていたことの影響などが指摘されている[16]。

日本における踏歌の初見は『日本書紀』持統七年（六九三）正月一六日条であり、「是《こ》の日、漢人《あやひと》等踏歌を奏《つかえまつ》る」とある。翌年には正月一七日に「漢人踏歌を奏る」、正月一九日に「唐人《もろこしびと》踏歌を奏る」とあるから、当初踏歌を奉仕していたのは「漢人」と「唐人」であり、両者は区別されていたことが知られる。「漢人」と「唐人」については、大化以前の中国系移住民と大化以後の中国系移住民とする説や[17]、朝鮮系（百済系）移住民と漢系（隋・唐系）移住民という説など諸説あるが[18]、近年の研究によれば「漢人」は朝鮮半島からの移住民であり、当時の倭国が朝鮮半島諸国を「蕃国」とみなしていたことに配慮して、対等な「隣国」である中国の過去の国名を名乗ったものと考えられている。朝鮮半島からの移住民には、もちろん中国から朝鮮半島に移住していた人々も含まれていたであろうが、基本的には朝鮮半島出身者と見なされる。(19)「漢人」は朝鮮半島出身の移住民、「唐人」は中国からの移住民とみるのが妥当であろう。

当時の情勢を見ると、百済系の移住民は日本列島内部において重要な役割を果たしていた。六六〇年、唐・新羅軍の侵攻により百済が滅亡した。倭国はその復興を支援しようとしたが六六三年の白村江《はくそんこう》の戦いで大敗し、倭国には貴族から百姓まで数千人単位で多くの百済人亡命者が流入することとなる。これらの亡命百済人は防衛体制の構築や律令官制の整備に大きな役割を果たした。(20)七世紀末の倭国において、「漢人」たちの存在は無視できないほど大きいものだったのである。

ややくだる史料だが、天平勝宝三年（七五一）の踏歌では百済系移住民である女孺忍海伊太須《おしみのいたす》、錦部河内《にしこりのかわち》の二人が「歌頭《かとう》」つまり踏歌の音頭取りをつとめて従五位下を授けられている。宝亀元年（七七〇）には称徳天皇が河内国由義宮《ゆげのみや》に行幸した際、河内の「漢人」たち、百済系移住民である葛井《ふじい》・船・津・文《ふみ》・武生《たけふ》・蔵の六氏の男女二三〇人が歌垣を奉った。後々まで百済系移住民が踏歌に関わっていることを見ても、持統朝で踏歌を奏した「漢人」は百済系移住民の存在を主体としていた可能性が高い。

さて、「漢人」たちが歌った歌はどのようなものであっただろうか。初期の踏歌については歌詞が残されていないので残念ながら推測するしかないが、歌詞の変遷を論じた藤原茂樹の所説は注目に値する。藤原は、先述した宝亀元年の歌垣事例で漢人たちが和文の短歌調の歌を歌っている点から八世紀後半には踏歌詞の和風化が起きていたこと、直前の天平神護二年（七六六）に京畿内で「里中踏歌」が禁止されており民間への広範な流行と踏歌詞の和風化が密接に関わっていたことを指摘する。一方で踏歌で漢詩が詠じられたのは延暦一四年（七九五）の「万春楽」を初例とするのであり、それは淡海三船《おうみのみふね》によって撰進された可能性が高いという。[21] 藤原説に従えば、和文の踏歌詞が用いられるのが八世紀後半、和製漢詩の踏歌詞が用いられるのが八世紀末ということになる。そうだとすれば、七世紀末の持統朝における漢人・唐人の踏歌は、百済や唐の歌謡をそのまま直輸入していた可能性が高い。「漢人」と「唐人」との踏歌が区別されている以上、異なる歌謡が用いられたとみるべきだろう。百済で踏歌が行われていた明証はないが、三韓時代の馬韓では五月・一〇月の農耕儀礼で踏歌がなされたから、その風習は百済にも伝わっていたはずである（『魏志』韓伝）。踏歌が正月一六日の月夜に行われることを踏まえれば、百済歌謡のうち月を歌い込む井邑詞が用いられた可能性は十分にある。[22]

2　百済系移住民が踏歌を奏することの意味

井邑詞が含まれていたかどうかはともかくとして、持統天皇が「漢人」「唐人」に踏歌を奏させることにはどのような意味があるだろうか。

白村江敗戦後の倭国は、新羅が唐と反目して倭国に朝貢したことを受けて、倭国を「中華」、朝鮮半島諸国を「蕃国《ばんこく》」すなわち従属国とみなす「小中華」観を強めていた。八世紀前半には唐すらも「蕃国」とみなす言説が成立するという。[23] 隼人舞《はやとまい》や国栖舞《くずまい》などの事例を持ち出すまでもなく、異民族が天皇の前で芸能を奏することは服属儀礼的な意味合いを持つ。「漢人」「唐人」の踏歌もこうした側面から理解される必要がある。

最近、渡邊誠は小中華思想のもとで形作られた国家儀礼を『「帝国」型儀礼』と呼び、その成立から解体までを見通している。渡邊によれば八世紀の踏歌節会は典型的な「帝国」型儀礼であり、そこには日本が蕃国・夷狄《いてき》を従えるという国家理念が具象化されていた。すなわち踏歌節会では日本に朝貢する新羅使・渤海《ぼっかい》使などの「蕃客」が宮人や群臣とともに踏歌に加わって天皇への臣従を示し、また蝦夷《えみし》・隼人・国栖などが服属する様を蕃客に見せることで「帝国」の主としての天皇の権威を誇示していたのである。しかし小中華構想の破綻が始まる宝亀五年（七七四）以降、踏歌節会の参加者が五位以上に限定されるようになり、また蝦夷・俘囚《ふしゅう》や隼人の朝貢も停止されて「帝国」型儀礼は解体・再編に向かうという[24]。

こうした指摘を踏まえれば、七世紀末、小中華思想を強めつつあった時期の持統朝が渡来系移住民たちに芸能を奉仕させることで権威を高めようとしたと考えても、さほど間違ってはいないように思われる。

加えて天武朝以降、ヤマト王権は礼楽思想の積極的な受容を図っている。天武四年（六七五）には畿内の国々に歌の上手い男女と侏儒《ひきひと》・伎人《わざひと》などの選進を命じ、天武一四年（六八五）には歌男・歌女・笛吹者などに子孫への技芸伝習を命じている（『日本書紀』）。これらの政策は地方の歌謡を収集し保護するという礼楽思想に基づいたものといえよう[25]。

礼楽思想のもとでは単に国内音楽の収集が図られただけではない。服属する諸外国・諸民族の音楽を掌握し儀礼に組み込むことで帝国の威勢を示す機能があったことは、中国における燕楽《えんがく》、散楽《さんがく》などの編成過程に見て取ることができる。日本でも大宝元年（七〇一）の大宝律令では雅楽寮を設置して四〇〇人以上の楽人を配し、それまで数世紀にわたって東アジア諸国から伝来した音楽を整理・伝習することとなった。持統朝における「漢人」「唐人」の踏歌も当然外国音楽の掌握という側面を持つのであり、こうした礼楽整備の一環として位置づけることが可能である。

後の朝鮮王朝が井邑詞・舞鼓などの女楽を「朝鮮らしさ」の象徴としてナショナリズムの発揚に用いたのとは裏腹に、日本では「朝鮮らしい」百済歌謡が蕃国による倭国への服属を示す象徴として用いられたのである。

四　望恨歌と井邑詞

1　ここまでの小括

以上、井邑詞の歴史的展開と位置づけの変遷について述べてきた。簡単にまとめると以下のようになろう。

・井邑詞は妻の夫に対する恋慕の中に生活への不安をにじませており、それゆえに民衆の生活感情を表現する民謡として人々に受け入れられた。
・高麗朝では井邑詞の歌詞が君臣関係を示すものとして読み替えられ、「舞鼓」という形で国家儀礼に組み込まれることになった。
・朝鮮王朝では歌詞の内容よりも妓女による「女楽」であることが強調され、朝鮮の「土風」つまり「朝鮮らしさ」を示す音楽として歴代の王によって擁護・維持された。
・日本にも百済系移住民によって井邑詞が伝えられ踏歌で歌われた可能性があるが、それは異民族による日本への服属を象徴する儀礼として位置づけられた。

ではこうした歴史的経緯を踏まえると、『望恨歌』が井邑詞を基調に据えていることにはどのような意味が見いだせるのであろうか。最後にこの点を論じて結びとしたい。

2　老女の痛み

第一節で述べたように、井邑詞は東アジアに広くみられる望夫石の伝承と関わるもので、夫を想う真情とともに、夫をなくして生活が破綻することや、不安定な状態でその後の人生を生きていかねばならないことへの不安が歌い込まれたと見られる。

『望恨歌』で夫・李東人をなくした妻は、父母兄弟もなくして不安定な身の上となる。再婚を進められても儒教倫理から「二夫《にふ》には見《まみ》え申さず」として拒否し、ひたすら死者を弔って過ごすうち、訪れる者も稀となり、人に会うことも嫌って童すら追い払うようになり、「牛の尾の老婆」と呼びならわされるようになった。「人目をかくれ住む老女」とあるように、夫をなくしてからの彼女は孤独のうちに後半生を送らざるを得なかった。彼女はこれまでの道のりを「思い出ずる《（ママ）》も憂き年月」として語る。それはまさに、井邑詞の妻が恐れていたはずの過酷な未来に他ならない。この点で「牛の尾の老婆」と井邑詞の妻はぴったりと重なり合うのである。

多田は『望恨歌』の「創作ノート」に以下のように書き記している。[26]

> その一人の妻が、韓国の寒村でひっそりと生き延びている。当時は若妻であったのに、いまは白髪の老婆となって、腰の曲がった姿でチマチョゴリの背に手を組んで立っていた。私は、はっとして言葉がでなかった。（中略）その老女の残像は、長い間私の網膜に焼きついていた。それから、たくさんの資料や書物で当時の日韓問題を調べたが、そこには公式の記録には現れない不幸な歴史がひそんでいることも知った。（中略）
> 私はそれを能に書こうと真剣に思った。この老女の痛みを表現できるのは能しかないと思った。感情に流されることなく、かつ説明的でもなく、事実の重さを問いかける力が能にはある。（後略）

『望恨歌』を作るにあたって多田が最も心を寄せたのは、若妻から白髪の老婆に至るまでの一人の女性の長い長い道のりと、それを想い起こす時に生じる「痛み」であった。[27] 多田がこうした主題を表現するにあたって井邑詞を基調としたのは、まことに的確であったというほかはない。

3 公式の記録に現れない歴史

もう一つ考えなくてはならないのは、多田が先の引用部において彼女たちの物語は「公式の記録には現れない不幸な歴史」であると述べている点である。「創作ノート」の末尾には「もう記録にさえ現れないひとつひとつの不幸な事件。それさえも、いま忘れられようとしている」という記述も見える。公式の記録に現れない以上、「老女の痛み」は彼女が重い口を開き物語ることでしか伝わらない。そして人々がその声に耳を傾けない限り、不幸な歴史は忘れ去られる。

井邑詞に歌われる妻の想いに、人々はきちんと耳を傾けてきただろうか。第二・三節で示したように高麗朝ではその歌詞が君臣関係を示すものとして読み替えられ、朝鮮王朝ではナショナリズムの観点から女楽が「朝鮮らしさ」を表現するための記号として扱われた。倭国でも、重視されたのは歌詞の中身ではなく「漢人」「唐人」が天皇のために歌うという属性であり、その扱いは国際情勢によって大きな影響を受けた。人々は妻の想いを耳にしながら、彼女の苦悩に正面から向き合おうとはしなかった。

朝鮮人強制労働のような問題において、被害者たちの証言が正面から受け止められることは稀であろう。多くの場合は国家主義的に利用され、記号化され、国際情勢によって翻弄される。井邑詞の歴史的な展開まで多田が知っていたとは思わないが、民謡として生まれながら国家儀礼の中で伝えられてきた井邑詞を、しかもその歌詞を民謡本来の意味に即して用いることは、老女たちの物語に素直に耳を傾けることの重要性を示すという意味でも意義のある取り組みだったと思う。「感情に流されることなく、かつ説明的でもなく、事実の重さを問いかけ」ようとし、老婆の語りを中心に置いた多田の意図も、おそらくはその辺りにあるのではなかろうか。

おわりに

『望恨歌』に井邑詞が用いられることの意味について、とりわけ「老女の痛み」や「公式の記録に現れない歴史」といった主題との関わりについて歴史的経緯を軸に考えてみた。作品の外側からアプローチすることによって、多田の着眼の確かさを明らかに出来たと思う。本来ならば井邑詞が作品の中でどのように機能しているのかという内在的なアプローチの分析もあわせ行うべきであろうが(28)、それは筆者の能力を超えるため触れることができなかった。今後多田作品の「読み」がさらに深められることを願って擱筆したい。

注

(1) 多田富雄「望恨歌　創作ノート」『死者との対話——能の現代性』藤原書店、二〇一七（初出二〇一二）。
(2) 国書刊行会編『高麗史　第二』（一九〇九）による。
(3) 「岾」は朝鮮の国字であり、峠を意味する。
(4) 朝鮮古書刊行会編『朝鮮群書大系続第八輯　東国輿地勝覧　三』一九一二による。
(5) 多田が依拠した安宇植編訳『アリラン峠の旅人たち』平凡社、一九八二による。
(6) 高寛敏「朝鮮三国時代の民衆文学」『東アジア研究』六六、二〇一七。
(7) 拙稿「礼楽思想からみる平安時代の文化」歴史科学協議会編『知っておきたい歴史の新常識』勉誠出版、二〇一七。
(8) 田辺尚雄「朝鮮中古の音楽」『東洋文庫八五六　東洋音楽史』平凡社、二〇一四。
(9) 梅山秀幸「『井邑詞』と伊勢物語の『井筒』」『桃山学院大学総合研究所紀要』三九—三、二〇一四。引用も同論文の解釈による。
(10) 田辺尚雄「朝鮮李朝の音楽」（注8、前掲書）、岸辺成雄「『楽学軌範』の開版について」『唐代音楽の歴史的研究　続巻』和泉書院、二〇〇五（初出一九四三）。
(11) 國原美佐子「十五世紀の朝鮮の外交と礼楽——女楽の存在を通じて」『東京女子大学紀要論集』六一—一、二〇一〇。

(12) 『朝鮮王朝実録』太宗一年六月己巳条。

(13) 『朝鮮王朝実録』成宗一九年三月辛未~乙亥条、同二三年一二月辛未条。

(14) 注11前掲國原論文。なお、同「三浦の乱前後の『女楽』」『史論』六四、二〇一一によれば、一六世紀になると女楽を土風とみなす言説は鳴りをひそめ、中宗《ちゅうそう》（在位一五〇六~四四）と官僚たちが政治改革の象徴として女楽の改廃を進めるという。中宗一三年（一五一八）に井邑詞が「淫歌」とされて孝子《こうし》を歌う「五冠山《オグァンサン》」に代替されるのもこうした動きの一環と考えられる。一五世紀以来の女楽論争はこうして儒教倫理を優先する方向で収束していった。

(15) 趙維平「奈良、平安時代における中国音楽の受容と変容——踏歌の場合」『日本研究』四三、二〇一一。

(16) 藤原茂樹「奈良時代の踏歌——夜の歩み」『芸文研究』七七、一九九九。

(17) 注15前掲趙論文、工藤隆「歌垣と踏歌・嬥歌・遊部の関係について」『アジア民族文化研究』一五—〇、二〇一六など。

(18) 荻美津夫『日本古代音楽史論』吉川弘文館、一九七七。

(19) 吉村武彦「ヤマト王権と半島・大陸との往来」吉村武彦ほか編『渡来系移住民——半島・大陸との往来』岩波書店、二〇二〇。

(20) 森公章『「白村江」以後——国家危機と東アジア外交』講談社選書メチエ、一九九八。

(21) 藤原茂樹「古代のことば——踏歌詞の伝統と変化」『芸文研究』一〇一—一、二〇一一。

(22) 保立道久は、日本の踏歌が百済の影響で生まれたことを指摘し、踏歌が正月一六日の明るい月のもとで行われることと、井邑詞が月夜の歌であることとの関係性を示唆している。保立道久「日本と韓国の神話と民俗」（第八回天籟能の会における講演、二〇二〇年一月二五日。読み上げ原稿が補訂のうえ下記で公開されている。https://note.com/michihisahotate/n/n2242a3f28db3、最終閲覧日二〇二一年八月二日）。

(23) 注20前掲森著書。

(24) 渡邊誠「日本律令国家の儀礼体系の成立と蕃国・夷狄」『九州史学』一七四、二〇一六および同「日本律令国家の「帝国」型儀礼体系の解体」『史人』八、二〇二〇。

(25) 渡辺信一郎『中国古代の楽制と国家——日本雅楽の源流』文理閣、二〇一三。

(26) 注1前掲多田論文。

(27) 多田が「創作ノート」のなかでシテの長絹は韓国の結婚式で新婦が着る円衫《オンサム》を模したものであり、頭につける小さな冠のようなものは新婦がつける「簇頭里《チョットリ》」であるとした上で「結婚式で新婦がつけるチョットリを、ここで老女がつけるのにいささかの意味を読みとって欲しい」と述べるのは、彼女の歩んできた長い道のりを想起させる演出だろう。

(28) たとえば注22前掲保立論文が指摘するように、「月」のモチーフは本作品を理解する上でとりわけ重要と思われる。謡の末尾に見える「月影の霜の凍てつく野面に」の文言は、多田の「姨捨」論を想起させる。多田は橋岡久馬の「姨捨」を見たときの印象を「なんという冷たい、痛いような月光であろうか。地表には霜が降りたように真っ白である」と書き記し、古代における月は死者の魂の物忌の世界であったという池田弥三郎の議論を引きながら、橋岡が現出させたのは「死者のなまなましい魂の支配する月光の世界」であったと理解するのである。夫のゆく道を月が照らすという井邑詞に、「七星」という「あの世を照らす星」を加えたのも、多田が月光の世界を死者の世界と理解していたことと関連するのではなかろうか。多田富雄「老女の劇」注1前掲多田著書、初出一九九五および注1前掲多田論文参照。

Ⅳ　強制連行に向きあった市民と『望恨歌』

外村　大

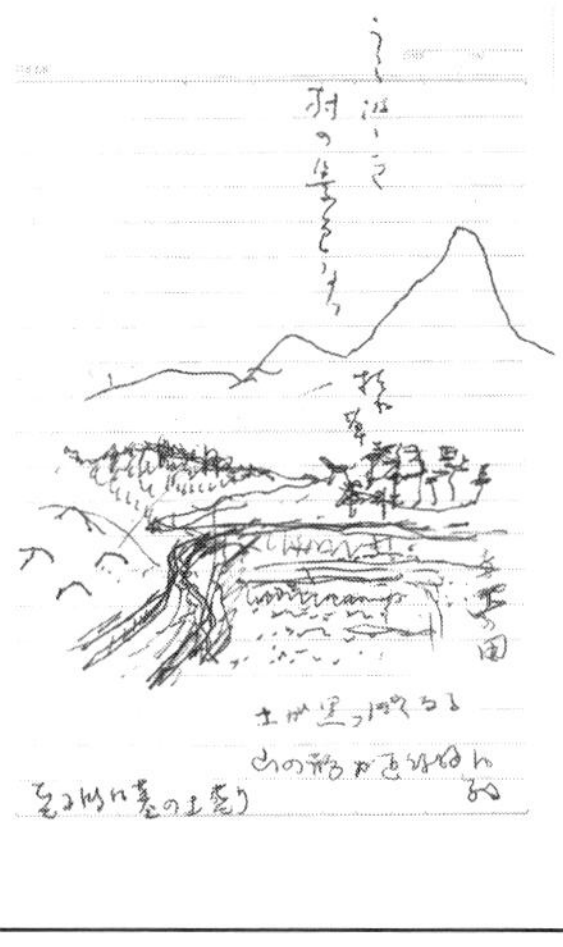

本章要約

多田富雄が『望恨歌』を執筆したきっかけは、強制連行された夫を韓国の農村で待つ老女の姿を映したテレビ番組を見たことであった。これは九州朝日放送の「大地の絆」であると推測される。この番組は、それ以前の市民の活動と無関係ではなかった。また、多田が『望恨歌』を創作した一九九〇年代前半は、日本帝国の加害への謝罪、補償が社会的関心を集めた時代であった。

そのような状況は、一九七〇年代以降、日本の各地で展開されていた強制連行に向きあった市民の活動によって準備されたものだった。九州の旧産炭地やタコ部屋労働が行われていた北海道などで、史実の調査と犠牲者追悼の営みが進められていたのである。そこでは、被害当事者のライフヒストリーの聞き取りも行われた。そのことは、朝鮮人強制連行の史実の持つ意味、それぞれの人びとに及ぼした影響を考える契機を与えていた。そして、一部では韓国にいる遺族と連絡を取り遺骨の返還を進めるといった動きもあった。遺族側は当初、日本の市民に対して怒りをぶつける態度をとることもあったが、九〇年代には遺族と日本の市民の連携による活動も始まっていく。

こうしたなかで、九〇年代には世論も概ね謝罪や補償を支持する状況が生まれた。ただ、それは一度限りの「戦後処理」で問題を解決しうるという楽観的な見通しによっていた。本来必要なのは、歴史を深く理解し、それを繰り返さないために記憶し、被害者と加害者が継続して関係を維持する和解の努力のはずであった。結果として、二一世紀に入って日本の過去の加害を反省したうえでの韓国との友好を語る声は少なくなった。

『望恨歌』の内容は、強制連行に向き合った市民の活動と類似するところが多い。それは和解の原型を示しているとも言えるものである。歴史問題の葛藤が深刻化している今日、九〇年代にこの作品が生まれていたことは希望を与えてもいる。

一　『望恨歌』が創作された時代

多田富雄が、強制連行をテーマとする新作能の創作を思い立ったきっかけは、テレビ放送されたドキュメンタリー番組にあった。この番組が放送されたのは、おそらく一九九〇年か一九九一年のことである。そこには強制連行され帰らぬ夫を韓国の寒村で待つ老婆が登場していたという。その姿に強い印象を受けた多田は、それから韓国・朝鮮の歴史文化について学び、一九九三年三月末から四月初めにかけては韓国での調査も行い、謡曲を完成させた。そして同年九月に新作能『望恨歌』が初演を迎えている。

多田が創作を思いたち作品を生み出すまでの一九九〇年頃から一九九三年までの時期は、日本帝国の過去の侵略や植民地支配に関わる歴史問題、あるいは日韓関係や強制連行の問題を考える際、極めて重要な時期として区分できる。それ以前の日本社会では、強制連行等の植民地期の人権侵害は、あまり注目されず、多くの人びとが論じるような話題でもなかった。ところが、この時期、それについての社会的関心が高まり、政治外交上の課題にもなった。また日本政府もこれに対応し、過去の自国の加害の歴史に言及し反省の姿勢を示してもいた。

まず、一九九〇年の盧泰愚大統領訪日の際、韓国政府は強制連行された労働者の名簿の提供を要求、日本政府も調査を行い若干の資料提供を行った。ついで慰安婦問題が焦点化すると、一九九二年に訪韓した宮沢喜一首相は韓国国会での演説で謝罪、翌年には日本政府の関与を認めた上でのお詫びを述べた河野談話が出される。細川護熙首相も一九九三年の訪韓時に創氏改名など具体的な事例を挙げて反省の意を表明した。もっとも、それは、何か大きな変化が進んでいるとか、完全な問題解決が図られたといった実感を伴うようなものではなかった。ほかの国の歴史問題への対応に目を向ければ、同じ時期に、より踏み込んだ謝罪や補償を行った事例があり——ドイツにおける第二次大戦期の強制労働犠牲者への補償、アメリカやカナダでの日系人収容問題への対応など——それと比べると、日本の施策はかなり見劣りがするという評価もありうる。

とは言え、それ以前の日本社会、政治の状況を考えればこれは確かに変化であった。一九九五年に侵略と植民地支配がアジア近隣諸国へ与えた苦痛と損害への反省を明確にした村山談話が出され、一九九八年には植民地支配についての反省とお詫びを述べた日韓共同声明が発表されたことも、この時期の動きの延長線上にあると見ることが可能である。

しかし、その後、謝罪や反省のうえでアジア近隣諸国との友好を築こうとする動きが広がっていったとは言い難い。むしろ、謝罪など必要ない、さらにはそもそも日本の加害の歴史など嘘である、といった主張が声高に語られるようになり、無視できない影響力を持つようになった。そうしたなかで特に日韓関係は冷え込んだ。日本では露骨な韓国蔑視、敵視の書籍や雑誌記事が大量に生み出されている。そのことを考えれば、『望恨歌』が作り出された一九九〇年代前半は、過去の加害の歴史の清算が模索された例外的な時期だったということができる。

そして、そうした状況は、市民の努力によって作り出されていた。まず、韓国の民主化は市民の立ち上がりで勝ち取られた。それによって軍事独裁政権時には抑えられていた日本の戦争動員等への謝罪と補償を求める活動が韓国で可能となった。それを受けて韓国政府は強制連行の名簿を提供したのであり、また慰安婦問題の焦点化も韓国の市民運動が大きく関係している。

同時に日本の市民の活動が果たした役割も小さいものではない。強制連行については、アカデミズムの場に属さない市民が各地で地道な調査を積み重ねており、そこで被害者の証言や貴重な史料を発掘していた。また、一九七〇年代には、在韓被爆者やサハリン残留朝鮮人の問題では被害者の支援や日本政府を相手とする裁判の活動が展開されていた。このことは日本人に自国の加害について目を向けさせる契機となり、一九九〇年代前半の状況を準備したのである。

二　「大地の絆」と「死者への手紙」

ただし、『望恨歌』の執筆過程で、多田が強制連行の調査や被害当事者の支援を行う市民運動家と接点を持った形跡はない。だが、それは『望恨歌』がそうした市民の活動と無縁であったことを意味してはいない。多田が見た、強制連行を扱ったテレビのドキュメンタリーもまた、市民運動なくしては作り得なかった。直接ではなく間接であるにせよ、『望恨歌』にはそれが影響を与えている。

では、多田が視聴したドキュメンタリーは具体的には何だったのだろうか。二〇一九年に国立能楽堂での『望恨歌』の演出を手掛けた笠井賢一は、それが九州朝日放送制作の「死者への手紙――崎戸・端島強制連行の記録」であると推定している。[1]この番組は一九九一年五月二五日の深夜に九州・山口県で放映されたことが新聞のテレビ欄から確認できる。

ところが、多田は『望恨歌』創作のきっかけについて、「NHKテレビのドキュメント番組を見たこと」と記している。[2]民放の番組ではなく、NHKである。もちろん、多田が放送局のみを誤解して記憶していたとも考えられる。だが、そもそも九州の地方局の番組をなぜ視聴していたのか（「死者への手紙」が東京で放映されたという記録は確認できない）、疑問が残る。

これについては、竹内光浩が重要な情報を提供してくれた。それは、同じ九州朝日放送が韓国等に取材した「大

地の絆　強制連行の四十八年」というドキュメンタリーを作っており、それがＮＨＫでも放映されているというのである。一九六五年五月五日に九州各県と山口県で放映されたこの番組は、この年の『地方の時代』映像祭」で大賞を受賞していた。その関係で、ＮＨＫは一九九〇年一二月八日にこれを放映したのである。この日は土曜日、時間は午後一時五〇分からであり、強制連行の歴史に特に深い関心を寄せていたわけでない日本人――おそらく多田もその一人であった――がなんとなくテレビをつけていてたまたま見て、そうであるがゆえにその内容に驚き、記憶し続けるということはあり得そうなことである。[3]確証は得られないが、可能性は高いと見てよいだろう。

この「大地の絆」は、強制連行によって別離を強いられたいくつかの家族に焦点を当てている。主に焦点が当てられているのは、樺太への動員に関連するケースである。敗戦時に樺太にいた朝鮮人たちの多くは帰国が出来ず、韓国の家族との別離を強いられていた。この問題をめぐっては、一九七五年に日本政府を被告とする訴訟が開始され、ようやく社会的注目が集まるようになっていた。同時に、訴訟の原告代理人である高木健一弁護士らの尽力で、生き別れとなっていた家族を探し出し手紙をやり取り、日本での家族の再会が進められていた。また、一九八〇年代末には永住帰国も少しずつではあるが始まっていた。[4]「大地の絆」は、そうしたなかで再会を果たそうとしている家族の様子を、サハリンや韓国での取材をもとに作られた作品である。そこでは、結婚して間もない時期に夫が動員され韓国に残った妻が、生死もわからないまま長年、苦労しながら子どもを育てた様子などが描かれている。死別ではなく、生別であるという違いはあるものの、別れたまま、韓国農村で孤独に暮らしているという点では『望恨歌』のシテの老婆と同様の境遇といえよう。

これとともに注目されるのは、韓国での取材等で北九州市の在日大韓基督教会小倉教会牧師の崔昌華氏が同行していることがある（画面に映り込んでいる）。崔昌華は、在日朝鮮人[5]への差別撤廃と人権確立のための活動で知られている。[6]その崔は、一九七五年頃から、筑豊の各寺院を回り、そこに残されたままの朝鮮人八七体の遺骨（必ずしも強制連行の犠牲者とは限らない）を門司市市営墓地の納骨堂に安置していた。[7]「大地の絆」では、筑豊の寺院に保管されている――つまりは遺族のもとに届けられていない――朝鮮人の遺骨や、石を置いただけの粗末な朝鮮人の墓が映し出される場面があり、これも崔昌華の情報提供があったのではないかと推測される。

なお、多田が触発されたドキュメンタリーとして考えられて来た（もちろん、その可能性もある）「死者への手紙」もまた、市民運動の成果をもとに作られている。この番組の取材は、長崎県の端島炭坑（軍艦島として知られている）があった、長崎県高浜村役場に残されていた死者の「埋火葬認許証交付簿」を手掛かりにしている。そこに書かれた本籍の住所に手紙を送り連絡が取れた人びと、つまり端島で亡くなった朝鮮人の遺族を訪ねていったのである。それを行ったのは筑豊に生まれ、そこに暮らして活動していたノンフィクション作家の林えいだいであった。林えいだいは、一九七三年頃から寺院に残る遺骨を手掛かりに強制連行についての調査を開始していた。一九七四年には朝鮮人強制連行真相調査団（後述）の九州での調査活動にも協力し、貴重な史料発掘と著作刊行を続けた。[8]ただし、「埋火葬認許証交付簿」は、長崎在日朝鮮人の人権を守る会の関係者が、一九八六年にある日本人から入手したとされる。[9]この長崎在日朝鮮人の人権を守る会は、被爆した朝鮮人についての調査を実施しており、その過程で史料を入手したと思われる。こうした、市民たちの取り組みが、朝鮮人強制連行をテーマとするドキュメンタリーの制作を可能としたのである。

三　市民の調査活動の展開

このような朝鮮人強制連行についての市民の活動が取り組まれるようになったのは、一九七〇年代以降のことであった。戦中の朝鮮人に対する虐待、迫害の事実は、広く行われていたことであり、それを知る日本人はもちろんいた。しかし、日本人の間では戦後直後からそれを大きな問題として認識していたわけではなかった。日本人の民衆の間では自分たちも軍国主義の被害者であるという意識が強かったし、朝鮮植民地支配に対する罪悪感もなかったためである。一九六五年に日韓条約が締結される際にも、一部の人びとを除いて、植民地支配の反省の問題はそれほど意識されていなかった。

そうしたなかで、朝鮮総連(在日本朝鮮人総連合会)系の朝鮮大学校の教員であった朴慶植は戦前・戦中の在日朝鮮人の生活や労働の調査を続けていた。そして一九六五年にその成果を『朝鮮人強制連行の記録』(未来社)として刊行した。労務動員政策がどのように展開されたかのみならず、被害当事者の体験の証言も伝えていたこの著書は、この問題の重要性を日本社会に提起する上で大きな役割を果たした。強制連行という用語が広く知られ使われるようになったのも、同書の刊行以降のことである。一九七〇年代にはじまる、各地の市民による朝鮮人強制連行の調査等は、同書が影響を与えていることは間違いない。

もちろん、朴の研究だけが日本人の歴史認識を決定的に変化させたわけではない。多数派の声にはなり得なかったが、同じ時期にはかつて朝鮮で生活していた日本人による植民地支配責任を意識した議論や文学活動の展開も見られる[10]。さらに、一九七〇年代以降には、日本の経済進出や観光などによるアジアの近隣諸国との関係の再構築、国内における、アジア系の留学生や旧植民地出身者の発言や活動も、一部の日本人に過去の自国の侵略と植民地支配の歴史を意識させることとなった[11]。

また、朴慶植が当時朝鮮総連に所属していたことをもって、左派系のイデオロギーが何か、朴の研究活動や、それが日本で影響を持ったことに関係しているかのように捉える主張もあるが[12]、それは誤りである。そもそも、朴は組織の中ではいわば非主流派であり、しかも『朝鮮人強制連行の記録』の刊行に対して朝鮮総連は積極的ではなかった[13]。朝鮮総連は、その後、日本人の弁護士、ジャーナリスト、労働組合関係者とともに朝鮮人強制連行真相調査団を結成し、一九七〇年代に各地での聞き取り調査等を展開するようになるものの[14]、それが歴史研究や世論形成において決定的に重要であったわけではない。朝鮮人強制連行の調査活動は、既存の組織をバックにして生まれたのではない、自発的に個人が集まった市民団体やフリーランスのジャーナリストによって主に担われていた。それは、しばしば継続的に取り組まれていたし、強制連行された朝鮮人の現場すべてではないにせよ、日本の各地に広がっていた。

そのような活動を実践した人びとの動機や思いは様々であった。在日朝鮮人の場合は、自分たちの「同胞」の歴史を知りたいし、日本人にも知ってほしいという意識が関係していたであろう。他方、日本人の間では、戦争の悲惨さを認識し、伝えていこうという取り組みの延長というケースがあったはずである。同時に、自身の加害性を自覚して他国・他民族への侵略、支配の被害を明らかにしようとする動きもあったことが確認できる。たとえば、長崎で被爆朝鮮人や強制連行の被害者の調査に取り組んだ岡正治は、戦中に自身が海軍軍人としてアジア侵略や軍国主義教育を担ったことへの痛烈な反省や、戦後、権利を奪われることになった在日朝鮮人との関りから、日本人としての加害の責任を強く認識していた[15]。

また、戦後の復興と高度経済成長を経験した日本社会では、「豊かさ」をもたらした近代化の歴史が語られる一方で、それゆえにそこで犠牲になった、あるいは忘れられ、切り捨てようとされている人びとや、繁栄から取り残された地域の存在も意識されるようになっていた。つまりは、華やかな中央の成功した人びととは異なる歴史を知ろうとする動きが生まれていたのである。北海道では、高校教員らによって、自分たちの身近な地域における「開拓」の犠牲になった囚人労働者やアイヌの人びとの歴史を調査し記録する活動が、一九七〇年代初頭から盛んとなっていた。「民衆史掘り起こし運動」と呼ばれたこの動きのなかでは、朝鮮人強制連行への関心を呼び起こし、貴重な成果を生み出した[16]。九州の筑豊でも同様の動きがあった。日本の産業革命、二〇世紀前半の重化学工業を支えた炭鉱の労働者たちの歴史の記録や教育実践が進められていたのである。そこでも朝鮮人の存在に光を当てようとする努力が確認できる[17]。

そして、このような朝鮮人強制連行の調査活動は、ほかの日本人たちからの批判や拒絶反応を呼び起こすことなく――つまり、今日であれば「反日」であるとか、「自虐史観」といった言葉で攻撃を始める人びとがおそらくいたであるだろうがそうではなく――、続けられた。むしろ、強制連行や朝鮮人に対する迫害の史実を知る、その地域の市民とのつながりのなかで行われていた点も、重要な特徴として確認しておくべきだろう。

たとえば、北海道深川市の寺院の住職の殿平善彦が、朝鮮人を含む、戦前・戦中の強制労働の犠牲者の歴史調査に関わるようになったのは、当時の事情を知る地元の市民の情報提供がきっかけであった。一九七六年に朱鞠内《しゅまりない》ダムに遊びにいった殿平は、たまたま老婆に呼び止められ、近くにある住職のいなくなった寺に工事の犠牲者と見られる人びとの位牌が八〇基以上あることや、古老に案内された近くの笹やぶに遺骨がそのまま埋もれていることを知らされたのである。その老婆が、僧侶である殿平に対応してほしいと語りかけたのは、そこに住み当時を知る者として放置しておくことはできないという気持ちからであった。これに応えて、殿平は、前述の「民衆史掘り起こし運動」のなかで作られた空知民衆史講座のメンバーとともに歴史調査や遺骨の発掘を開始したのである[18]。

また、「筑豊N町」では、一九八〇年頃、地元住民によって「故郷づくりのための炭鉱遺跡」を残す活動に関連した、戦前・戦中の状況を知る地元の人びとへの調査が行われていた。その過程で住民たちは一九三六年の事故で多くの朝鮮人が死亡している事実を知り、民族の別なしの追悼行事の取り組みを開始する。さらに、住民たちは、歴史の研究をしていた「在日コリアンのF氏」とも連絡し、強制連行の現場を訪ねる活動なども行うこととなったのである[19]。

自身の住む身近な地域において、非業の死を遂げ、家族のもとにも遺骨が届けられていないといったことを知った際に、そのことを気にかけるのは、人間としてごく当たり前の感情である。地元の人びとが朝鮮人強制連行の調査に拒絶反応を示さず、むしろ協力的であることに不思議はなかった。そして、その史実について調査を行なおうとすることも、何か特定のイデオロギーや政治的意図によってはいない。殿平は自身の「歴史問題」へのかかわりを「出会った者の責任」と表現している。[20]奇しくも、「筑豊N町」で朝鮮人も含めた炭鉱災害犠牲者の追悼を行っている「住民のB氏」も、それを行っているのは「知った以上は供養するのが私の責務だと思った」ためであると述べている。[21]

四　ライフヒストリーの聞き取り

だが、朝鮮人強制連行の歴史の調査は容易なことではない。お寺に残る過去帳や地方自治体の埋火葬許可申請関係の書類から犠牲者の名前や本籍地がわかることはあるものの、動員の経緯や労働や生活の様子を知りうる手掛かりは少ない。企業が協力的であるはずはなく（現在も、広く公開され、誰でもアクセスできる戦時労務動員関係の企業の資料はそう多くない）、行政の記録もあまり残されていなかったためである。

ただし、一九七〇年代から八〇年代にかけては、戦時下の状況を知る日本人や在日朝鮮人一世が少なからず存命であり、証言を得ることが可能であった。そこから朝鮮人強制連行の調査では、関係者の聞き取りが重要な作業となった。在日朝鮮人一世、とりわけ強制連行の経験を持つ人びとについては、戦時期の労働現場での被害だけではなく戦前、戦後の生活等も含めて詳しい聞き取りがなされ、それが本にまとめられることもあった。[22]

また、同じ時期には、就職における差別反対や社会保障制度等での国籍条項撤廃、外国人登録法での指紋押捺拒否闘争等が活性化していた。それは、在日朝鮮人だけの闘いではなく、日本人の市民もともに行政交渉や裁判支援などに参加して、展開されていた。こうした活動によって在日朝鮮人の権利をめぐる状況が改善されていったことはこれまでも語られてきた。この過程で、運動に参加した日本人の市民たちは、植民地支配が朝鮮人にどのような影響を与えたのかを具体的に学んでいった。差別反対や指紋押捺拒否に立ち上がった在日朝鮮人は、集会や裁判の場でこれまでの人生や日本に対する意識をしばしば語っている。もちろん、運動展開の過程で知り合った、支援者の日本人たちに個人的にそれを話すこともあっただろう。なお、運動の当事者はしばしば、二世以降の若い世代の在日朝鮮人であったが、彼らも父母の植民地期の体験を述べている[23]。

そのことは、多くの日本人にとっては、知ることのなかった近代日本と朝鮮との関りの歴史を学ぶ機会となった。そして歴史を学ぶと言っても、単に歴史教科書の何行かの記述を読み、試験に出る可能性のある朝鮮に関わるいくつかの年号や用語を暗記するといったこととはまったく違う意味をもっていた。伝えられたのは、日本の植民地支配が個々人のライフヒストリーのなかでどのような意味を持っていたのかと、現在にいたるまでの影響やそれに対する思いであった。それを受けとめることができた日本人の市民は、自国の加害の歴史の意味についての認識を深めたはずである。

五　遺族への連絡と訪問

このような調査活動を続けられていた一九七〇年代から八〇年代にかけて、韓国は軍事独裁政権のもとにあり、市民の自由は大きく制限されていた。日韓の人の移動や情報の流通も統制され、韓国に住む強制連行の被害当事者らと日本人が連絡を取ることは、簡単ではなかった。しかし一九八〇年代には、日本で亡くなり、そのまま遺骨が残されたままになっている人びとの遺族や、強制連行の被害者と直接つながろうとした日本人もいた。

北海道の朱鞠内等での強制連行の調査や犠牲者の調査を進めていた殿平善彦は、すでに一九八〇年代初めに、日本人の遺族のみならず韓国の遺族のもとにも遺骨を届けようとしていた。殿平ら空知民衆史講座のグループは、一九八〇年から遺体が埋められているといわれていた場所での発掘を進め一六体の遺骨を収集していた。そして、埋火葬認許証に記されていた本籍地の住所に死者本人の名前宛での手紙一四通を出して、遺族との連絡を試みた。手紙に対しては七名の遺族から返事があり、殿平は一九八二年に遺族のもとを訪れることとなる。

だが、殿平は「ほうほうの体で日本に帰って」来るほかなかった。「戦後まったく音沙汰なしに、日本に連れていかれたまま、死んだも生きたもわからないまま」にあった肉親の死を知らされた遺族からは「おまえ何しに来た」「補償か何かあるのか」との言葉がぶつけられたのである。殿平は、個人的に謝る以外にほかなかったという。[24]

殿平は、日本政府を代表するわけではない、一市民である。念のために言っておけば彼は戦後生まれであって、植民地支配や労務動員政策に直接かかわっているはずもなく、その意味では重い責任を背負っているわけではない。しかも、韓国の遺族のもとを訪れたのは、加害の歴史を反省しているがゆえに、まったくの個人の、善意ともいえる行為である。それを行った人物が遺族から厳しい言葉を浴びせられながら謝罪するというのは、ある意味理不尽な話ではある。

だが、それは特別なケースではなかった。前述のドキュメンタリー「死者への手紙」は、殿平と同様の方法で遺族と連絡を取っている。つまり、埋火葬許認証に書かれていた本籍地宛に手紙を書き、連絡が取れた遺族のもとに林えいだいが向かったのである。そして、林は、やはり家族の死を知らされた遺族から、怒りをぶつけられている。例えば弟の死を知らされたある老人は、「もう昔のこととして忘れて心の傷も薄れたのに、お前が急に日本からやってきて、この老人の心臓がどぎまぎして、急に何をするつもりなんだ」「お前たちは私をどうしようというのだ。それでも人間か！」と言われ、林は「とりつくしまがなく、相手の気持ちが解きほぐれるのを時間をかけて待つしかなかった」[25]。

このような遺族の反応は、現代日本人にはわかりにくいかもしれないが、考えてみれば当然でもあった。この時点で、日本政府は、植民地支配の被害に関連して韓国の被害当事者に対して謝罪をしていなかった（付言すれば労務動員での人権侵害の史実の認定と謝罪は現在もなされていない）。日本の市民社会について見ても、自国の植民地支配の加害性を直視し反省しようとする人びとがいたことも事実であるが、韓国において可視化されるほどの大きな動きとはなっていなかった。また、日韓会談での合意をもとに日本政府が「経済協力」を名目として韓国政府に渡した資金をもとに、一九七〇年代に戦時期の動員の被害に関連したある種の施策が取られたことは確かである。だが、それは被害当事者や遺族の満足をもたらすようなものではなかった。お金の支払いの対象となったのは、軍人、軍属や「徴用」で働かされて死亡した者の遺族として申告し認められたケースだけであり、しかも額も少なかった[26]。殿平や林が訪問した遺族が、韓国政府からのお金を受け取っていたかは不明であるが、もし受け取っていたとしても、それをもって日本国家や日本人に対する気持ちの変化が生まれたとは思われない。しかも民主化以前の韓国においては、市民が自主的に集まり、日本政府や自国政府に何かを要求する活動を展開することは不可能であった。つまり、不条理な日本の動員による家族の死で受けた精神的な傷やそれまでの人生の苦労を誰にも訴えることも、同様の境遇にある人たちと慰めあうこともできずにいたのである。

しかも、動員されたまま生死不明の夫や父を待ちながら、朝鮮・韓国で生きていた家族の生活は、多くの場合、極めて困難であった。一家の主要な稼ぎ手の夫が不在のまま、妻が必死に働きながら幼い子どもを育てる、あるいは再婚もできず孤独に一人で過ごすといった苦労を強いられたことは珍しくない。

ドキュメンタリー「大地の絆」では、まさにそうした人びとの姿が映し出されていた。残された家族はその苦労に対して同情も慰労の声をかけられることもなく、不満をぶつける先もないまま――朝鮮語でいう「恨＝ハン」を抱えたまま――、半世紀近くを過ごしていた。その前に、ある日、突然、表れて家族の死を伝えた日本人を前に彼らの怒りが爆発したとしてもなんら不思議ではなかった。

殿平としてもそのような事情があることは理解できたであろう。だが、この体験を受けて、しばらく遺骨発掘にも取り組めず、再び韓国を訪れる気持ちにもなれない時期が続いたという。しかし、おそらくはそうした遺族の反応を目の当たりにしてそれゆえに、過去の歴史に向き合う必要を意識し続けていたはずである。また、空知民衆史講座はその後も朝鮮人強制連行の史実の発掘と調査の成果の公開等の活動を続けていた。そして、一九八九年に殿平は、たまたま自分のもとを訪れた韓国人と意気投合し、いずれ日韓の若者で遺骨発掘の調査を実施するという構想を温め、準備することとなる。この構想は一九九七年以降に実行に移されていく(27)。

六　歴史の継承と追悼行事

朝鮮人強制連行の史実にかかわる市民の間では、調査とともに犠牲者の追悼や歴史を伝えていくための活動が重要になっていった。具体的には追悼碑の建立や関連施設の保存、歴史を知るためのフィールドワークや記念集会の実施等である。それが盛んになっていったのは、一九八〇年末から一九九〇年代初めであった。被害当事者や当時の状況を知る人びとが高齢化し、亡くなられることも目立ち始めていた、この時期の事情もそこには大きくかかわっていたであろう。もちろん、そこでは調査や学習の活動を通じて認識された、日本国家の加害性を明確にして強制連行・強制労働の史実を知らせることが強く意識されていた。

例えば、神奈川県相模湖町（現在の相模原市）では、一九八〇年代末から、地元のダム工事で犠牲になった人びとについての新たな石碑の文言について、強制連行の歴史を記すことを求める活動が展開されていた。相模湖町にある相模湖は相模ダムによってせき止めて作られた人造湖であった。完成は一九四七年であるものの、戦中の工事では、強制連行されてきた朝鮮人や中国人も従事させられ、死亡事故も発生していた。一九七六年に、地元の市民が中心となって発足した、相模湖・ダムの歴史を記録する会は、関係者の証言等の収集を続けて居た。同時に、一九七九年からは、同会や在日朝鮮人の民族団体や華僑団体等が中心となり、相模湖・ダム建設殉職者合同追悼会実行委員会主催の追悼集会が毎年開催されるようになった。同じ年には神奈川県企業庁によって湖銘碑が立てられたものの、その碑文には強制連行の史実等は記されていなかった。

そのようななかで、一九八八年、相模湖公園の整備が計画されることとなる。これを受けて、相模湖・ダムを記録する会のメンバーや合同追悼会実行委員会は、新たな碑文を刻んだ湖銘碑を建てることを神奈川県に求めていった。その際、碑文に犠牲者の名前を記すことと、日本の国策によって強制連行・強制労働が行われていたことを強く要望した。これは、それまで、工事関係者から強制連行・強制労働の実態の証言を得ていたことによっている。だが、県側はこれに難色を示し、強制連行・強制労働の文言は入らなかった。ただし、一九九三年に建立された新たな湖銘碑には犠牲者八三名の名前が刻まれ、碑文のなかに「捕虜として連れてこられた中国人」「当時植民地であった朝鮮半島」や「国の方策によって」との文言が入ることとなった。そしてこの湖銘碑の前で、今日まで毎年、追悼行事が続けられている(28)。

そして、この時期には、韓国の遺族との連絡のもとに活動を展開しうる条件も生まれていた。一九八〇年代初めとは異なり、イデオロギー的警戒からの情報や人の移動の統制の緩和、航空料金の低下や韓国の経済水準向上などのなかで、日韓間の往来は容易になっていたのである。実際に、一部の市民団体では、韓国の遺族と連絡して、意見交換を続けながら運動を進めていた。

宇部市の市民団体、長生炭鉱の〝水非常〟を歴史に刻む会の活動もそのような活動を展開した。この団体は、一九四二年に宇部市の長生炭鉱で起こった大規模な事故（海底炭鉱である同炭鉱に大量の水が入り込み水没した事故、これを水非常と呼んだ）の歴史の記録と追悼碑の建立、関連遺構の保存を目的として、一九九一年に発足した。同会は、寺院に残る位牌や大日本産業報国会編の「殉職産業人名簿」などを手掛かりに、やはり、死者宛の手紙一一八通を差し出した。返信があったのは一七通であった。韓国でもこれを契機に遺族会が組織され、翌年から毎年開催される追悼集会には遺族が招かれることとなった。遺族のなかには、死亡を知らせてきた日本の市民に対して謝意を述べる者もいたが、しかし、活動を通じて、日本の市民は遺族の痛みや憤りに接することになった。宇部を訪れた際に、「日本にたいする弾劾の言葉を話そう」として「震えが起きて止まらなかった」遺族もいたのである。[29]そうした姿を目の当たりにしつつ、活動は続けられ、二〇一三年には遺族の意向を受けとめた形での追悼碑が建立されている。[30]

このような、朝鮮人強制連行にかかわる日本の市民の活動は、社会的にはそれほど大きな関心を集めていなかった。全国紙で大きく報道されるようなことはなく、同時代においてもそれを知る人は少数だった。せいぜい地方紙の数行の記事にたまたま目をとめた、ごく一部の人であったはずである。

ただし、全国の様々な地域で取り組まれ多くの人びとがそこに参加していたことは間違いない。一九九〇年からは、毎年、そうした活動に取り組む各地の市民が集う、「朝鮮人・中国人強制連行・強制労働を考える全国交流集会」が開催されるようになっていた。名古屋市で開催された第一回集会には、全国の二三都道府県から四七の市民団体、約三〇〇人が参加している。[31]この集会は、一九九八年まで各地の強制連行の現場のフィールドワークとセットで開催されていた。

以上述べてきたことからは、多田富雄が『望恨歌』の着想を得て、創作に取り組んだ、一九九〇年代初めは、朝鮮人強制連行に向き合った市民の活動においても重要な時期であったことがわかる。この問題に取り組んでいた人びとの活動は、一九八〇年代までの蓄積をもとに、質的にも深まりを見せ、広がっていこうとしていたのである。

七　戦後処理の挫折と和解の模索

この朝鮮人強制連行に関わる市民運動が活性化した一九九〇年代前半は、日本政府が「歴史問題」に対応していた時期でもある。同時に、戦争や植民地支配の未解決の問題が注目されるなかで、日本政府は、すでに述べたように、過去の自国の加害について反省の意を表明していた。そして、補償やそれに代わる措置についても、構想されるようになっていたのである。

しかも、そうした謝罪と補償の施策に対して、当時の日本社会においては支持する意見が多数派となっていた。一九九三年一一月に実施された朝日新聞社の世論調査では、細川首相が、「先の戦争」での日本の「侵略行為」を認めて「深い反省とおわび」を表明したことへの評価は七六％、個人の戦後補償についても「応じるべきだ」が五一％と過半数を上回った（なお、戦後補償について「応じる必要はない」は三七％、「その他・答えない」が一二％）[32]。だが、「謝罪と補償」の世論が多数派であった時期は長くは続かなかった。一九九〇年代後半からは、そうした動きに対抗する保守政治勢力の動きが活発化していく。そして、二一世紀にはいると、韓国や中国の「反日」を問題視し、謝罪や補償の必要はないという意見が大きな影響力を持つようになっていった。

ではなぜ、このような変化が生まれたのであろうか。日本帝国を肯定的に見ようとする保守派の力が予想以上に大きなものであったことや、日本人の多くが韓国や朝鮮に対する優越感を持ち続けていたという問題もあろう。戦争を経験した世代が高齢化し、世を去っていったなかで、歴史について知らない世代ばかりが社会の中枢を占めるようになったことの影響も当然あるだろう。

同時に、そこに関係しているのは、一九九〇年代前半において、日本政府も、日本の市民の多くも、歴史問題の難しさを十分認識していなかったことがあったように思われる。つまり、それを長いプロセスを経て解決の模索を続けていくべき課題と考えていなかったのである。当時、日本政府は、この問題についての施策を「戦後処理」と呼んでいた。「処理」の語は、なにか一度、ある種の措置をとることで終わらせるというイメージを伴う言葉である。また、しばしばこの時期、「未来志向」や「区切り」という言葉もマスコミ等でよく用いられた。(33) それは、「謝罪」をしたのだから、過去の歴史はもうこれ以上、こだわるな、という意識とも近いものであった。

つまり、この時期に、謝罪や補償に肯定的な考えを持つ人びとが多かったことは、いったん戦後処理の施策を行なえば、歴史問題は終わりにできるだろうという見通しとおそらくは関係していた。そうであれば、そのような人びとは、日本の政治家の謝罪表明があった以降も、被害当事者ら侵略、植民地支配の経験を持つ国の人びとが歴史を忘れるべきではないと語ったり、過去の史実を否定するような日本社会の動きに懸念を表明したりすることを理解できず、むしろそれに反発を覚えたはずである。一九九〇年代前半の歴史問題についての謝罪と補償への好意的な世論が続かなかったことには、そのような事情があるという理解が可能である。

だが、歴史問題は、一回限りの「処理」で解決できるわけではなく、そう考えるべきではなかった。求められていたのは、被害者、加害者に連なる市民同士が歴史について考え、語り、お互いを理解する関係を模索することである。そして、現在もなお及ぼしている影響やあやまちを繰り返してはならないという教訓について理解したならば、歴史について伝えていく活動も続けられることになるはずである。二一世紀に入って、「戦後処理」にかわってしばしば用いられるようになった「和解」という語は、そのような営みを続けながら被害者と加害者が関係を築いていくことをイメージさせるものであった。

そして、そうした「和解」の模索はすでに、一九九〇年代前半までの市民の活動の中で始まっていたのではないだろうか。少なくとも、これまで見てきた事例にはその要素があったことが確認できよう。

八　和解の原型としての『望恨歌』

ここで、そうした日本の市民の活動、それに対する遺族の反応や、両者の関係がどのようなものであったかをもう一度確認すれば、それは、『望恨歌』と非常に似ていることに気が付く。

日本の市民は、犠牲になった朝鮮人とその遺骨について知り、それを受けて遺族を訪ねていった。これは始まりで語られる、ワキである「九州の僧」の行動と同じである。

しかし、訪ねて行った先のシテの「牛の尾の老婆」は他人と会おうとせず、作り物の中で「養うべくもあらざれば／身を慰む営みもなし」と自らを嘆く境遇にある。「九州の僧」の問いかけにも最初は沈黙で対応している。遺族を訪ねていった日本の市民が、厳しい態度を示されたことからわかるように、すぐに関係は築けないのである。だが、「牛の尾の老婆」は「九州の僧」を招き入れ、彼が持ってきた亡き夫の手紙を読む。これは日本の市民と遺族たちとの関係が少しずつ作られていったことを連想させる。そして、「牛の尾の老婆」は舞を披露する。それは、自身の経験したそれまでの人生を表現したものであっただろうし、そこで感じた思いが込められたいたはずである。

その舞を終える際に彼女は、「心は苧《からむし》の　絲は尽くるとも／此の恨み尽くるまじ。／忘れじや　忘れじ」という言葉を残す。それに対して、僧は「かかる思いはまたあるまじや／忘れじや　忘るまじ」と答える。つまり、ライフヒストリーを聞き、そこで述べられた歴史や思いを理解し、それを記憶し続けるべきことが伝えられるのである。これも、被害当事者から聞き取りを行い、そこから学び、追悼の行事を続ける日本の市民たちの活動と類似しているだろう。

多田が同時代の市民運動の動向について何か報道等で知り得たのか、あるいはそのようなことがないまま、想像力を広げて創作していったのかは不明である。たとえ、市民運動の活動を聞いていたとしても、作者がそれを伝えることを重視してこの謡曲を執筆したとも思えない。多田の「創作ノート」や残されたメモにもそれに関連する記述はまったくない。

だが、『望恨歌』を同時代の日本の市民の活動、遺族の姿を見事に形象化した物語として見ることは十分可能である。今日、国家による「戦後処理」の限界は明らかになった。いまや、日韓間では歴史問題が原因となって、国家関係が冷却化し、市民同士の感情的な葛藤すら生み出されている。そのようななかで、和解の原型を表現している『望恨歌』、そしてこれまで行われていた朝鮮人強制連行に向き合った市民の活動は、わたしたちが歴史問題の葛藤をのりこえる方途を教え、希望を与えていると言えよう。

注

（1）笠井賢一「『望恨歌』の再演にあたって」（『多田富雄没後九年追悼能公演　新作能　望恨歌』、二〇一九年）。

（2）『ビルマの鳥の木』（新潮文庫、一九九八年、一二五五頁）。なお、この部分は『望恨歌』と題されたエッセイであり、それはほとんど多田富雄の「創作ノート」（多田富雄『多田富雄コレクション4　死者との対話【能の現代性】』藤原書店、二〇一七年、収録）と同じ内容であるが、「創作ノート」では、NHKの番組であるとは書かれていない。

（3）付言すれば、多田は自身が見たドキュメンタリーについて、強制連行された被害当事者の配偶者が「当時は若妻であったのに、いまは白髪の老婆となって、腰の曲がった姿でチマチョゴリの背に手を組んで立っていた」というシーンについて言及している。「大地の絆」では、完全にその様子と一致する映像は確認できない。だが、チマチョゴリを着た老婆が背に手を組んで立つ場面があり、白髪の老婆も登場するので、そのイメージが記憶につながったと考えることはできる。

（4）大沼保昭『サハリン棄民――戦後責任の点景』中央公論社、一九九二年。

（5）本章での在日朝鮮人という語は、国籍とは関係なく、植民地朝鮮から日本にやって来てその後も日本に住み続けた朝鮮ないし韓民族とその子孫を指す。

（6）評伝として、田中伸尚『行動する預言者　崔昌華――ある在日韓国人牧師の生涯』岩波書店、二〇一四年、がある。

（7）『強制動員真相究明ネットワークニュース』第三号、二〇〇八年六月二五日。
（8）『朝日新聞』二〇二一年七月一五日夕刊、「記録作家・林えいだい」。
（9）対日抗争期強制動員被害調査及び国外強制動員犠牲者等支援委員会編・日帝強制動員被害者支援財団・日本語翻訳協力委員会訳『端島炭鉱での強制動員朝鮮人死亡者実態調査』二〇二〇年、四二頁。
（10）旗田巍「日韓会談の再認識」『世界』一九六三年一二月号や、『李朝残影』、『族譜』といった植民地期の朝鮮での日本人と朝鮮人の関係を描いた小説を一九五〇年代から発表している梶山季之の活動など。朝鮮にかかわる梶山の作品は、梶山季之『族譜・李朝残影』岩波書店、二〇〇七年に収められている。
（11）例えば、一九七〇年代以降、日本の侵略戦争、植民地支配でのアジア近隣諸国への責任について積極的な発言を行い、戦後補償問題や在日外国人の人権確立に取り組んでいくことになる田中宏の活動にも、留学生との出会いが重要な影響を与えている。一九六〇年代からアジア近隣諸国からの留学生のための施設で働いていた田中宏は、そこで、日本の過去の侵略戦争等に無反省である日本人への疑問を語る留学生の声に接していたのである（田中宏『「共生」を求めて――在日とともに歩んだ半世紀』解放出版社、二〇一九年）。また、一九七〇年前後には、入管体制をめぐる在日朝鮮人や華僑青年の運動も活性化しており、日本の新左翼運動でも過去の歴史に対する無反省が問題として意識されるようになった（津村喬『歴史の奪還――現代ナショナリズム批判の論理』せりか書房、一九七二年）。
（12）例えば李宇衍は、「強制連行説」を唱えだしたのは朴慶植、朝鮮総連系知識人であり、彼らが多大な影響を与えた、と主張している（李栄薫編著『反日種族主義』文藝春秋社、二〇一九年、六六～六七、八六）。
（13）朴の歴史研究が朝鮮総連、朝鮮労働党に受け入れられないものがあり、対立が見られたことは、拙稿「日本史・朝鮮史研究と在日朝鮮人史――国史からの排除をめぐって」（金容徳・宮嶋博史編『近代交流史と相互認識Ⅲ――一九四五年を前後して』慶應義塾大学出版会、二〇〇六年、に収録）を参照されたい。また、一九九〇年代に晩年の朴慶植と接していた筆者は本人から、『朝鮮人強制連行の記録』について朝鮮総連からの出版許可がなかなか得られなかったという話を聞いている。
（14）朝鮮人強制連行真相調査団の活動については、同団体による『朝鮮人強制連行強制労働の記録〈北海道・千島・樺太篇〉』（現代史出版会、一九七四年）などを参照されたい。
（15）西村明「『二様の死者』のはざまで――岡正治における追悼と慰霊」『死生学研究』第六号、二〇〇五年。
（16）これについては、『歴史評論』第三七五号（一九八一年七月）の諸論文などを参照されたい。
（17）横川輝雄『ボタ山の見える教育――全ての教育活動に開放教育の視点を』碧天舎、二〇〇二年。
（18）二〇一七年一〇月二〇日に外村が行った殿平善彦からの聞き取り、および、二〇二一年七月二三日に殿平善彦より提供された資料「東アジア共同ワークショップを振り返る」による。
(19) 川松あかり「炭鉱犠牲者の供養と日・韓・朝の友好――日本の旧産炭地筑豊における住民実践を事例に」『日常と文化』第九号、二〇二一年三月。
(20) 二〇一七年一〇月二〇日に外村が行った殿平善彦からの聞き取り。
(21) 川松あかり前掲論文。
(22) 例えば、森岡武雄『はるかなる海峡――蔡晩鎮物語』旭川出版社、一九八二年、松代大本営の工事で働き、その後も長野に残留した、崔小岩が残した証言をまとめた、松代大本営の保存をすすめる会『松代大本営と崔小岩』平和文化、一九九一年などがある。
(23) たとえば、日立製作所からの就職差別を受けたことを問題として裁判闘争を行った朴鐘碩は、横浜地裁に提出した上申書で、父母が生活難によって渡日を余儀なくされたこと、父は日本を転々としながら労働、母は紡績工場でずっと働いていたことなどに触れたうえで、自身の生い立ちや差別事件の経緯、父母への思い等を語っている（朴君を囲む会『民族差別　日立就職差別糾弾』亜紀書房、一九七四年、二三七～二六〇頁）。
(24) 以上、二〇一七年一〇月二〇日に外村が行った殿平善彦からの聞き取りによる。なお、一九八二年の韓国訪問が殿平にとって厳しい体験となったのは、遺族の反応だけではなく、政治的緊張ということも関係している。殿平は、「ＫＣＩＡというのが跋扈していた時代」であり（正確にはこの時期はＫＣＩＡではなく、国家安全企画部となっていた）、日本に帰国した際に「ああこれでもう俺捕まらなくて済む」と思ったくらい緊張していたという。
(25) 林えいだい『死者への手紙――海底炭鉱の朝鮮人坑夫たち』明石書店、一九九二年、三九～四〇頁。なお、九州朝日放送制作のドキュメンタリー「死者への手紙」でも、この老人の取材の場面が写されている。
(26) 日韓請求権協定（財産及び請求権に関する問題の解決並びに経済協力に関する日本国と大韓民国との間の協定）で受け取ったお金をもとに、韓国政府は一九七五～七七年に遺族からの申告をもとに補償を行った。支払いは、八万三五一九件、総額約九一億九〇〇〇万ウォンとされる（波多野澄雄『「徴用工」問題とは何か――朝鮮人労務動員の実態と日韓対立』中央公論新社、二〇二〇年）。
(27) 空知民衆史講座編『朱鞠内・韓国・民衆　和解のかけ橋――続笹の墓標』一九九四年及び、二〇一七年一〇月二〇日に外村が行った殿平善彦からの聞き取り。
(28) 以上、櫻井すみれ「強制連行・強制労働をめぐる市民運動――「相模湖・ダムの歴史を記録する会」の活動を中心に」（二〇二〇年度東京大学総合文化研究科の授業の学期末レポート）および『神奈川新聞』二〇一一年七月一三日付「歴史の暗部にいまこそ目を、相模ダムで追悼会」による。

(29) 前掲、長生炭鉱の水非常を歴史に刻む会論文。

(30) 前掲、長生炭鉱の水非常を歴史に刻む会論文。

(31) 全国交流集会実行委員会編『第一回朝鮮人・中国人強制連行・強制労働を考える全国交流集会報告集』(神戸学生・青年センター、一九九〇年)。

(32) 『朝日新聞』一九九三年一一月一三日付「戦後補償　本社世論調査」。

(33) 例えば、河野談話発表や日本の新政権発足等があった後の『朝日新聞』一九九三年八月二三日付社説「新しい日韓関係をつくる時だ」は「いまこそ、本当の『未来志向の日韓関係』を構築する」ことを説いた。また、細川首相の韓国訪問を伝える『朝日新聞』一九九三年一一月八日付記事の見出しは「『率直な姿勢』で未来へ区切り」であった。

V

望恨歌・井邑詞・砧

竹内光浩

本章要約

望恨歌には三つの基調（テーマ）がある。朝鮮人強制連行、「井邑詞」そしてタイトル『望恨歌』に含まれる「恨」だ。

本章では特に後者二点について考えてみた。

まずは『望恨歌』の各種テキストの異同を論じた。

次に七世紀以前の百済時代の民謡であり、俚言で歌われたものと蔑まれた「井邑詞」がどのような経緯で高麗宮廷に持ち込まれ、十五世紀後半に編纂された『楽学軌範』に訓民正音（ハングル）によって記載されて現代に残されたかを探った。その際にモンゴルの高麗襲来と朝鮮王朝期におけるハングル創製がいかに大きな役割を果たしたかを述べた。

ついで多田が本説とした『砧』そのものが抱えるいくつかの問題（蘇武伝説など）と種々のテキストの異同を論じて、世阿弥の意図を思い計る難しさを論じた。

最後に『望恨歌』のタイトルにも挿入された「恨」について考察した。韓民族の情緒を説明する時に「恨の文化」という一句がよく使われるが、果たして「恨」は韓民族特有の通時代的なものなのか。この問題を明らかにするために「恨」言説がいつ頃から強調され始めたのかを検討した。その結果ハングルの한は「恨」だけでなく実に多義的なものであることが明らかになった。

「恨」の多義性を受けて、『砧』と『望恨歌』における「恨」の位相の違いを論じ、『望恨歌』のシテが橋掛かりを去って行く時のシテの想いに新たな意味付与を行った。

一　『望恨歌《マンハンガ》』に流れる三つの基調《テーマ》

多田富雄『望恨歌』には通奏低音のように三つの基調《テーマ》が流れている。一つが朝鮮人強制連行であり、二つ目が百済歌謡「井邑詞《チョンウプサ》」、そして第三がタイトル『望恨歌』の「恨《ハン》」である。第一の朝鮮人強制連行については本書Ⅳ章の外村論考をお読み頂ければとおもうが、一言だけ言及しておきたい。

明治維新以降、朝鮮は数度にわたって日本の天皇制国家によって己の意思に反した強制を経験させられた。まずは一八七五年の江華島《カンファド》事件に始まり一九一〇年の日韓併合に至る一連の植民地化であり、ついで一九三七年の日中戦争から一九四五年の日本の敗戦に至る間に相次いだ朝鮮語禁止、神社参拝強制、創氏改名[1]、そして徴兵制と従軍慰安婦・強制徴用工制度である。

そのどれもが、戦後七〇年以上経過した現在でも解決されないままになっている。

「日本の植民地支配は、近代の朝鮮半島の文化形成に決定的な影響を及ぼした。経済的土台、政治的状況、社会各方面のイデオロギー、そして知的、学問的環境を造り変えるだけでなく、人々の言語文化や精神文化の様相までをも大きく変容させたのである。……植民地秩序の残滓は、独立以後の韓国文化のさまざまな分野にそのまま温存されている。たとえば、植民地被支配の効果によって、さまざまな特権を際限なく引き受ける階層がいる一方、ある人々はさまざまな不幸と不利益を負担しなければならない、というような矛盾が韓国社会の隅々にまで散在している」(2)と鄭百秀《チョンベクス》が述べている。

そのテレビ番組を見たのは何年前のことであろうか。いまでもその幾コマかをはっきりと覚えている。第二次世界大戦が始まろうとしていた一九三〇年代、朝鮮半島から強制連行されて多くの人が九州の炭坑で死んだ。その一人の妻が、韓国の寒村でひっそりと生き延びている。……私は、はっとして言葉がでなかった。……その老女の残像は、永い間私の網膜に焼き付いていた。……私はそれを能に書こうと真剣に思った。この老女の痛みを表現できるのは能しかないと思った。感情に流されることなく、かつ説明的でもなく、事実の重さを問いかける力が能にはある。(3)

最後の部分を多田は「朝鮮問題を感情的でなく抑制された現代的な見方で表すためには能の形式は重要」とのメモ書きも遺している。

多田が観たテレビ番組は、一九九〇年一二月八日午後一時五〇分からNHK総合テレビで放映された「九〇年地方の時代賞映像コンクール入賞作品から」のドキュメンタリー番組である「大地の絆（九州朝日放送制作）」のことであろう。

それから二年の間、多田は関係文献の渉猟に没頭する。脱稿したのが九三年春先であり、知人の韓国人免疫学者の帰国に同行して初めて韓国にわたる。釜山から智異山《チリサン》周辺を廻り井邑《チョンウプ》に、さらにソウルへという道程であった。パンソリなどの朝鮮芸能が観たいというのが大きな理由であったという。井邑がある全羅道《チョルラド》はパンソリの流派とされる東便制《トンピョンジェ》（十九世紀、宋興禄《ソンフンノク》の系譜で全羅北道を中心とする）と西便制《ソピョンジェ》（同じく十九世紀、朴裕全《パクユジョン》の系譜で全羅南道を中心とする）そして中高制《チュンゴジェ》（東西の中間の奏法で京畿・忠清道を中心とする）(4)の三派の中では地理的には東西の境界地域になり東便制・

西便制双方の流派が交わる地域ということになる。パンソリそのものは十七〜十八世紀に成立したものであるから、本章のテーマの一つである「井邑詞《チョンウプサ》」の時代とは隔絶しておりそのまま利用することは出来ない。

多田が『望恨歌』執筆の準備で遭遇したのが安宇植《アンウシク》編著『アリラン峠の旅人たち』（平凡社一九八二）冒頭に収録された黄晳暎《ファンソギョン》「市を渡り歩く担い商人」に引用された百済歌謡「井邑詞」だった。

井邑は現在全羅北道を代表する都市である。現在井邑には井邑農楽が伝承されている。[5] また現在市域に編入された古阜《コブ》は大日本帝国による朝鮮植民地化への導火線となった一八九四年、甲午農民戦争発祥の地である。黄のルポはちょうど多田が歩いた智異山周辺を根城とする渡り商人を描いたものであったから、おそらく多田は黄のルポに導かれて智異山周辺を経巡ったのではなかろうか。

第三の「恨」については後述する。

それでは以下、この「井邑詞」に入る前にまず『望恨歌』の台本について述べておきたい。

二　『望恨歌』諸本について

『望恨歌』は多田の新作能としては臓器移植をテーマとした『無明の井』につぐ第二作目の作品である。一九九三年春の韓国旅行からの帰国後、すでに脱稿していた台本に若干の手直しをしたであろうが、その九月にシテ橋岡久馬によって国立能楽堂で初演された。[6]

現在『望恨歌』のテキストは数種類が活字化されている。管見の範囲内では以下の諸本がある。多田没後二〇一一年に刊行された『多田富雄新作能全集』（藤原書店、以下全集本）所収テキストが現在では定本と呼ぶべきものと言ってよい。また初演時の太鼓方、古谷潔師から提供されたとされる台本に基づいた一九九六年刊行の『未刊謡曲集　続十八』編者田中允（以下、初稿本）に収録されたもの、二〇〇一年刊行の『脳の中の能舞台』に収録されたもの（以下、能舞台本）、二〇〇二年にシテ観世栄夫で演じられた台本（以下、栄夫本）、二〇〇五年に成恵卿《ソンヘギョン》による韓国語訳(7)（以下、ハングル本）、二〇一九年にシテ鵜澤久で演じられた際のパンフレット掲載（以下、鵜澤本）のものなどである。

多田は二〇一〇年に亡くなっているから初稿本・能舞台本・栄夫本・ハングル本は多田の了解の上での改訂台本ということになろう。

能というものは、『脳の中の能舞台』で多田自身が指摘しているように、観阿弥や世阿弥らが残したとされる台本どおりに演じられるものでは必ずしもなく、その折々の演者の意向も大きく反映して演じられるものである。実際に多田は観阿弥原作『自然居士』を取りあげて、世阿弥の大幅な改変がはらむ問題性を指摘している。『望恨歌』の場合は果たしてどうであろうか。ここでは右の初稿本・能舞台本・栄夫本・ハングル本・全集本・鵜澤本の異同を眺めてみたい。

まず気付くのが、名乗り笛の後にワキが物語のきっかけを語る場面で、強制連行された場所を初稿本の「筑豊の炭坑」から能舞台本以降は「筑紫豊州の炭坑」としていることである。「筑豊」から「筑紫豊州」への変更では大きな意味もないと思われるが、実は「豊州炭坑」という名称の炭坑が実在するのである。

金光烈『足で見た筑豊』（明石書店二〇〇四）によれば、筑豊地域で朝鮮人強制連行の代表的炭坑として、麻生セメント田川、三菱方城炭坑とならんで豊州《ほうしゅう》炭坑があげられている。多田は豊州炭坑という実在の炭坑名を想起させる改変によって、『望恨歌』をより生々しい物語へと誘うことになった。

初稿本には節付や舞台での所作も書き込まれており便利であるが、能舞台本以降の諸本はその記載があったりなかったりで統一感がない。初稿本にあるリフレインもすべて省略されている。次にワキの問いかけに応える形で作り物の中からシテが最初に発することばも、能舞台本以降では「あら定めなの生涯やな」がはぶかれているが、それは多田の意向かもしれない。

そして「九州の地より参りたる僧にて候、門をおん開き候へ」でしばし沈黙のあと、初稿本では「いかに李東人《イドンイン》の妻のわたり候か」とただちに入るが、能舞台本以降は「いかに李東人のわたり候か。おん入りあらば門をおん開き給へ」の問いかけがまず入る。いないはずの李東人の名を出すことで敢えて老女の関心を高める効果をねらったものかもしれない。

初稿本から能舞台本への改変で一番大きな改変は「井邑詞」の詞章を歌いながら舞う部分での詞章の変化である。先の黄のルポで掲載された「井邑詞」の詞章は次の通り。

月よ高みに昇り給え
ああ　四方を遠く照らし給え
　アオ　タロンデイリ
ぬしは市に通うらん
ああ　泥濘《ぬかるみ》に足をとらるな
心しずかにせくまいぞ
　オキャ　オカンジョリ
ぬしの夜道に胸さわぐ
オキャ　オカンジョリ

初稿本で採用された歌詞は「月よ高みに昇り給へ」「四方遠く照らし給へ」「泥濘に足とらるな」の部分と、「心しずかにせくまいぞ」が「静かに歩めよや」に、「ぬしの夜道に胸さわぐ」が「胸ふたぎ肝を消す」と手直しがなされている。

しかし能舞台本以降は「ぬしは市に通ふらむ」が加わり、「胸ふたぎ」が「胸さわぐ」となる。能舞台本以降、「井邑詞」のほぼ全詞章が若干の改変はあるが『望恨歌』にとり入れられることになる。

「井邑詞」の詞章以外の部分。中でも「聞くだに心くれはとり、織る唐衣色失せて。長き帳《とばり》となりにけり。声は枯野に道暮れて腸《はらわた》を断つばかりなり」の部分が能舞台本からは「長き帳となりにけり」の後に、「夜毎に歌う喪頭歌《そどうか》の」が入り、「道暮れて」の後に「肉を噛み、胸引き裂き」が挿入されていく。共にシテの苦悩の深さがより強調されていくことがわかる。また『望恨歌』が本説としている能『砧』を思い起こさせるような砧にかかわる詞章が重層的に挟み込まれる。[8]

ところで「喪頭歌」とはいかなるものであろうか。日本でいえば「御詠歌」のようなものかとも思えるが、韓国の民俗としてはきわめて重要なものである。葬送時に棺を載せた喪輿《サンヨ》を葬地まで運びながら唱う歌のことである。地域によっては喪輿歌《サンヨソリ》、香頭歌《ヒャンドウガ》と呼ばれるようである。南富鎮・全高香『朝鮮の挽歌「香頭歌」の紹介と日本語訳』[9]には喪頭歌の歌詞が紹介されている。御詠歌に比べると死者没後の家族や仲間への教訓を歌う内容に特徴があるのかもしれない。

能舞台本からこの詞章が加わることで、シテの夫亡きあとに独りで生きていく老婆の覚悟を読み取ることも可能ではなかろうか。

初稿本にはないいくつかの詞章が能舞台本以降、増えることで説明過多の部分も出てくるが、シテが夫の死を自らに納得させ、その言われなき死を乗り越えて生きていこうという覚悟をシテが獲得するためにはそれだけの詞章の付加が必要だったのかもしれない。

舞い終わったシテが戻っていく場所が「舎廊《サラン》사랑」だと全ての諸本がなっているが、栄夫本では手書きで「アンパン」と訂正されている。「舎廊房《サランバン》」は普通男性の家長の部屋を指し、女性の部屋は家の一番奥に、台所の隣にある「アンパン안방」であるから当然の訂正であろうが、すでに夫はいないわけであり、女一人の場合どの部屋が相応しいのであろうか。ちなみにハングル本では「사랑《サラン》」となっている。『韓国民族文化大百科事典』[10]によれば「農村の民家のような小規模住宅では舎廊は置かない」とあるが、『望恨歌』の主人の家がどのような階層に属すのか設定されていないので、ここでは「アンパン」の可能性を残しつつもハングル本に従って「サラン」としておきたい。

さらに注目すべきは『望恨歌』詞章の中で多田自身が述べているように空前絶後とされる朝鮮語の詞章「アアイゼヤ　マンナンネ」（ああやっとお会いしましたね）[11]の部分である。

ハングル表記では

아　　이제야　만났네
アァ　イゼヤ　マンナンネ

と多田はメモ書きしている。

아は感嘆詞。이제야は「今やっと」という感じ、만났네は動詞만나다（会う）の過去・詠嘆形、「会いましたね」の意味。（野村伸一氏の教示による。）

死者からの手紙を読むために月明かりの下に出て、見つめた途端にこうした言葉が思わず口をついて出る。通常であれば泣き伏すところであろうが、多田はシテに敢えて朝鮮語で腸《はらわた》の髄から絞り出すような台詞を語らせた。その台詞の中に、結婚間もない夫を不如意に日本へ強制連行され、連行先の炭坑でどのように死んだかも明らかにされず、ただ一通の死者からの便りを涙をこらえて迎えることしか出来ない妻の行き場のない苛立ちと悔しさと哀しみが鮮烈に観るものに訴えてくる。

この朝鮮語の詞章は後場《のちば》での序の舞・中の舞で舞われる「恨の舞」を予告するものである。

「恨（ハン）」と言ってもそう単純ではない。漢字にあてると一般的には「恨」だが、「恨」は「怨」とは違うものであるとされる。多田自身が「韓国の「恨」というのは日本語の恨みとか怨みといったものではない。哀しみも恨みも含み、さらにそれを超えた深い心の動き、根源的な情念とでも言うのだろうか(12)」と書いている。

「ハン」はハングル表記では「한」である。「한」は「恨」だけでなく、「韓」「偉大な」「漢」「無限」「唯一」などの意味があると申昌浩《シンチャンホ》は指摘している(13)。申は柳東植《リユウトンシク》『韓国のキリスト教』（東大出版会一九八七）を引用して「意識された民族的ビジョンは、長い生活史を通じて意識の深層に沈殿されてゆき、民族の霊性ともいうべきものの形が形成される……精神活動の根源となるものを霊性といい、その霊性を韓国人は〝ハン〟として捉えられているのである」と述べている。朝鮮半島の抑圧と弾圧の歴史は有名だが、「その際、抑圧と弾圧に耐える力は何であったかと

いうとそれは、朝鮮半島に複合体精神構造を支えるハンの精神であるといえる」と述べ、決して「恨」とは言わない。「한」（ハン）というものがそうした意味合いをも持つとするならば、多田がシテに期待した「恨の舞」の「恨」と朝鮮半島の民族の霊性とされる「한」（ハン）とはどう交錯し、理解されるべきものなのであろうか。この問題は多田が詞章の一節「去年《こぞ》の涙ぞ今日落つる」が「恨」のことわざだという指摘も含めて本章の最後に検討してみたい。

三　「井邑詞」

『望恨歌』の第二の基調をなす「井邑詞（정읍사《チョンウプサ》）」は、一四九三年成宗《ソンジョン》の時代に成立した『楽学軌範《アクハククェボム》』(14)に収録されて現代に伝えられた。『慵斎叢話《ヨンジェチョンファ》』で有名な成俔《ソンヒョン》が中心となり編纂された。全九巻三冊。豊臣秀吉の侵略により散逸し、現在名古屋の蓬左文庫に収蔵されている。

七世紀以前の百済民謡であった「井邑詞」が十五世紀後半の朝鮮王朝において訓民正音（ハングル(15)）で表記され現代に伝えられたことの意味を考えるために、「井邑詞」が中央に知られた経緯、訓民正音創製前後の歴史と訓民正音の創製後、「井邑詞」が訓民正音で表記された時期までの訓民正音の歴史を辿ってみよう。

1　「井邑詞」の発見とモンゴル襲来

百済歌謡「井邑詞」は高麗時代に編纂された『三国遺事《サムグクユサ》』にも『三国史記《サムグクサギ》』にも痕跡は見えないが、高麗宮廷では宮廷歌舞としてとり入れられていた。朝鮮王朝時代初期に編纂された『高麗史《コリョサ》』志巻第二十五楽二「舞鼓《ムゴ》」の項目に「楽官二人、鼓及び台を奉じ、殿中に置く。諸妓、井邑の詞を歌ふ。郷楽、其の曲を奏す」とあるが、詞章は記載されていない。『楽学軌範』巻之三には『高麗史』のその部分が「楽志」俗楽呈才の章に全文引用されている。

それでは「井邑詞」は高麗期に吏読《イドゥ》ないしは郷札《ヒャンチャル》によって漢字表記されていたのであろうか。私はそうではなく、「井邑詞」は高麗期においても口承され、高麗宮廷歌舞にとり入れられてからも口承で演じられていたのではないかと考えたい。井邑詞が高麗王朝の儀式歌として取り入れられた経緯をもう少し眺めてみよう。『高麗史』の「舞鼓《ムゴ》」の項目の終りに以下のような説明がある。[16]

「舞鼓《ムゴ》」は、侍中の李混《イホン》、寧海《ねいかい》に謫宦《たくくわん》され、乃ち海上に浮槎《ふさ》を得、制して舞鼓と為す。其の声は宏壮。其の舞は変転するや、翩翩然《へんぺんぜん》として双蝶《さうてふ》の花を繞《めぐ》り、矯矯然《けうけうぜん》として二龍の珠を争ふがごとし。最も楽部の奇なる者なり。

高麗王朝の高級官僚であった李混(一二五二～一三一二)が罪を得て左遷された。左遷先は寧海(慶尚北道北部の海辺の街)であり、そこの海辺で拾った木片で鼓を作ったところ、よく鳴ったという。その李混が左遷先で蒐集したのが「井邑詞」だった。田辺尚雄『東洋音楽史』(雄山閣一九三〇、再刊平凡社二〇一四)では「舞鼓」を李混作としている。李混が海に浮かんだ板きれで制作した鼓が舞鼓とよばれ、歌唱部分には「井邑詞」が用いられた、演奏に使われる鼓には教坊鼓などを代用したことが『楽学軌範』巻之七からわかる。楽曲名が「舞鼓」とされ、その中で歌われた民謡「井邑詞」を含めて宮廷楽舞に相応しい形に編曲したのが李混であったということであろう。

さらに後掲一八六頁の図1蓬左文庫本の中に「金善調」とあるが、和田によれば、「金善は高麗の第二十三代高《コ》宗《ジョン》時代(一二一三～一二五九)に活躍した郷琵琶の名手であるといわれるから、彼がはじめたメロディもしくは調弦をいうのであろう[17]」とある。李混の一世代前の人物である。

「井邑詞」は百済民謡とされるが、李混の配流先、寧海はいにしえの新羅地域である。「井邑詞」は百済滅亡前の民謡であるから、七世紀以前のものである、李混が「井邑詞」に出遭ったのは以下の史料から十四世紀初頭と思われるので、七世紀の長きに渡って「井邑詞」は百済・新羅方面で謡い継がれていたということになろう。

李混は高級官僚であり、官制改革で顰蹙を買ったり、賄賂を取るのも普通だったようだ。一二九四年、九九年に下獄しており、『高麗史節要』『高麗史』の忠烈王《チュンニョルワン》[18]二十九年の項などには李混の強引さを窺わせる逸話が見える。さらに同王三十四年七月にはついに匿名の李混批判が届けられ、左遷に至った可能性を見てとることができる。一三〇八年のことである。李混が没するのは一三一二年であるから、この間に、李混は慶尚道に左遷され、そこで「井邑詞」を蒐集して都にもたらしたと言えよう。

しかし、話はこれで終わらない、宮廷内部の勢力争いの当事者であったであろうが、李混が左遷されたこの時期は高麗にとってどのような時代であったのであろうか。一二五二年生まれの李混は一二七四年の文永の役を二十代で迎え、一二八一年の弘安の役も三十前後の働き盛りで経験しているのである。四十年前後にわたるモンゴルの侵略戦争についに白旗をあげ、モンゴル軍の軍門に降って日本遠征を準備させられた高麗王朝の、李混は官僚であったのだ。日本がたった二回の蒙古襲来で怯え上がったにもかかわらず、高麗は四十年もの侵略戦争を戦い、結果として韓半島は北から南にいたるまで焦土と化した。しかし高麗宮廷は江華島江都に避難し滅亡はしなかった。侵略戦争に駆り出されたのは正規軍ばかりでなく、[19]全国津々浦々から民が動員された。李混の配流先である慶尚道ですら例外ではなかったであろう。弘安の役に引き続き、モンゴルによるさらなる日本遠征の準備は継続され、一二九四年のクビライ没でようやくその野望は収められることになった。四〇年にわたる侵略戦争に耐え、引き続く二〇年もの間の日本遠征策で高麗は支配階級だけでなく農山漁民までが塗炭の苦しみを受けることになった。李混の左遷はその最末期の頃だと言っていいだろう。

李混が左遷先で見たものは、そうした最悪の事態を生きていながら、口に歌声を忘れない民たちの声ではなかったであろうか。百済から統一新羅へ、そして高麗へと七〇〇年の歳月を民の中で生き延びた百済民謡「井邑詞」は、癖のある官僚であるが故に配流された、侍中李混によって高麗宮廷に持ち帰られ、宮廷楽舞の一環として高麗だけでなく朝鮮王朝をも生き延びて現代に伝えられた。無論紆余曲折はあったが。

「井邑詞」の歌詞は商いで旅に出た夫の無事を祈るものだが、モンゴル襲来による生活破壊で困窮を究めた高麗の民にとっては夫や兄弟や子供が戦さに動員され、いつ帰るとも知れぬ不安の中で、この歌はもはや百済地方の一民謡を越えた普遍的な歌謡として謳い継がれていたのであろう。李混がそれに目をつけたのは当然であった。

勿論、それまで文字に書かれることもなかったであろう。李混は持ち帰る時にかろうじて吏読などで歌詞を記載したかもしれない、しかし民謡は即興性と口承が命である。俚語で謳われたとさげすまれた民謡、その俚語を文字化することに最大の力を発揮したのが訓民正音創製であり、十五世紀後半、成宗時代にようやく「井邑詞」は訓民正音によって文字化された。これほど訓民正音に相応しい詞章はなかったのではなかろうか。

2　訓民正音創製と普及

さて「井邑詞」が訓民正音で文字化されて現代に伝えられるためには言うまでも無く訓民正音の創製が必要であった。「真の意味における朝鮮の文学は『한글《ハングル》』創製以後に出発した」と『朝鮮小説史』（平凡社一九七五、原著は一九三九ソウル学芸社）で金台俊《キムテジュン》も書いている。しかし訓民正音が作られたからといってただちに「井邑詞」のような民謡がたとえ高麗王朝の歌舞として取り込まれていたにしてもすぐさま文字化されたわけではない。「井邑詞」の文字化には訓民正音創製からほぼ半世紀の歳月が必要であった。それまでの間に訓民正音はどのように普及し利用されて、ついには「井邑詞」の訓民正音化にたどりついたのかを年表風に眺めておこう。

六六〇　百済滅亡。これ以前に「井邑詞」は歌われはじめた。

一三〇八　李混、慶州に左遷（？）
一三一二　李混没、これまでに李混「井邑詞」を宮廷楽舞に取り入れる。
一三八八　李成桂、威化島回軍。今川了俊、高麗大蔵経を求む。
一三九二　李成桂即位、高麗滅亡。李氏朝鮮王朝の開始。
一三九八　鄭道傳、襲撃殺害される。
一四〇〇　太宗即位。
一四一八　世宗即位。明（永楽期）の一如『法華経科註』。
一四二四　仏教諸宗、禅宗・教宗二宗に統合。
一四二五　音律の基本となる編磬《へんけい》の素材となる磬石を南陽で発見。
一四二六　世宗の命で、朴堧《パクヨン》らが編磬制作。十二律音階定まり雅楽の整理始まる。
一四三四　絵文字を含んだ『三綱行実図』頒布。
一四四三　『訓民正音』創製（世宗二十五年）。
一四四五　『龍飛御天歌《ヨンビオチョンガ》』[20]全十巻編纂。
一四四六　『訓民正音』制定（世宗二十八年）、昭憲王后没。
一四四七　『龍飛御天歌』公刊。『釈譜詳節《ソクボサンジョル》』[21]撰訳、世宗、讃頌「月印千江之曲《ウォルインチョンカンジゴク》」を付す。
一四四八　『東国正韻《トングクチョンウン》』[22]。
一四五〇　世宗没。
一四五一　『高麗史《コリョサ》』編纂（「井邑詞」掲載、歌詞は無し。井邑の望夫石伝説掲載。）
一四五二　『高麗史節要《コリョサジョリョ》』編纂。

一四五五　世祖即位。世祖時代は三浦《サンポ》での日朝交易盛ん。『洪武正韻訳訓』。
一四五六　六臣殺害。
一四五九　『釈譜詳節』[23]を改訂して『月印釈譜《ウォルインソクポ》』なる。冒頭に『諺解訓民正音』を掲載。
一四六一　『阿弥陀経諺解』。
一四六二　『楞厳経諺解』。
一四六三　『法華経諺解』[24]（一五二三・一五四五・一五四七・一七六四・一七六八年に複刻。）
一四六四　『仏説阿弥陀経諺解』。
一四六八　世祖没。
一四六九　成宗即位。
一四七二　仁粋《インス》大妃（成宗母）により仏典の諺解が増刷。
一四八一　『東国輿地勝覧』編纂。
一四八二　『金剛経三家解』（世祖正妃、成宗祖母貞熹王后《チョンヒワンフ》による。）
一四八五　『経国大典』完成。
一四九二　姜希孟『衿陽雑録』編纂。「農謳」掲載。
一四九三　『楽学軌範』成立。（「井邑詞」歌詞掲載。）
一五二七　『訓蒙字会』（漢字の朝鮮読みと意味を示す辞書。）
一五三六　現存最古のハングル石碑建立。
一五四四　『烈女伝』訓民正音訳。
一五七四　この頃より儒教典籍の訓民正音訳始まる。

年表にあるように訓民正音創製・制定と相前後して作られた『龍飛御天歌《ヨンビオチョンガ》』は一四四七年に公刊された。ついで『釈譜詳節《ソクボサンジョル》』『法華経諺解《ポアッパギョンオネ》』へと続く。前者は世宗が皇后の死を悼んで息子の世祖らに作らせたものと言われる。こうして『法華経』以下仏教経典の翻訳が続くが、朝鮮王朝のよってたつ儒教経典が訓民正音化されるのは十六世紀後半からと言われている。

歌の世界では一四九二年すなわち『楽学軌範』成立の前年に農書である姜希孟《カンヒモン》『衿陽雑録《クムヤンチャプロク》』が編纂され、末尾に姜自作の、農業にまつわる「農謳」[25]が掲載された。この「農謳」が本書Ⅵ章の神野論考が紹介する「農謡《ノンヨ》」と果たして関係があるのかないのか、今後の課題としておきたい。姜は訓民正音創製にも深く関わった官吏であり、『衿陽雑録』はフェーン現象を記録した最初の書籍ということでも名高い。その姜が訓民正音で多くの書籍が刊行されてきている中で、漢文で「農謳」を遺したことはなんとも残念である。訓民正音普及の歩みがどれほど困難なものであったかを三品は前掲書で次のように述べている。

> 一民族が自国の文字を創製することは、民族文化の独立てふ点から考へて、重大な歴史的意義を持つ……（しかし）結局上申訴状などの公的の文字たり得ず、ただ婦女童蒙下賤の利用するに止まり、……吏読の方を、寧ろ権威ある官辺の文字として使用して居た。この漢字と吏読と諺文の関係に類同したものを、朝鮮歌謡史に於いて漢詩と時調《シジョ》と民謡の間にも見ることが出来る。[26]

姜の「農謳」は純然たる漢詩ではなく『続東文選』にいくつも収載された漢詩のあとに「雑体」として掲載されている。訓民正音創製に関わった姜ならではの作かもしれない。しかしその翌年、訓民正音がそのためにこそ創製された、民謡の訓民正音化が実現する。『訓民正音御製序』の有名な一文。

わが朝鮮国の語音は中国とは違って漢字と互いに通じないので、漢字の読み書きができない民（本文には「愚民」）は、言いたいことがあっても、その意をのべることのできない者が多い。私・世宗はこれを憐れに思い、新たに二十八字を作った。[27]

愚民が愚民の意思を表明できるようにするために創製された訓民正音で、一四九三年に百済のいにしえから謡い継がれてきた民謡「井邑詞」がおそらく初めて文字化された。

訓民正音普及に欠かせないのが辞典である。『東国正韻』『訓蒙字会』のような漢字を訓民正音でどのように表記するかという辞典の刊行は必須であった。辞典の完成形態ともいうべき『訓蒙字会《フンモンジャフェ》』刊行は一五二七年であるが、その初期形態とも言うべき辞書が一四四八年の『東国正韻《トングクチョンウン》』、一四五五年の『洪武正韻訳訓』として刊行された。「井邑詞」のように口承されてきた民謡が訓民正音で公的な文書に登場する準備はこうして整えられてきていた。

3　『楽学軌範』

『楽学軌範』の構成は巻一・二は音律論、雅楽制度について、巻三・四が楽曲の解説、巻五が楽曲の歌詞と舞踊の具体的解説、巻六・七は楽器の解説、巻八・九は舞楽に用いられる用具・衣裳の解説であり、朝鮮王朝の宮廷楽舞を整理した音楽大百科ともいうべきものである。

「井邑詞」が収載されている巻五には「鳳来儀《ボンネイ》」という節がありそこには、本書掲載歌の多くを占める十七首に及ぶ『龍飛御天歌《ヨンビオチョンガ》』からの歌が収録されている。『龍飛御天歌』は一四四七年に世宗《セジョン》の命によって、鄭麟趾《チョンインジ》らによって作られ公刊された朝鮮王朝建国歌謡神話とも言うべきものである。一四四六年公布の訓民正音《フンミンジョンウム》が用いられた最初の作品とされている。

『楽学軌範』巻五には『龍飛御天歌』からの転載が十七首、その他、牙拍《アバク》・舞鼓《ムゴ》（井邑詞の歌詞を収載）・處容歌《チョヨンガ》（大儺のための曲）、ついで高麗、唐宋にちなんだ歌が、さらに「弥陀讃《ミダチャン》」「本師讃《ポンサチャン》」「観音讃《クァヌムチャン》」などが歌われる仏讃歌がある。「弥陀讃《ミダチャン》」の後には「南無阿弥陀仏」が一斉に唱和された。この仏讃歌は儒教立国朝鮮王朝の意外な側面と言うべきか。さらに注目すべきは巻五の終りに収載された「文徳曲」である。この曲は『龍飛御天歌』同様に、朝鮮王讃歌ではあるが、作詞者が鄭道傳《チョンドジョン》、すなわち朝鮮王朝草創の功臣でありながら逆賊（政治思想家でもあった）ともされた鄭道傳が太祖李成桂《テジョイソンゲ》の文徳を賛美したものであるからだ。

韓国ドラマに馴染んだ人には鄭道傳は世宗の父太宗《テジョン》によって一三九八年に攻撃殺害されたことは周知のことだろう。その鄭道傳の歌が朝鮮王朝の宮廷儀式で歌い継がれたわけである。日本でいえば御霊信仰ということであろうか。（「御霊信仰」については拙稿「天神信仰の原初的形態」十世紀研究会編『中世成立期の歴史像』東京堂出版一九九三所収、「御霊信仰」『日本古代史研究事典』東京堂出版一九九五所収。参照。）

成俔らが作った『楽学軌範』が基本的に朝鮮王朝讃歌の歌が多く収載されているのは当然としても、其の中に郷楽から「井邑詞」「處容歌」が収録されたことをどう理解すべきか。

「處容歌」は疫病退散を祈念する「大儺」の行事と密接に結びついたものであるから理解可能であるとしても、「井邑詞」だけは理解困難である。

第二点は後半に諸仏讃歌があることである。周知の通り朝鮮王朝は建国当初から儒教立国を国是としており、李成桂・鄭道傳らによって、高麗王朝の象徴でもあった仏教は徹底的に排斥されたとされる。

第三点は「文徳曲」をどう考えるかである。

第一点については、張師勛《チャンサフン》の意見が参考になる。[28]「世宗大王は中国系雅楽を振作させ、これを国家の儀式音楽として採用しながらも、伝統的な郷楽を基盤とした新しい音楽を起すという心には変りがなかった」と述べ、『世宗実録』収載の世宗の発言として、「わが国は本来郷楽になじんできたが、宗廟の祭享のときまず唐楽を演奏し、三献すなわち第三杯を献じるときになってようやく郷楽を演奏するが、祖考たちが平素に聴いていた音楽を奏するべきではないか」「雅楽は本来わが国の音楽ではなく、実は中国音楽である。わが国の人びとは生前には郷楽を聴き、死して雅楽を演奏されるのはどんなものであろう」「わが国の音楽がたとえ最善ではないにしても、中原に比して恥しいものではないし、中原の音楽だからといってどうしてみなよいとばかりいえよう」。「井邑詞」や「處容歌」が高麗王朝から朝鮮王朝の宮廷に継承された理由として、訓民正音創製者であり朝鮮楽制の成立に大きな役割を果たした世宗の役割が大きかったことは事実であろう。

第二点の仏教賛歌の問題であるが、世宗の晩年や世祖に仏教信仰があったことは有名であり、『楽学軌範』編纂を指示した成宗は祖母貞熹王后《チョンヒワンフ》による崇儒抑仏政策を引き継ぎ、仏教抑圧を徹底化させたとされるが、前掲の年表にもあるように貞熹王后自身は仏教書『金剛経三家解』という訓民正音表記の書の刊行を主導した人物である。朝鮮王朝が儒教立国と言っても、世宗・世祖の時代にかけて多くの仏典の訳註が訓民正音で刊行されつづけ、儒学の典籍の訓民正音化は、『宣宗実録《ソンジョンシルロク》』によれば十六世紀後半のことだったと、河瀬幸夫は述べている。[29] すなわち朝鮮王朝下であっても仏教が全くなくなったわけではなく、[30] これが豊臣秀吉の侵略に抗した仏教僧の活躍などにつながっていく。

しかし仏教を国教とした高麗王朝時代の仏教寺院の政治との関わりによる腐敗堕落が、朝鮮王朝によって弾圧整理されていったことは事実であり或る意味で必要なことでもあったであろう。日本の奈良仏教そして平安仏教の腐敗堕落と類似したものが高麗仏教界にも現前としていた。第三点については後述する。

4 「井邑詞」

すでに述べたように『楽学軌範』巻五には訓民正音《フンミンジョンウム》（ハングル）による歌謡の歌詞が一〇首あまり収録されている。ちなみに巻五の小節を表示してみよう。

時用 郷楽呈才《ヒャンアクチョンジェ》図義
保太平《ボテピョン》
定大業《ジョンデオプ》
鳳来儀《ボンネイ》
牙拍《アバク》
響鈸《ヒャンバル》
舞鼓《ムゴ》
鶴蓮花臺處容舞合設《ハクヨンファデチョヨンムハプソル》
教坊《キョバン》歌謡
文徳曲

「井邑詞」はこの中で「舞鼓」の項に訓民正音によって記載され収録されたことで現代に伝わった。(31)

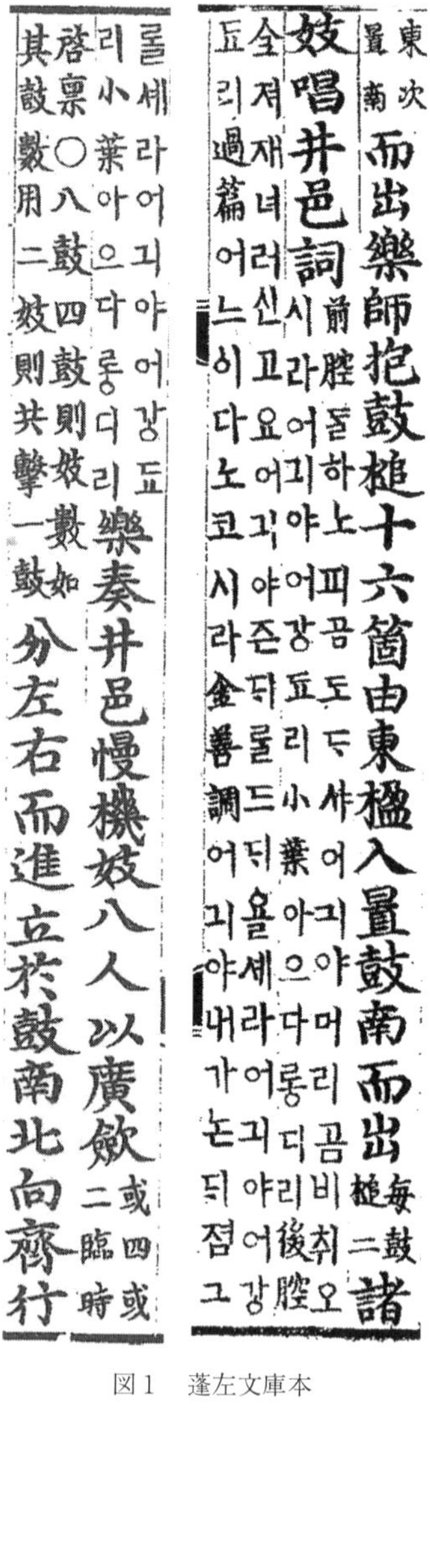

東次置南而出樂師抱鼓槌十六箇由東楹入置鼓南而出每鼓槌二諸妓唱井邑詞前腔ᄃᆞᆯ하노피곰도ᄃᆞ샤어긔야머리곰비취오시라어긔야어강됴리小葉아으다롱디리後腔全저재녀러신고요어긔야즌ᄃᆡ롤드ᄃᆡ욜세라어긔야어강됴리過篇어느이다노코시라金善調어긔야내가논ᄃᆡ졈그롤셰라어긔야어강됴리小葉아으다롱디리樂奏井邑慢機妓八人以廣斂或四或二臨時啓稟○八鼓四鼓則妓數如其鼓數用二妓則共擊一鼓分左右而進立於鼓南北向齊行

図１　蓬左文庫本

諸妓唱井邑詞前腔

月よ　高みに　昇り給え

달하　노피곰　도다샤。　　タラ　ノピゴム　トダシャ

ああ、四方遠く照らし給え

어긔야　머리곰　비취오시라。　　オグィヤ　モリゴム　ピチュイオシラ

オキャ　オカンジョリ

어긔야　어강됴리。小葉。　　オグィヤ　オカンディョリ

アオ　タロンディリ

아으 다롱디리。後腔。　アウ　ダロンディリ
ぬしは市へ通うらん
全저재 녀러신고요。　チョジェ　ニョロシンゴヨ
ああ、泥濘に足をとらるな
어긔야 즌ᄃᆡ를 드ᄃᆡ욜세라。　オグィヤ　チュンデルル　トゥディヨヨルセラ
オキャ　オカンジョリ（この部分の返しは次の行のあとになる場合もある。）
어긔야 어강됴리。過篇　オグィヤ　オガンディヨリ
心しずかに　せくまいぞ
어느이다 노코시라。金善調。　オヌイダ　ノコシラ
ぬしの夜道に胸さわぐ
어긔야 내 가논ᄃᆡ 졈그ᄅᆞᆯ셰라。　オグィヤ　ネカニョンデ　チョムグルルセラ
　オキャ　オカンジョリ
어긔야 어강됴리。小葉。　オグィヤ、オカンディヨリ
アオ　タロンディリ
아으 다롱디리。　アア、ダロンディリ
楽奏井邑慢機。

この「井邑詞」は現代韓国ではきわめて有名な歌だ。中学か高校の国語教科書にも掲載されているという。日本の教科書に万葉の歌などが掲載されているようなものだ。さらに、韓国ドラマ『スペクヒャン』の主題歌としても

現代風のメロディを付して利用されている。

『望恨歌』の二〇一九年国立能楽堂公演の際には、韓国の演奏グループによる復元曲が演奏された。その際の曲は宮廷楽舞として演じられたであろう復元曲だった。

すでに述べたように「井邑詞」は高麗時代末期にはすでに宮廷楽舞に入りこんでいたが、本来は伴奏楽器などない詠唱のみの歌であったであろう。その雰囲気を再現した場面をやはり韓国ドラマ『大王世宗《テワンセジョン》』七十八話で観ることが出来た。

世宗が訓民正音創製に励んでいる頃で、民衆歌謡や民衆の言葉を採集するという設定である。下級官吏で歌謡好きな男が遊女の元に通って、口承歌謡を歌ってもらいそれを記録するという場面であった。まるで日本の『梁塵秘抄』のようなものである。

そこで遊女が一節披露したのが次の歌であった。（歌詞は字幕のもの）

月よ　天高く耀きて　はるか彼方を照らさん
アグィヤオカンディョリ　アウタロンディリ

すなわち、「井邑詞」の歌い出しだ。遊女の詠唱に下級官吏が「アグィヤオカンディョリ　アウタロンディリ」と見事に返しを入れる。

遊女は何も「月」を歌ったものは百済の歌謡ばかりではない。新羅にもこういうのがあると言って歌った歌。

慶州の明るい月夜に

夜更けまで遊び
家へ帰って寝床を見ると
足が四本あったとさ

新羅郷歌《ヒャンガ》(32)として名高く、その後、宮廷の大儺の儀式で歌い継がれた「處容歌《チョヨンガ》」の冒頭の一節だ。『楽学軌範』巻五には朝鮮王朝創建神話とは本来全く無縁であったこの二曲「井邑詞」と「處容歌」が宮廷歌舞の一翼をなすものとして収載されている。

5 「處容歌」

「處容歌」は『楽学軌範』「鶴蓮花臺處容舞合設《ハクヨンファデチョヨンムハプソル》」の節に、新羅郷歌の「處容歌」の内容を脹らませて収録されている。(33) ちなみに『三国遺事《サムグクユサ》』に収載された郷歌「處容歌」は以下のようなものである。上段が意味、下段が原文の漢字表記。

都に月は　あかるくて
遊んでかえる　夜ふけ時
おのがふしどを　ながむれば
なんとならんだ　足四つ
二つはたしかに　妻の足
残る二つは　だれのもの

東京　明期　月良
夜入伊　遊行如可
入良沙　寝矣　見昆
脚烏伊　四是良羅
二肹隠　吾下於叱古
二肹隠　誰支下焉古

わが妻なれど　よそひとに
かすめとられし　せんもなし

本矣　吾下是如馬於隠
奪叱良乙　何如　為理古

（三品彰英遺撰『三国遺事考証　中』より）

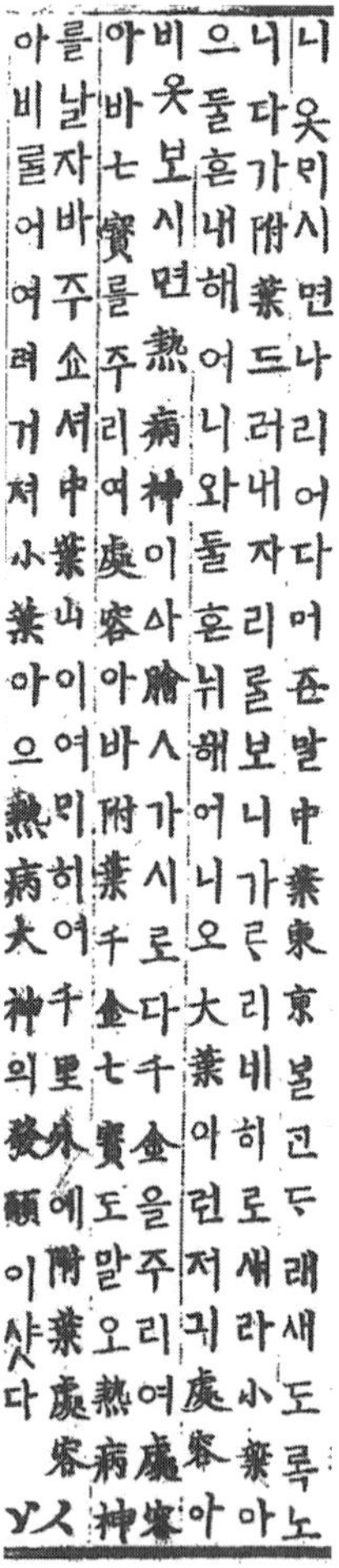
니옷ᄆᆡ시면나리어다머즌말中葉東京ᄇᆞᆯᄀᆞᆫᄃᆞ래새도록노
니다가附葉드러내자리ᄅᆞᆯ보니가ᄅᆞ리네히로새라小葉아
으둘흔내해어니와둘흔뉘해어니오大葉이런저긔處容아
비옷보시면熱病神이ᅀᅡ膾ㅅ가시로다千金을주리여處容
아바七寶ᄅᆞᆯ주리여處容아바附葉千金七寶도말오熱病神
ᄅᆞᆯ날자바주쇼셔中葉山이여ᄆᆡ히여千里外예附葉處容
아비ᄅᆞᆯ어여려거져小葉아으熱病大神의發願이샷다

図2　蓬左文庫本「處容歌」の部分

『三国遺事』は一然《イルヨン》によって一二八〇年代に編纂されたものであるが、この「處容歌」はその四百年ほど前の八七九年に作られたとされている。「井邑詞」は百済滅亡前のものであるから七世紀半ば以前の歌になる。どちらも訓民正音がない時代のものであるが、「處容歌」などの新羅郷歌は漢字表記ではあるものの、正式漢文ではなく吏読《イドゥ》ないしは郷札《ヒャンチャル》と呼ばれる海東《ヘドン》特有の漢字表記で記載されていた。日本人が漢文を読んだり歌を詠むときの、レ点や万葉仮名のようなものである。そのため、前掲の「處容歌」原文は通常の漢文表記とは違っている。

一三世紀にこうした郷札等によって特異な漢字表記がなされた「處容歌」も、一四九三年に編纂された『楽学軌範』では訓民正音で統一新羅時代の発音にしたがって記載されることになった。しかし後半部分は省略されている。

小倉進平は『郷歌及び吏読の研究』で「本歌詞は本郷歌《ヒャンガ》にある歌詞の全部ではなく其の後半部を省略したものである。語格も多少古めかしいが、それは寧ろ口誦の便を主としたらしく思はれる」(34)と述べている。

「處容歌」を三品の記載によって再度掲げる。

東京빌근　다래　toṅ-kyŏṅ păr-kăn tă-rae　東京　明期　月良
새도록　노니다가　附葉　pam-tŭr-i no-ni-ta-ka　夜入伊　遊行如可
드러　내　자리ㄹㄹ　보니　tŭr-ŏ-sa cart-ăe po-kon　入良沙　寝矣　見昆
가ㄹ리　네히로새라　小葉　kar-ă-i neh-i-rŏ-ra　脚烏伊　四是良羅
아으　둘흔　내해어너와　tupŭr-hŭ-n nae-hae-ŏ-s-ko　二肹隠　吾下於叱古
둘흔　뉘해어너오　大葉　tupŭr-hŭ-n nu-ki-hae-ŏn-ko　二肹隠　誰支下焉古
（以下省略）　pon-tăe nae-hae-i-ta-mar-ŏn　本矣　吾下是如馬於隠
a-s-a-năr ŏs-tŏ hă-ri-ko　奪叱良乙　何如　為理古

三品彰英遺撰『三国遺事考証　中』によれば、上段の訓民正音で記載された部分は中段の発音表記のように読まれるという。『三国遺事』掲載の下段の漢字表記は中段の発音を吏読ないしは郷札でこのように記載されたわけである。この漢字表記は『三国遺事』編纂者の一然の作業ではなく、すでに「處容歌」を含めた新羅郷歌が作られた時点でこのような漢字表記がなされたと理解すべきであろう。

なぜならば新羅郷歌は、百済歌謡「井邑詞」のような民謡とは言い難く、『詩経』の「頌」のようなもので、宗廟法事に用いられる歌であった[35]。

周知のとおり郷歌は『三国遺事』に十四首、『均如伝《キュニョ》』[36]に「普賢十願歌」として十一首が残され、全てで二十五首である。均如（九二三〜九七三）の郷歌は名前のごとく全て仏教に関するものであるが、『三国遺事』掲載の郷歌にはそれ以外にわずかではあるが、男女関係・朋友関係を歌ったものや民謡と目されるものもあるが基本的に仏教的な歌でしめられており、「井邑詞」のように口承されたというよりは、吏読などで漢字表記されていたものとみなすのが妥当であろう。

こうして新羅郷歌の「處容歌」は『三国遺事』に漢字表記のまま収載されたが、『楽学軌範』で訓民正音で記載されること（中段の発音を上段の訓民正音表記に）で往時の歌唱の息吹を取り戻すことになったと言える。

6 舞鼓《ムゴ》・動動《ドンドン》・無㝵《ムエ》

「井邑詞」の歌舞の演技については張師勛《チャンサフン》(34)によれば「高麗時代の……三つの舞、すなわち舞鼓・動動《ドンドン》・無㝵をあげることができる。……舞鼓は蟠竜を描いた鼓を中央におき、鼓を叩きながら井邑詞を歌う華麗で壮快な舞いである。動動《ドンドン》は象牙で作ったきわめて小さな牙拍《アバク》〔『楽学軌範』巻七に図あり。琉球舞踊の四つ竹を六枚にして長くしたようなもの〕を両手に持ちサクサクと打ちながら、動動歌詞の起句から初めて十二月詞まで〔歳時記風に燃燈会・端午の節句・盂蘭盆会・秋夕・重陽・刈り取りなどを歌いこんでいく高麗の俗謡〕歌いながら舞う舞いであり、無㝵は中のくぼんだ瓢箪を持って、仏家語でできた歌詞を歌いながら舞う舞いである。この無㝵舞《ムエム》は世宗十六〔一四三四〕年八月以後、諸般賜楽から廃止する決定を下し『楽学軌範』にも伝えていないところをみると、その後断絶したことは確か」（〔 〕内は竹内）だとした。ただ歌詞を変えて朝鮮王朝末期に復活したようである。

ちなみに「無㝵」について和田一久は以下のように解説している。

> 無㝵は心にさまたげがない。仏教用語としては、極めて広大で覆うものがない。あるいは、所として覆わないもののないことをいう。無㝵《むがい》は無㝵《むげ》と読めば仏教用語で、自由自在に融通して一体となること。歌詞は『高麗史』には収録されなかった。……無㝵を執って舞うとあるので、実体は伝わらないが、無㝵という名の何か舞具が存在したようである。(38)

「無㝵（無碍とも）」と言えば思い起こされるのが統一新羅時代の異色の傑僧とも言うべき元暁《ウォンヒョ（ウォニョ）》である。元暁もまた「井邑詞」とならんで現代韓国では有名である。ミュージカルの主人公にもなっている。古くは顕彰碑といってよい「誓幢和尚碑文」が平城京にも来たことがある孫によって建立され、『宋高僧伝』『三国遺事』さらには日本の栂尾高山寺の明恵による『華厳祖師絵伝』などによって伝記が伝えられている。ちなみに「誓幢和尚碑文」は「日本」という名称が最初に登場する外国の金石文としても有名である。

その元暁は日本の空也や一遍などの踊り念仏の開祖とも目されている人物である。さらに親鸞なみの破戒僧でありながら、法華経・華厳経・涅槃経・金剛三昧経・無量寿経・阿弥陀経・梵網経・二障義・大乗起信論などの宗要（解説研究書）を書き、『十門和諍論』や『遊心安楽道』（元暁作ではないとされるが、源信・法然・明恵は元暁作として取り扱った）などのユニークな著作を現代に残した。華厳三祖法蔵に大きな影響を与えたことでも名高い。

武烈王の一族と思われる既婚皇女と再婚し、吏読の創製者とされる薛聰《ソルチョン》という大儒学者の父となった。巷では、『華厳経』の「一切無碍」から命名した「無碍」と呼ばれる瓢箪のようなものを叩いて念仏を弘めたと言われている。郷歌の一首「願往生歌」にも登場する（「願往生歌」は元暁作とも言われる。もしそうであれば同時期に唐では善導が仏教讃歌『往生礼讃』を書いていた。念仏讃歌が大陸と海東で時期を同じくして登場してきたということか）。

そうした人物であるから当然ながら韓日ともに研究は多く、単著だけでも数冊ある。『楽学軌範』で消えた「無㝵」はおそらく元暁が楽器として使った無碍に類似したものであったであろう。それを裏付けるように「高麗の無㝵は仮面ではなく瓢箪の上部に金鈴をつけ、下部には彩帛を飾り、これを打ち振れば鈴の音が鳴り、彩りの絹の紐がなびいて演舞に興をそえるという、タンバリンのような一種の舞踊具であるという」ことを『高麗史』だけでなく、『破閑集』もつかって李杜鉉は述べている。(39)

「處容舞」について張は「處容舞は朝鮮朝に入って五方處容に替わり、十二月の大晦日の宮中儀礼のとき、辟邪進慶の儀式舞として発展した」と述べている。

7　『楽学軌範』「文徳曲」

第三点である。この曲は太祖二年（一三九三）に鄭道傳《チョンドジョン》が詠ったものである。その冒頭近くには「文徳の曲は文徳を美《ほ》むるなり。太祖、初めて即位し、経《けい》を立て紀を陳《の》べ（経と紀で筋道）、民とともに更始《かうし》（乱世を一新する）したまふ。誦すべき者多く、其の大なる者を挙げぐれば、作《はじ》めて言路を開き（民意が反映される道を開いた）、功臣を保ち、経界（土地の境界）を正しうし、禮楽を定めたまひし（世宗時代の朴堧《パクヨン》以前に鄭道傳の盡力で李朝の禮楽が定められた）となり」とある。

鄭道傳の最期を思うと、「功臣を保ち」が皮肉に聞こえる。

続いて「法宮に厳たる有り、深きこと九重。一日の万機、その叢に紛る。君王は民情の通ずるを得んことを要ふ。大いに言路を開き、四聡に達す。君見ずや、我が后の徳、舜と同じなるを。アア、我が后の徳、舜と同じなるを。聖人、命を受け、飛龍に乗る。多士、競い起こること、雲に従う如し」。李成桂を舜に比し、『龍飛御天歌』冒頭歌の「海東、六龍が飛ぶ。ことごとく天福である。古聖の事蹟と符を同じくする」に相呼応するものであろう。そして「六龍」の歌に続いて「根の深き木は、風にも動かず、花かぐわしく実もたわわ。」と朝鮮王朝大讃歌ではじまりそして訖る。「六龍」「根の深き木」は韓国ドラマでお馴染みだ。

「文徳曲」は鄭道傳『三峯集《サンボン》』にほぼ同文があるので、道傳の作に間違いないという。『龍飛御天歌』の後半の歌には子孫への誡めの歌が相次ぐ。『楽学軌範』は『龍飛御天歌』の全ての歌を儀式歌として採用したわけではなく、第一歌から第十六歌までそして最後の第百二十五歌を宮廷楽舞の歌詞としてとり入れている。『楽学軌範』「文徳曲」も当然『龍飛御天歌』の延長上にあるわけであるが、『龍飛御天歌』の一二五首に及ぶ王朝讃歌には入っていない。『楽学軌範』であえて採用されたということになろうか。鄭道傳が太祖李成桂の息、李芳遠《イバンウォン》のちの太宗（世宗の父）によって襲撃殺害されたのは一三九八年のことである。その鄭道傳の李成桂讃歌が、堂々と一四九三年成立の『楽学軌範』巻五の最後に世宗の曾孫にあたる成宗によって掲載され、朝鮮王朝宮廷で歌い継がれることとなった。ほぼ一世紀の歳月を経て名誉が回復されたということか。それは先にも述べたように朝鮮王朝における御霊信仰であったかもしれない。

8　井邑詞・望夫石・詩経

こうして一四九三年に「井邑詞」は宮廷音楽大事典とも言うべき『楽学軌範』巻五に訓民正音によって初めて文字化された。

海東《ヘドン》の史書である『三国史記』『高麗史』にはすでに述べたように中華各王朝の史書にならって「楽」志というものが記載されている。すなわち『三国史記』巻三十二雑志第一楽二であり、『高麗史』巻巻七十一楽である。『三国史記』の「楽」は大半が新羅楽について記載され、(40)わずかに高句麗・百済楽への言及がある。それぞれに伝わる楽器の説明が主であり中でも「万波息笛(41)」の伝説は興味深い。

その新羅楽の説明の終りに碩学崔到遠《チェチウォン》の新羅五伎にまつわる郷楽雑詠が五首掲載されている。(42)曲芸・仮面舞・儺祓い・西域仮面伎・獅子舞にかかわる詠唱である。郷歌とは異なり純然たる漢詩で詠われた（新羅五伎については本書Ⅱ章の野村伸一論考を参照）。

百済楽については「百済の楽は、（唐）中宗の代に、音楽を奏する人たちが、死散じたので開元（七一三〜七四一）の中ごろ、……再び、奏楽を設置した。このようなことによって、音伎が多く欠けた」としてわずかに舞者・楽器について記録を残しているだけである。高麗時代一一四五年に編纂された『三国史記』でこの程度であるから、「井邑詞」の消息の詳細を訪ねるのは至難の技である。

楽志には三国俗楽の項に「井邑」とあり「井邑は全州縣に属す。縣人の行商を為す者有り、久しく至らず。その妻、山の石に登り之を望む。其の夫の夜行して犯害せられむか、泥水の流れに托されむかを恐れ、以て之を歌ひ、世に伝ふ。登帖望夫石有りと」。

望夫石伝説はこの井邑の項目の少しまえにある「禅雲山《ソヌンサン》」でも類似の説話がある。さらに百済だけでなく、海東を越えて大陸にも多くある。「井邑詞」のテーマは或る意味で普遍的なものだったのであろう。

『三国史記』『三国遺事』には日本にも関わる望夫石伝説がある。『三国史記』では朴提上《パクチェサン》（『三国遺事』では金提上、『日本書紀』神功紀では毛麻利叱知《もまりしち》）伝説である。それぞれの資料で相違があるが、新羅王が高句麗と倭に友好のためにそれぞれに人質を出し、その人質がいつまでも抑留されたままであるので、それを奪還する話である。四世紀から五世紀にかけての話になっている。時期的には新羅建国間もない頃のことであり、海東ではすでに高句麗・百済は国家体制を整え、海の彼方の倭も倭の五王の時代に相前後する時期である。創建間もない新羅にとって、隣国との友好関係は必須であり、そのための新羅奈忽王《ナムル》による人質提出であったであろう。無論、話は単純ではなく双方の権謀術策がはりめぐらされ、一筋縄で済む問題ではなかった。だまし騙されが繰り返された挙げ句、次々王である訥祇王《ヌルジ》は人質奪還の命を朴提上に下す。高句麗への人質は幸い無事に戻す事が出来たが、倭への人質は海の彼方である。提上は妻へのわかれもせず慶州から一気に海を渡って倭に向う。それを知った妻は現在の蔚山《ウルサン》あたりの海辺まで追いかけ、遙か沖合いの、倭に向う夫の船影に向かって無事の帰還を泣き叫ぶのみであった。倭の人質は提上の機転により、無事新羅に戻れたが、提上は捕われの身となり、倭王によって火あぶりの刑に処せられた。それとも知らず妻は日ごと蔚山の浜辺で夫の帰還を待ち続けた。妻はいつしか冷たい岩に変わっていた。望夫石伝説の中でも悲惨な伝説といえる。

『日本書紀』神功紀では後の応神が皇太子になった年の話として掲載している。ということは提上を虐殺したのは神功ということか。

『望恨歌』とはシチュエイションが異なるとしても、大枠では類似譚として読むことも可能だ。新羅の後を受けた高麗で「井邑詞」が宮廷歌舞の一首として採用されていく背景にこうした『三国史記』『三国遺事』の説話が李混に大きな影響を与えていたのではなかろうか。

「井邑詞」採用のもう一つ大きな要因は『詩経』の影響であろう。高級官僚、李混にとって『詩経』は聖典の一つであったであろう。『詩経』は「風（国風）」「雅」「頌」で構成される。風は諸国の民謡一六〇篇、雅は西周貴族の詩一〇五編、頌は宗廟歌四〇編である。

「『詩経』はひろい発生地盤をもつ、民衆の生活の中から生まれた」「民謡の成立は民衆の成立を前提とする」氏族社会が古代国家へと移行していく過程で氏族社会の共同体規制の下にいた民衆は、「自由のよろこびを獲得するとともに、また新しい時代へのおそれを抱かずにはいられなかった。そのよろこびとおそれとのうちに、古代歌謡の世界が成立する」と白川静は述べている。(43) さらに「民謡はもともと伝承の文学であった。その民謡が記録にとどめられ、後世にも伝えられるのは、民謡がその本来の場を失ったときにはじまる」。しかし、「官僚が民謡を採集して各地の風俗の良否を察し、政治上の参考にした」というもっともらしい見解に対しては「それは『詩経』が古典化したのちの解釈」だと釘を刺している。

「民謡がその本来の場を失ったとき」とはどういう時であろうか。民謡の成立には民衆の成立が不可分と述べる白川説を踏まえれば、民謡がその場を失うということは民衆が民衆でなくなった時ということであろう。氏族社会の共同体規制から解放されて民衆が誕生してきたにもかかわらず、歴史の進展（進歩ではない）によって、強権機関である国家制度の歯車の中に民衆ががんじがらめになっていく状態を指しているといえよう。

束の間の自由を経験して歌い出した民謡が歌い手である民衆の自由を改めて奪い去ることによって、民謡そのものも国家制度の中に取り込まれていったということではなかろうか。

しかし、白川が言うように「歌謡は神にはたらきかけ、神に祈ることばに起源し……神がその願いをかなえてくれるかどうかを、無意的な人のことばによって占う」ものであるとすれば、「井邑詞」は高麗王朝・朝鮮王朝の朝廷儀式を荘厳化するだけで終わったのではなく、それとは別の姿で巷で歌い継がれてきていたのではないだろうか。すなわち「井邑詞」の歌唱は戻って来ない夫の無事を思いやる妻の歌であるだけでなく、これから旅立つ（商売・出兵など内容はさまざま）恋人、夫、兄や子などの無事帰還を予占・予祝する歌としてどっこい民衆の中で歌い継がれたとみるべきではなかろうか。

黄晳暎が担い職人の帰りを待つ妻の思いを表現するのに、民衆とは無縁の場である歴代朝廷の儀式の場で王朝讃歌に意味を変えて（「井邑詞」の意味の読み替えについては本書Ⅲ章辻論考参照）歌い継がれてきた「井邑詞」をあえて引っ張りだし、民衆の歌、すなわち民謡として復活させたのは、「井邑詞」が王朝儀式とは別の場所で、時代を越えて地下水のように流れ、謡い継がれてきていたことを想起せしめないであろうか。

『詩経』には「井邑詞」に類似した寡婦の嘆きを歌った歌がいくつもある。内容は様々であるが、世俗にいくらでも見られる風俗が多く収載されているのが『詩経』の面白いところであり、中華帝国の遺風を受けた海東諸王朝がその影響を蒙らないわけはなかった。

統一新羅時代には『三代目《サムデモク》』とよばれる歌集が編纂されたようである。残念ながら現代には伝わらないが、日本の『万葉集』と並ぶものであったであろう。大陸の『詩経』、半島の『三代目』そして列島の『万葉集』と揃っていれば東アジア古代史もより豊かな文化史を創造できたことであろう。

四　能『砧』から新作能『望恨歌』へ

1　能『砧』

多田富雄は「井邑詞」によって『望恨歌』を構想したが、本説としたのは世阿弥の能『砧』であった。

しかし、『望恨歌』をハングル訳[44]して韓国に紹介した成恵卿《ソンヘギョン》はその解説で『砧』を取りあげず、老女物の『檜垣』『関寺小町』との比較で『望恨歌』の意味を解いている。

「生き生きとした若さの美しさを喪失した老衰した女性の姿を通して、人生の様々な断面を表現するのが老女物であり、ただ現在の年老いた姿を見せるだけではなく、取り返すことの出来ない若き日に対する悔恨、切望、恋しさ、哀傷などを老女の肉体を通じて表現しなければならないのが老女物である。それゆえ能には内面的な演技が求められる」。そうした老女物の一環として『望恨歌』を読み解くことを成《ソン》は主張する。

しかし『砧』について多田は次のように発言している。

> この砧を「水の砧」と呼び度い。例によって前シテは何でもなく出る。サシまでは上体がぐらついて何とも不安定だがそんな事に頓着せずにスイスイと時は流れる。クセからもてんめんとした悲しみの中に静かな沈みこみ、ただ風の向き、月の方角、虫の声のみが伝わる。悲しみという感情はもう現実を超越して、抽象的な結晶にまで高められる。「ほろほろ」のあとではうしろの作り物によりかかるようにして安座双ジオリしたが、もう放心の態で魂も失せたかのようである。（橋岡）佐喜男君のツレが、大切にシテをかかえて、橋懸かりまでゆくのも画中の画になっている。

後段は珍しい白水衣で出端で現れる。一ノ松、二ノ松（マヽ）、三ノ松（マヽ）で胸杖休息し、笛の音に聞き入り、ひかれるように舞台に入る。クドキ以下でもいたずらに感情的なスゴみ（音取のよう）はない。あるのはただ水の上に描いた文字のようにはかなく消え去った結晶としての悲しみである。泥眼のキラリとした美しさ。「呵責の声のみ」で杖を捨てるのに何かためらいがあったのはなぜか。型どころなど無理に強調することもなく、感情の一貫性で、すべては結晶のように浄化される。この悲劇は人間の劇というより、抽象的に超越に至る悲しみという魂の劇なのだ。
水より現われ、水のように流れ消え去る時間の悲劇、「水の砧」である。

これは「砧　橋岡久間」と題された多田のメモ書き能評である。この舞台は橋岡久馬出演記録と橋岡佐喜男がツレであったことを考えると、一九八〇年二月二日の宝生能楽堂での演能かと思われる。

この多田の「抽象的に超越に至る悲しみ」（傍点部）のイメージは『望恨歌』に通ずるのではないか。

「双ジオリ」とは「もろじおり」と読む。シオリの一種で、より悲痛な泣き方、号泣の表現。取り乱した体なので、多くの場合、安座してモロジオリとなると『能楽大事典』にある。

それにしても「水の砧」という象徴的な命名をどう理解したらいいのであろうか。

猿沢池に入水した采女の悲劇を描いた『采女』で、池の水に沈んでいく采女の恨みの心を岡野守也は「ユング的にいえば水は心の深層の象徴である。真剣に耳を傾けてくれる援助者の存在によって、いったんは浮かび上がった恨みのイメージが心の奥底に沈んでいく。もちろん、解決はついていない」(45)という。多田が橋岡の『砧』を評して命名した「水の砧」を理解する一助になるかもしれない。

『砧』は古来難曲とされてきた。世阿弥自身が「静かなりし夜、砧の能の節を聞きしに、かやうの能の味はひは、末の世に知る人あるまじければ、書き置くも、ものくさき由、物語せられしなり」。さらに後段では「砧の能、後の世には知る人あるまじ。もの憂きなり、と云々」と述べていることが影響しているのであろうか（次男、秦元能の聞き書きである『世子六十以後申楽談儀』）。

元能自身がそれについて述べていることを西野春雄の訳で紹介しておこう。世阿弥の前段の語りの後にこう書いている。

> そういうわけで、『砧』のような無上の妙味のみで成立している境地は、どこがどうだと味わい分けることはできないし、文章に書き表わそうとしても、その言葉もない。こういう言語や論理的思考によって捉えられぬ境地は、自己の芸位が上達したならば、自然に悟りうるもの、つまり自悟自得にまたなければならないものだというお話であったので、それ以上お聞きすることもしなかった。(46)

静かな夜に世阿弥が元能に『砧』を謡って聞かせたあとに「末の世に知る人あるまじければ」と語るわけであるが、この一句について能勢朝次は「この「知る人」は、真に鑑賞し得る人の意であるが、それは単に観客をさしたのではなくて、この曲趣を味はひ分けて、それを演出し得る為手をも其の中に含めて考へるのが良い」と述べている。さらに「末の世」が後段では「後の世」になるが、あえて「末世」と読むべきだろうとも。(47)

そうした為手《して》は世阿弥以降そう現れるわけはなく、長い間、『砧』は舞台に上ることはなかった。『砧』は「室町時代の上演記録は二例」ほどだったと天野文雄は言い(48)、復活は元禄から正徳にかけてのことではと表章は述べている(49)。究極の夢幻能『井筒』を創作し終えた世阿弥が自らが完成した様式を破って創り上げた作品。「人の心の中の鬼、つまりことばを換えれば怨念といってもいいかもしれない、人間が生きるうえでの苦しみや悲しみといった、より人間的なものとして彼は鬼を捉え、それとまともに対決した作品」、それが『砧』だったと観世寿夫は言う。[50]『井筒』から『砧』への移行を寿夫は世阿弥自身の言葉を使って「却来」の思想だと。「却来」とは世阿弥が元雅に伝えた秘伝である「却来風」、さらに元雅亡きあとに『却来華』として現代に伝わる伝書の書名であるが、「究極まで達した後に下位へ戻って演じる風体」のことだと言われる。

『井筒』から『砧』へ。そこに晩年の世阿弥を理解する鍵がある。ここでは『砧』とはいったい何を描いた作品なのか、そして多田富雄はいかなる意味でこの『砧』を新作能『望恨歌』の本説としたのかを考えてみたい。

「『砧』は通常、夫の不在に耐えかねて死んだ妻の霊が、弔う夫の前に現われ、怨み事を述べる」(『能楽大事典』)

「ひとり寝の妻の恋心と恨み心。恋は恨みを呼び、恨みは恋をさそって尽きる所を知らず、身の置き所もない。その慕情を砧の音にこめ、松風に托して都の夫へ送る。死んではきびしい邪淫の責めをこおむりながら、なお消えぬのが恋だというのである。[51]」(岩波旧古典大系本)

「孤閨の妻の恋慕と恨みの綯い交ぜになった心を主題とする世話物的作品」(北川忠彦『世阿弥』中公新書一九七二)。

以上が『砧』の一般的評価である。

『砧』のシテの「恨み」の向かう先は都に滞在する夫(あるいは侍女夕霧を加えて想定することも)であり、恨まれた夫は死ぬこともなく、恋慕のあげく空しくなった妻の法要のために下向してきて、妻の霊を鎮魂する。

他方、『望恨歌』のシテの「恨み」が向かう先は強制連行をした日本であるはずである。夫はすでに亡くなり、残された若妻は老女となり、多田流にいえば「恨の舞」を舞って、己一人だけの日常空間である「サラン」と呼ばれる部屋に戻っていく。

『望恨歌』には『砧』にない政治権力者の抑圧による悲劇が描かれている。その意味からすれば『砧』を本説とするよりも、『藤戸』のほうが相応しいのではとの考えもありうるであろう。この問題については後で述べる。

それはともかく、『砧』と『望恨歌』。同じ「怨恨」をモチーフにしながらもこの二曲の位相の違いをどのように読んだらいいのであろうか。

『砧』は訴訟のために九州芦屋の里から都に上り、三年の年月を経ても帰郷しないという設定である。しかし、『十六夜日記』を待つまでもなく、当時の訴訟が長年月を掛けるのはむしろ一般的なことであった。『十六夜』の場合、阿仏尼の没後にようやく訴訟は決着した。

類似譚は『御伽草子』「さいき」にも見ることが可能だ（結末はまるで違うが）。世阿弥も当然ながらそうした訴訟の実情は承知であったであろう。訴訟の実質的な遅延状態はここでは問題ではなく、ある一定の期間、夫婦がやむなく別居することで起きる男女の間の不条理を描いたのが『砧』だったのではあるまいか。

名曲難曲と言われる『砧』であるが、『砧』を論じるためにはまずテキストそのものをどう確定するかという大きな問題がある。[52]

そもそも『砧』は流派によってかなり台本に異同がある。同じ観世流にしても、台本によっては微妙なところで読む者観る者に異なる解釈を許してしまう部分がないとはいえない。しかし一番極端なのは喜多流謡本であろう。

喜多流シテ方粟谷明生師の「『砧』について　研究公演の新工夫の成果[53]」は、この喜多流謡本を整序し直した注目すべき発言である。以下これを参考にして『砧』のテキストを考えてみたい。

『砧』冒頭はどの謡本もワキの名ノリではじまる。しかし喜多流の謡本ではワキの名ノリは全て省かれ、ツレである侍女の夕霧の次第から始まる。すなわち喜多流では後場《のちば》まで夫であるワキは登場しない。

栗谷師はこの喜多流謡本に新工夫を加えて、他流のようにワキの名ノリを初めて入れた。そのことで「何某（主人）は無情な悪人ではなく、妻を思う心やさしい人として設定され」ると説く。ワキが最初に登場せず、いきなりツレが「旅の衣の遙々と旅の衣の遙々と芦屋の里に急がん……」と謡いだし、自分は都にいる某殿の侍女だと話し始めたら、この物語の中でのツレ夕霧の存在が極端に大きなものとなり、前場《まえば》で登場しないワキの主人の冷酷さが引き立つだけになってしまうのではなかろうか。そこで栗谷師は他流の台本に従って、ワキの名ノリを入れることで物語の進行を急がせない方法を取った。

喜多流謡本がこうした特殊な台本になったのは五流の中で後発である喜多流が「斬新な合理的演出を考案し他流と大差をつけ一線を引く、新流としての独自性を築きたいためだったのでは」と栗谷師は語っている。

その結果、従来の喜多流謡本のままでは「観客のみならず演者までも、この物語を誤解してしまう危険がある……ワキの名ノリと状況説明がなくて一曲が始まると、どうしてもシテと夕霧という主従、都と鄙、年増と若い侍女と二人の間のことのみに話しが集中しすぎ、主人の『本当は帰りたいのだが、帰れない』という状況設定が稀薄になってしま」う。その結果「どうしても中年女の若い夕霧に対する嫉妬が主題だと思い込み、同じ女の嫉妬を扱う『鉄輪』や『葵上』のような露骨で単純な復讐劇と誤解し、この曲の本質を見逃しがち」になると指摘している。

実は『砧』をシテ（妻）によるワキ（夫）とツレ（夕霧）への嫉妬劇とみなす誤解を生む要因は喜多流謡本だけでなく、観世などの諸流の謡本にもないわけではない。(54)

侍女夕霧が砧をしつらえて主従共に砧打ちがはじまるが、その詞章が「夕霧立ち寄り主従ともに、恨みの砧打つとかや」となる。このシテの詞章があることで、粟谷師が危惧した嫉妬劇的理解へと、読む者、観る者の『砧』理解を引きずり込んでいってしまう可能性があるのではなかろうか。

『葵上』の「あら恨めしや今は打たでは叶ひ候ふまじ　あらあさましや六条の御息所ほどのおん身にて、後妻《うはなり》打ちのおん振舞ひ、……今は打たでは叶ふまじ……」『鉄輪』の「いでいで命をとらんと、笞《しもと》を振り上げ後妻《うはなり》の髪を手に絡まいて、打つやうつの山……」の両曲に見える後妻打ちの場面を「恨みの砧打つとかや」に結び付けるのはさほど困難ではない。

　それをさらに助長する詞章がある。ひとしきりシテとツレで砧打ちをした後に、「いかに申し候、殿はこの秋もおん下りあるまじきにて候」の一句である。

「交じりて落つる露涙、ほろほろはらはらといづれ砧の音やらん」と謡った途端にツレが上記の言葉を発する。無論、唐突な場面転換は能の常であるにしても、この部分のツレの発言は、ツレがシテと共に砧を打ちながら、都の主人から実は本当のメッセージを携えてきており、砧打ちがひと段落したあとに、「実は……」ということで、「本当は御主人はこの秋にもお帰りになりません」と言い始めたと取られても不思議ではない場面の詞章ということになる。喜多師はそれゆえそこに「ただ今都より御使ひ下り」の一句を挿入したという。

　その挿入により、シテ・ツレの砧打ちより後の時間に都より便りが届いたことが観客にも演者にもわかるというものである。

　観世流の古い謡本を定本とした岩波旧古典大系本や一六五七年刊の観世流『野田本』を定本とした小学館古典文学全集本にはこの一句はない。喜多流だけがないのではなかった。しかし一九〇八年刊『謡曲評釈』本（博文館）や一九五六年刊『観世流謡曲全集』本（檜書店）には「都より人の参りて候が」が入っている。喜多師はそれを参考にしたのではなかろうか。

能の詞章は観阿弥・世阿弥が作ったままではないと先に記したが、『砧』の場合は世阿弥の真作の詞章そのものがすでに特定出来ない。喜多師が新工夫で加えた詞章が果たして世阿弥自身の原作にはどうであったかを調べるすべはない。そうした条件の中で我々は『砧』をどう読み取るべきであろうか。そして多田富雄はそれを承知の上で、『砧』をどう読もうとしたのであろうか。

その前に『砧』で無視出来ないものが三度にわたる「蘇武伝説」からの引用である。その意味をまず考えてみよう。

2　蘇武伝説の変容と砧打ち

あらふしぎや、何やらんあなたに当って物音の聞え候。あれは何にてあるぞ。

あれは里人の砧打つ音にて候。

げにやわが身の憂きままに、古事の思ひ出でられて候ふぞや。

唐土に蘇武といつし者、胡国とやらんに捨て置かれしに、古里に留め置きし妻や子の、夜寒の寝覚を思ひやり、高楼に上って砧を打つ。志の末通りけるか、万里の外なる蘇武が旅寝に、故郷の砧聞えけり。わらはも思ひや慰むと、とてもさびしき呉織、綾の衣を砧に打ちて、心を慰まばやと思ひ候。（『日本古典文学全集』小学館）

『砧』には蘇武の名前が三回登場する。虜囚となった蘇武に残された妻が砧を打ちその想いが蘇武に届け、というもの。その蘇武が妻のいる都より北国方面にあたるが、『砧』のシテの夫は東国方面だというもの。蘇武がみずからの生存を雁書に托したというものの三つである。しかし妻の砧打ちも妻への雁書も蘇武伝説の原拠とされる『漢書』にはない。蘇武とその友李陵や司馬遷を『漢書』を下敷きにして描いた中島敦『李陵』にもその伝説は登場しない。むしろ、蘇武が虜囚の身でありながら匈奴で再婚し子供も儲けていること、一方蘇武の妻も再婚しているという『漢書』に従っている。

蘇武伝説に「砧打ち」、妻への「雁書」譚は平安期の『和漢朗詠集』あたりから語られ始めた、日本で増補された話である。

柿村重松『和漢朗詠集考証』（目黒書店一九二六。再刊パルトス社一九八九）に、

和漢朗詠集　上巻　八月十五夜付月

織錦機中已辨相思之字擣衣砧上俄添怨別之聲

錦を織る機の中には已に相思の字を弁え、衣を擣《う》つ砧の上には俄に怨別の聲を添ふ。

を解説して、「又私注に或本を引きて云く。蘇武は胡地に久しく居り以て帰らず。その妻秋ごとに衣を擣ち、ために以て夫を待つと云々」とある。(55)

この歌を世阿弥作ともされる能『呉服《くれは》』では、

錦を織る　機物の中に　相思の字をあらはし　衣擣つ砧の上に怨別の声

として利用している。この詞章について伊藤正義は、「上句は竇滔《とうとう》が遠国に赴き帰らぬ為、妻が恋慕の廻文詩を作り、錦に織りつけて夫に送った故事（『晋書』）に基づき……下句は胡国に囚われの蘇武の妻が、夫を思って砧を打った故

事に基づき、砧の音に別れを恨む声が加わって聞えるの意[56]」と解説している。

『漢書』にはないにしても世阿弥の時代には蘇武伝説は砧打つ妻と結びついて日本では人口に膾炙していた。蘇武が二十年にわたって匈奴に幽閉されて妻と遠く離れていたことから、『砧』の夫婦が三年という年月を離れて暮らさねばならなかったことと対比して敢えて蘇武伝説を引用したのであろう。

ただ世阿弥以前の蘇武伝説の「砧打ち」には「恨みの砧打とう」や「打てや打てやと報いの砧」というようなモチーフはなかった。

「砧打ち」については、『韓国伝統文化事典』（教育出版　二〇〇六）「砧打ち（タドゥミジル）」の項に、以下のようにある。

砧打ちは、砧という受け台に服地をのせ、棒でたたいて手入れをする行為で、この文化は韓国と日本にしかない。……砧打ちは、今からみると不便でわずらわしい文化かもしれないが、だが昔の韓国人の衣生活には、このうえなくふさわしい科学的な方法だった。……寒い冬があることから、服地を風で防ぎ、保温がしっかりとなされなければならなかった。服を洗濯して糊付けをした後に砧打ちをすると、繊維が広がってむらなく糊がついて風を防ぐのに役に立つ。……砧を打つ時に出る音は、人の心も変えさせるほどに乱れず浄らかである。……この砧の音は……赤ん坊の泣く声と本を読む声に加えて、耳に心地よい三つの音の一つに選んだ。……夜遅く姑と嫁が向かい会って座り、四本の棒でリズムに乗って一緒にたたく砧の音は、立派な打楽器の演奏を聴くような感じを与える。

また『朝鮮民謡選』（岩波文庫　一九三三）には次のようにある。

樫を伐り出し　きぬたを削り
おぼこ娘が　帛《きぬ》を打つ
娘きぬたで　生帛《きぎぬ》を打てば
総角《わかしゅ》のきものに　艶が出る

日蓮「持妙尼御前御返事」にこうある。

蘇武と申せしつわものは、漢王の御使に胡国と申す国に入りて、十九年、め（妻）もおとこ（夫）をはなれ、おとこもわするる事なし。あまりのこひ（恋）しさに、おとこの衣《きぬ》を秋ごとにきぬたのうへにてうちけるが、おもひやとをりてゆきにけん、おとこのみみにきこへけり。[57]

これらには「怨恨」の意味合いはない。『和漢朗詠集』から日蓮まで、たとえ『漢書』原文の改変があり、妻が遠く離れた夫への思慕や恋慕はあったにしても「恨み」は感じられない。「砧打ち」に「怨恨」を加味させたのは世阿弥であろう。

しかし、『砧』における「砧打ち」には「恨みの砧を打つ」ばかりではなく、蘇武伝説その他の事例のように、遠く離れた夫への思慕恋慕を砧打ちに托して秋風に載せて伝えたいという想いが横溢していることも事実である。実際に『砧』が単なる嫉妬劇でないことを示すセリフがアイ狂言による語りに次のようにある。

是は芦屋の何某に仕へ申す者にて候。扨も頼みたる御方。御訴訟の仔細にて。都へ御上りなされ。仮初めながら三年に罷成り候間。余り故郷の事御懐しく。御下りなされ度く思召せども。迚もの事に訴訟叶ひたる上にて。御下り有るべきとて。夕霧と申す女房を。先達て御下しなされ。今年の暮程には。必ず御下り有るべきとの御事にて候へば。此の御方御悦びにて御座候。誠に。三年まで御逗留の御事なれば。都の御事を思ひ忘るる隙もなければ。せめての御慰みにとて。里にて賤女の翫ぶ砧を御打ちあって。明かし暮させ給ひ候。夕霧も共に砧を打ち御心いさめ申され候。然る処に。また此の暮にも御下り有るまじき由申参り候へば。女性の御身のはかなさは。さては御心も変り。御下向なきと思召し。早や御心も空になり。うつつなき事のみ仰せられ。終に空しく成り給ひて候。御心中の程痛はしく存じ候。尤も御内の者は申すに及ばず。聞く人毎に落涙申さぬはなく候。さるに依って。芦屋殿も此の由を御覧じ。早々御下りあり。御嘆きは限りなく候へども。帰らぬのみなれば是非に及ばせ給はず。せめては梓に御かけなされ。其後法華経にて御弔ひあるべきとの御事にて候。所の者共も御弔ひにあひ候へ。其分心得候へ〳〵。さらば相触れ申したる由申し上げばやと存ずる。(58)

「然る處にまた此の暮にも御下り有るまじき由申参り候へば」との一句が入ることで、夫からのさらなるメッセージが侍女夕霧とは関係なく伝えられたことがわかる。喜多師の工夫が正しいことがわかる。夕霧と二人で馴れぬ砧を打つシテの心中は蘇武の妻が北国に幽閉された蘇武への恋慕・思慕が砧打つ音に載って届くことを願ったと同じ心持ちだったであろう。

無論、そこに「恨みの砧を打つ」怨恨の情が全くなかったとはいえないにしろ、第二信が届くまでは夫の「不実」への恨みは主たるものではないと読むべきであろう。

謡本にある「今の砧の声添えて、君がそなたに吹けや風。あまりに吹きて松風よ、わが心通ひて、人に見ゆならば、その夢を破るな」ではシテは完全に蘇武の妻と一体になっており、夫への期待が込められていることがわかる。「君が命は長き夜の、月にはとても寝られぬに、いざいざ衣砧打とうよ」にも「恨みの砧」のイメージはない。しかし、七夕の牽牛織女の伝説を謡ったあとに、「心凄き折節に、砧の音夜嵐、悲しみの声虫の音、交じりて落つる露涙、ほろほろはらはら……」となってくると、後場の悲劇を予言する詞章が登場する。その直後に、後場の悲劇の直接の原因となる、ツレによる「いかに申し候。殿はこの秋も御下りあるまじきにて候」のセリフが入る。

蘇武の妻の故事がたとえ事実であろうがなかろうが、その故事に全てをゆだねて都に住む夫に己の想いを届けようとやっとの思いで己の想いを届けるべく砧を打ち続けていたにもかかわらず、情勢は一変、かすかに残っていたであろう妻の期待も一瞬に崩れ去っていく。全てを失った妻は空しくなるしかすべはなかった。

おそらく全てが妻の誤解によるものであったとしても、長年の孤閨に苦しみ、ようやくかすかな希望が見えて来た時に、再び絶望の境地に落とされた妻としては、すでに正常な心持ちでいられるはずがなく、疑いは疑いを呼び、誤解は誤解を重ねていく。それこそ「不条理」とも呼ぶべきものであった。

「砧を打ち賤の業を主軸に、妻の夫への揺れ動く様々な感情の起伏。一途に思うが故の怨みや激情。それはときに身勝手でありヒステリックでもあります。女性だけではない、男性にもある、人類普遍の感情です。……感情は身勝手に増幅していく……『砧』はそういった人間の普遍の感情の行き違い、心の葛藤を描いた集大成」だと栗谷明生師は述べている[59]。

人間の心の奥底に潜む矛盾、夫婦間、男女間、親子間の心の微妙な行き違いが生む悲劇、その不条理を世阿弥は『砧』で描こうとしたのではないか。

『砧』のアイ狂言の語りに前に引いた語りとは異なるものがある。後半部分を紹介しよう。

夕霧と申す女を御下しあつて、當暮に御下りなさるべく候間。此の暮には必ず御目にかかり給うずると。懇に仰せ越され候を。北の方御嬉しく思召され候。又淋しき徒然には。賤女の手馴れ申す砧を御打ちあつて。芦屋殿の御下向を待侘び給ふ所に。また此頃他郷の人の噂には。當暮にも御歸りなき由を申す程に。北の方。これは聞こえぬ事と思召し。女の事なれば御疑ひあって、さては都にて深き御馴染の出で来。妾事は餘所に吹く風と思召し。それより物に狂はせ給ひ。終に空しく成り給ひて候。[60]

夫の帰郷の更なる延期が巷の噂で流れてきたとは何とも痛々しいことだ。頼みの一本の細い糸が切れた妻は「さては都にて深き御馴染の出で来。妾事は餘所に吹く風と思召し。それより物に狂はせ給ひ」とさらなる誤解を重ねていく。このアイ狂言のセリフは妻の生きる糧を忽ちのうちに奪い去るほど強烈なものだ。各流派は『砧』上演にあたってどのアイ狂言のセリフを採用するのであろうか。謡本の『砧』ですらすでに述べたように大きな異同がある。さらに状況説明とでもいえるアイ狂言のセリフにこうした異同があることは、能楽がこれまで世阿弥の意図をどこに見出すかについて様々な動揺と試行錯誤を繰り返してきたことを物語っている。

五 「恨」をめぐって

さて、結論に入るが、多田が『望恨歌』にこめたものを明らかにするためにはまず、「恨」とは何なのかを論ずる必要がある。

1　韓民族の「恨」「ハン」「モッ」

いまさら現代の老女物でもあるまいと言われるかもしれないが、私には、韓国の老女に「恨の舞」を舞わせることに、現代的必然性があると思われた。それは、演劇としての能の、なすべきことの一つであると信じている。

と、多田は創作ノートの最後に記している。多田にとっての「恨の舞」を理解するためには以下の多田の発言をもう一度聞くべきだろう。

韓国の「恨」というのは日本語の恨みとか怨みといったものではない。哀しみも恨みをも含み、さらにそれを超えた深い心の動き、根源的な情念とでも言うのだろうか[61]。

すでに第二節で述べたように「恨（ハン）」と言ってもそう単純ではない。
「恨」はハングルで「한《ハン》」と書く。この「한《ハン》」には大きくわけて二種類の意味がある。一つがいわゆる「恨」であり、もう一つがハングルで「한《ハン》」としか書きようがないものだ。
第一の「恨」について多田は『望恨歌』の作中に「韓国の恨を表すコトワザ」だとしてクセの終句に「去年の涙ぞ今日落つる」の一句を採用している。ハングルで表記すれば以下の通りである。

지난해《チナーネ》　고인《コーイン》　눈물《ヌンムル》　올해에《オレエ》　떨어진다《トロチンダ》（直訳　去年たまった涙、今年落ちる）

「ある出来事の影響がずっと後になって現れる」ということで、現代では北朝鮮でよく使われているコトワザらしい。このコトワザは南北分断以前は全国で使われていたようだ。

韓国の文化が「恨の文化」と言われて久しいが、果たしていつ頃からそうしたことが言われだし普及したのであろうか。古田富建「韓国の恨言説の黎明期」（『帝塚山学院大学研究論集』54、一一二〇、二〇一九）によれば、韓国で「恨」が喧伝されだしたのは六〇年代の朴正熙政権時代に韓国ナショナリズムが強く意識され始めた頃からだという。『「縮み」志向の日本人』で日本でも話題になった李御寧《イ オリョン》の『この土、あの風の中に』[62]が大きな役割を果たしたという。

戦後日本の復興時にルース・ベネディクト『菊と刀』が注目され、日本人の性向として「恥の文化」という言葉がはやったようなものである。敗戦や極端な強権政治、さらには想像を超える経済発展等の後には自民族について反省と同時に我々は一体何なのかを問う傾向が強まる。かつての「日本論」の隆盛もその一つであろう。

李御寧は同書で「『恨』とは自分の内部に沈殿して積もる情の塊であり、恨は自分自身の所望が何かの挫折にあったときに生じる実現されなかった夢であり、怨恨とは異なるものである」という。一世を風靡した詩人金芝河は「『恨』とは抑圧され収奪されてきた民衆の内面に積もったしこりであり、（中略）その恨が積もり積もるとき、その内部に強力なエネルギーが生じる。恨の内部から押し出されるこのエネルギーが噴出するとき社会変革の推進力が生じ、民衆に及ぼした恨の誘因が消滅して恨が消滅する」[63]と述べている。

こうした言説を見る限り、こうしたことは韓民族特有なものではないということにすぐ気付く。沖縄や香港や台湾やウィグル・チベットさらにはユダヤ人や先住民族などの事例をあげるまでもなかろう。

ある国民なり民族の意識傾向なり国民性を短い言葉で表現するほど危ないことはない。英国人をジェントルマンで代表させたり、日本人をサムライ・武士で代表させるやり方も同じ危うさを持つ。エスプリやユーモアなどもヨーロッパの一部の国民だけの特徴とされるが果たしてどうか。

古田の指摘では「恨」言説は六〇年代に作られたとされるが、冒頭に紹介した鄭百秀《チョンベクス》によれば「恨」言説が韓半島に広がるのは大日本帝国敗戦による朝鮮解放と共にはじまると言う。それを代表するのが金東里や徐廷柱らの言説であり、彼らがその根拠としたのが、戦前の詩人金素月《キムソウォル》の詩集『つつじの花』であった。しかし当初は、あくまでも詩の読み方としての「恨」言説であったものが、六〇年代に入り一気に様々なジャンルに「恨」言説が持ち込まれていった。それを主導したのがすでに述べた李御寧らであった。そしてついには、「『恨』の言説によれば、韓国最古の記録文学である『黄鳥歌』、「箜篌引」などの高句麗時代の歌から、『怨歌』などの新羅の郷歌、『カシリ』、『鄭瓜亭曲』などの高麗時代などの俗謡、そして数多くの漢詩、時調、歌辞などの朝鮮時代の詩歌を経て、近現代詩にいたるまで、その『恨』という情緒は連綿と繋がっている」[64]という大変な話にまで拡大していったという。

徐玄九氏の教示により以上を整理すると以下のようになるであろう。

恨と怨はたしかに似ている部分も多いが、もう少し概念的にあえて区分すれば、恨と怨を区分するのは否定的な情緒をぶつけて解消できるか、それとも自分の中で忍ぶかにある。つまり、いずれも否定的な情緒を鎮めるニュアンスを持っているが、怨は否定的な情緒をもたらした相手に復讐することで解消できるものだとすれば、恨は否定的な情緒をもたらしたのが、たとえば愛する人（たとえば、家族や恋人）によって受けた心の疵で愛するが故に復讐できない、または自分の力では如何ともしがたい相手（国や自然）、などの理由で復讐することや怒りをぶつけることさえできず否定的な感情を自分の中で鎮めるほかない「忍苦」を指す言葉であろう。このように区分すれば李御寧のいう「恨」の定義に近く、金芝河のいうそれは「怨」に近いと言える。軍事独裁化の韓国の現実を変革しようとした金芝河（をはじめ多くの知識人）は対抗する主体として「民衆」を設定し（市民やプロレタリアは一部の知識人以外にはあまりにもなじみがなかった）、社会変革のエネルギー源を「恨」に求めていたわけで、時代の文脈で「恨」をとらえなおそうとした側面は大いに理解できる。(65)

「生きることが恨を重ねることで、恨を重ねることがまさに生きることである」という映画『風の丘を越えて（西便制）』（一九九三）の標語的台詞が韓国人だけでなく日本人にも大きな感動を与えたのはこうした「恨」認識があったからであろう。

しかし、「恨」については「恨」だけでなく、ハングルの「한《ハン》」が持つもう一つの意味を考える必要がある。すなわち「韓」「偉大な」「漢」「無限」「唯一」などの意味を有する「한《ハン》」のことである。その代表的な論者が柳東植《リュウトンシク》である。

第二節であげた柳東植《リュウトンシク》は韓国の民族的霊性として『三国史記』「新羅本紀」記載の崔到遠《チェチウォン》の説に従って「風流道」をあげている。

「風流道」とは光明・火のことでハングルで「불」（プル）のこと、道儒仏を包含するもの。「悠然と大道に帰り（道教）、入っては孝、出ては忠（儒教）、そして悪を捨て善を行う（仏教）ことだと。それをさらに韓国語の表現で現すとするとそれは「モッ（멋）」「ハン（한）」「サム（삶）」の三つになると述べている。(66)「モッ」は文化。芸術的な価値を表現したもので、世俗を超越した自由と、この世に根ざした生動感との調和によってかもしだされる美観のことらしい。「ハン」はすでに述べたように「一・大・汗・韓」のことで、宗教・形而上学的な価値のことであり、特に「一」は「一即一切・多即一」であり華厳経の主張に近い。

「サム」は社会・倫理的な価値を表すもので、人間たらしめるということ。人間らしい生を営む人間、それが風流道がめざす人間観だと。

ひと言で言えば「人間とは『超然とした粋な生』を営むべき存在」ということになる。柳がいうハンには「恨」「怨」の意味合いはない。

柳はこの「モッ・ハン・サム」の具体的表象として『魏志』「東夷伝」にある三韓の祭天儀礼と現代の農楽[67]をあげている。

古代の祭天儀礼は「農事の始めと終わりに行われる、生産とかかわる農耕儀礼であった。歌と踊りをもって行われる集団的な祭りであり芸能であった。すなわち宗教（ハン）と生産（サム）と芸能（モッ）が一つにからまっている」。

同様に現代の農楽も「野外での軽快な踊りを伴った音楽であるが、同時に令旗といわれる神竿を中心にして謡い舞う農耕儀礼の意味をもっている」。地方によっては「共同作業を強調すれば『ドレ』、歌舞を強調すれば『ブンアク』『ブンチァン』、宗教的儀礼を強調すれば『クッ』となる」（柳東植『韓国のキリスト教』）。

つまり農楽には、芸能と宗教と作業が一つに入りまざり、相互に内在した構造をもっている。

それが現代に生きる「風流道」ということになろう。「ハン」の意味合いをまったく新しい視点から説いたものとして注目すべき言説である。

「한《ハン》」にはさらに徐玄九の教示によれば、「한《ハン》오《オ》백《ベク》년《ニョン》」（おおむね五〇〇年）という有名な民謡があり、この「ハン」には「約、おおむね、大体」という意味があるという。歌詞は人生の「恨」を謡いながらも生き生きとしたものらしい。すなわち「한」は一義的なものではなく多義性をもつ用語のようだ。その「한」を漢字の「恨」にこだわった時代が日本植民地時代から解放時代を経て軍事独裁政権下の時代であったと言えよう。

「恨」の原型とされた金素月とほぼ同時代を祖国への愛ゆえに苦難の道を歩んだもう一人の詩人尹東柱《ユンドンジュ》。彼の詩作を論じる主要な論説の中に「恨」は登場しない。おそらく「恨」を声高に叫ぶ人士にとって尹東柱ほど相応しい人物はいなかったはずである。しかし、尹東柱はそのようには読まれなかった。

> 「彼の抵抗精神はゆるぎない典型である」といった文章を読むたびに、わたしは内心すぐにはうなずけないものを感じる。彼にあってはすべての対立は解消された。その微笑にただようあたたかさに溶けぬ氷はなかった。すべての人々が血をわけた兄弟だった。わたしは確信をもって言うことができる。福岡刑務所で息をひきとるとき、彼は日本人のことを考え涙を流したろう、と。[68]

尹東柱と小中学校同期であった文益煥《ムンイクファン》の言葉だ。
「恨」言説には未来はないが、尹東柱の詩には未来がある。

文《ムン》はもうひと言「東柱《トンジュ》兄はまったくモッある男だった。いちいちの動作が自然で調和がとれていて東柱らしくないものはなかった。その知性は〝モダン〟だった。……東柱兄は清らかでさっぱりした人だった。……モッが民族の自然な風貌なのかわたしは知らない。ともあれ東柱兄は、いわゆるモッを売りものにする青年にはないモッ——その品性から発しているモッをもっていた」。

前掲の柳が指摘する「モッ」が尹東柱の人間を語る言葉として登場する。「尹東柱」という掌篇を残した茨木のり子は「멋《モッ》」をひと言でいうと「飄逸味」ということではないかと述べている。[69] 韓民族を語るのに「恨」とは全く

位相を異にする言葉に「モッ」があることを知った。

現在の韓国で「恨」がどのように語られているのか、あるいは韓民族の情緒性を表現する言葉として今でも「恨」が生きているのかは定かではない。

ただかつての『風の丘を越えて（西便制）』や朝鮮戦争から軍事政権時代に至る時代を描いた多くの実録的映画は別として、近年放映されている韓国歴史ドラマに「恨」を見出すのは困難である。

朱蒙の神話時代に始まり、三国時代、統一新羅時代、高麗時代、朝鮮時代の様々な人物が登場して今までほとんどの日本人にとって馴染み薄だった韓半島の歴史的人物や事件がフィクションを踏まえたものであっても親しいものになってきた。多くが宮廷内陰謀を描くにしても、そこに『風の丘を越えて（西便制）』のような「恨」を見出すことは至難の技だと私は思う。

勿論、現実には政治的弾圧も含めて不幸に遭遇した際に「恨」を意識することはあるであろうが、それは韓民族だけのことではあるまい。

香港民主化の人びとも新疆ウィグルの人びとも「恨」を抱いて今、沈黙を余儀なくされている。

しかし、「恨」なるものが韓民族に最も大きく現れたのが大日本帝国植民地時代であったことは事実であろう。

だからこそ、多田富雄は「恨」の漢字を使った『望恨歌』というタイトルにしなければならなかったのだと思う。

その時代を生きなければならなかった尹東柱と李東人。

二人とも、もし祖国が日本の植民地でない民主的な独立国であれば、「モッ」ある韓国人として人生を謳歌でき、「恨」言説も韓半島に登場しなかったであろう。

尹東柱《ユンドンジュ》は一九四五年二月福岡刑務所で七三一部隊に類似した医学的人体実験の注射で殺された。二七歳。

同じ頃『望恨歌』の主人公李東人《イドンイン》が同じ福岡の筑豊炭坑に強制連行され原因不明のまま死んだ。二十代？

2　『望恨歌』『砧』の「恨」

『望恨歌』は「恨」の語にみちている。「恨の涙」「恨みの砧」「恨みの舞」から「此の恨み尽くるまじ」へと畳みかけるように詞章は終幕の「恨の舞」へとなだれ込んでいく。

四節で述べたように、世阿弥『砧』には諸流の台本によってさまざまな読みが可能である。しかし世阿弥が意図した『砧』は二〇三頁で述べたように夫婦男女間の不条理を描くことであった。

空間的隔たりや、わずかな言葉の行き違いなどで人の心は思いがけぬ方向に向かって走っていってしまうものである。それは理屈でもなんでもない、それが人間のとりわけ夫婦や男女の間の不条理を生むことになる。世阿弥の時代であれば、その不条理は法華読誦などの方便《てだて》で鎮魂される場合もあったであろうが、『望恨歌』の時代にそれは可能であろうか。現代の我々の目から見れば、そんなことで成仏出来るのかといぶかしくさえなるが、それが中世社会というものだった。仏教がそして宗教がまだ大きな役割を果たしていた時代である。

先に述べた（二〇三頁）ように『望恨歌』のもう一つの本説となり得たであろう『藤戸』も「藤戸の水底の、悪霊の水神となって、恨みをなさんと思ひしに」といいつつも、「思はざる御弔ひの、御法の御舟に法を得て……成仏得脱の身となりて」と恨みの相手による管絃講《かげんこう》で成仏していく。

勿論そうした時代であっても成仏しえぬままに永遠の修羅道をさまよい歩き続けなければならない『鉄輪』のような能作品も少なくない。

ところで最後まで気がかりだったのが、今取りあげた『藤戸』である。多田は『望恨歌』の本説として『砧』だけではなく『藤戸』をも視野に入れていたのではないかと思う。そのための参考として、前にあげた栗谷師の『砧』を論じた中で、次のように述べていることをあげておきたい。

〔『砧』ではシテの―竹内〕心の襞や屈折が作品の主題になっています。『藤戸』の女が征服者佐々木盛綱に死を覚悟で殺意に溢れ訴える直線的なものとは意を異にする。(70)

まずは『藤戸』の梗概を示しておく。(『能楽大事典』より)

藤戸の先陣を果たした功により、恩賞として賜った児島へ、佐々木盛綱(ワキ)は従者たち(ワキツレ)を伴い着任し、訴訟の申し出を受け付ける。そこへ一人の女(前シテ)が進み出て、子を殺された恨みを述べる。盛綱は女の強い訴えに抗しきれず、前年三月、先陣の功を一人占めしようと、馬で渡る浅瀬を教えた若い漁師を殺害、海に沈めたことを物語る。わが子を返せと盛綱に激しく迫る女を、盛綱の下人(アイ)は慰め、私宅へ送り届ける。盛綱が一同とともに故人の法要を営むと、海上から漁師の霊(後シテ)が現われ、刺し殺されて海へ沈められたさまを再現。やがて弔いを受けて成仏する。

母と子、妻と夫の違いはあるが、『望恨歌』と『藤戸』のモチーフの類似はわかるであろう。

『藤戸』では盛綱が催す管絃講によって漁師の霊魂が成仏したとされるのは、『砧』で法華読誦が、さらに多くの能作品でシテの成仏に様々な経典の功徳が説かれるのと同工異曲である。

『藤戸』では子供を権力者の身勝手さで殺害された母親が前シテを、殺害された漁師が後シテとして登場し、漁師と母親の双方の恨みが吐露される。(71)

他方『望恨歌』では大日本帝国の理不尽な強制連行によって死に追いやられた李東人は一切現れることなく、年老いた妻だけが登場して「恨の舞」を舞う。

『望恨歌』には『砧』や『藤戸』のように亡くなった人物の霊魂を鎮魂させるものとして法華読誦や管絃講のようなものは登場しない。多田富雄の他の新作能でも同様である。(72)世阿弥の時代であればこそそうした鎮魂の方便《てだて》が効果的であったであろうが、二十世紀の新作能にはもはや仏教なり、なんらかの宗教的方便での鎮魂はもはや意味をなさなくなったということであろうか。

だとすれば、橋掛かりを去って行くシテの魂は何によって鎮魂されるのであろうか。

揚げ幕の向こう側は冥土であり浄土でもある。橋掛かりを通ってシテは現世である舞台に登場してくる。夢幻能の場合、多くのシテは現世である舞台でひとしきり生前の怨恨・哀しみを披露した後、再び橋掛かりを渡って揚げ幕に向う。揚げ幕の向こうはもはや冥土ではなく浄土であるべきであろう。そのために法華読誦その他の方便《てだて》が舞台で繰り広げられる。

しかし、多田富雄『望恨歌』には揚げ幕の向こうに浄土は待ち構えているのであろうか。もし、『望恨歌』が『藤戸』を本説としたならば、後シテは李東人の霊魂であったはずである。しかし、もしそうであるならば東人の霊魂を慰撫するワキが舞台にはいないことになる。手紙を携えてきたワキ僧にそれは出来ないし、前シテともいうべき東人の妻にもそれは出来ない。『望恨歌』には佐々木盛綱役が登場しない。そうである以上、東人の霊魂を鎮魂する役は年老いた妻が担うしかない。後シテの老婆は年老いた女の鬱屈した思いを舞に表現するだけではなく、夫東人の無念をも表現し、同時に鎮魂する役割を幾重にも担わされているのである。

舞い終わった老婆が果たして夫とおのれの数十年に亘る思いを果たして鎮魂し得たかはわからない。「福岡刑務所で息をひきとるとき、彼は日本人のことを考え涙を流したろう」[73]という文益煥《ムンイクファン》が尹東柱の最期の思いを代弁したようなことが、『望恨歌』の老婆の胸中をよぎらなかったであろうか。

揚げ幕と舞台との間にかかる橋掛かりは言うまでも無く、善導が『観経疏』で述べた「二河白道」[74]であろう。人間は修羅に満ちた現世からこの二河白道を危なげな足運びで揚げ幕の向こうに見え隠れする浄土に向かってヨタヨタと歩んでいくものなのであろう。

橋掛かりを去っていくシテの後ろ姿に我々は何を見るであろうか。

そこに多田が『藤戸』ではなく『砧』を本説とした意図を見ることができるのではなかろうか。

『藤戸』は支配者対被支配者という政治的権力関係の悲劇を描いたものである。他方『砧』には政治性はなく、日常的に起こりうる夫婦間男女間の不条理を描いたものである。

『望恨歌』を『藤戸』のような政治的権力関係のドラマとして描くことの重要さを知らない多田ではないが、敢えてそれを避け、『砧』を本説として採用したことで、『望恨歌』は声高に日本の植民地政策を言挙げするのではなく、そうした政治状況を作り出していった人間の愚かさを、「感情的ではなく抑制された」怒り（無言こそがそれに最も相応しかった）、そのことで観るものの脳裏に悲劇の本質を刻ませることになった。

『砧』のシテがたび重なる誤解で自らを地獄に落とす不条理の中でもだえ苦しむのとは異なり、同じ夫婦の遠く離れた不条理を描くにしても『望恨歌』にはその不条理を生み出したものへの痛憤を最後までついに言葉に発することなくシテは橋掛かりを去って行く。

『望恨歌』のシテは、強制連行によって連れ去られた夫の死をおそらくすでに一片の通知で知らされていたであろう、しかし今、ワキ僧が携えてきた、夫東人の自筆の便りを目にしたことで、「アア　イゼヤ　マンナンネ」とほとばしる言葉と共に、夫の死を事実として受け入れざるを得なかった。

僅かな期待をもって夫が生きて戻ってくるという望みがここで一切断たれてしまったのである。

シテはワキの所望に従って舞を舞う。シテは「巫堂《ムーダン》にいささかの関係を持っている」者と多田は設定しているが故に、死者の霊魂を鎮める舞を舞うことは可能だったであろう。この舞は「恨の舞」として舞われ始めたであろうが、舞い続けているうちにシテの舞は巫女の業がそうであるように死者の霊魂を招魂するものにもなっていったはずだ。舞い納めたシテの胸臆には長年待ち侘びていた夫の霊魂がしっかりと抱き抱えられていたのではないであろうか。世阿弥の『砧』のシテが地獄に墜ちていくのとは違い、『望恨歌』のシテは橋掛かりを通り揚げ幕の向こうに待つ浄土ともいうべき「サラン」に、夫の霊魂とともに帰っていく。久しぶりに主人を迎えた「サラン」で、シテはようやく二人きりになってもう一度「アア　イゼヤ　マンナンネ」と語りかけたことであろう。

注

（1）こうした問題については映画『空と風と星と詩人──尹東柱《ユンドンジュ》の生涯』一九九六が参考になる。
（2）鄭百秀『コロニアリズムの超克』草風館、二〇〇七。
（3）一九九三年初演の際に配布された「創作ノート」。『脳の中の能舞台』二〇〇一、『多田富雄新作能全集』二〇一二再録。
（4）李杜鉉『朝鮮芸能史』東京大学出版会、一九九〇。
（5）「農楽」については本書Ⅵ章神野論考参照。
（6）この舞台については多田の『アポロンにしてディオニュソス　橋岡久馬の能』アートダイジェスト、二〇〇〇参照。
（7）ソウル女子大学校人文科学研究所。人文論集十三号。

(8)　砧に関わる詞章で「砧にも打たれぬ袖のあはれさよ」は多田が述べているように、江戸期の俳人路通の句からのものである。路通は斎部路通（八十村路通とも）といい放浪の俳人。乞食姿で芭蕉に出遭った際に「露と見る　浮世の旅のままならば　いづこも草の　枕ならまし」と謡ったことで芭蕉がひどく感動したという。その後芭蕉の弟子となり、芭蕉の最期にも立ち会ったとされる。

(9)　静岡大学学術リポジトリ二〇一七・三。徐淵昊《ソヨノ》『韓国の伝統芸能と東アジア』第八章「死の儀礼と芸能」論創社、二〇一五参照。

(10)　紙媒体もあるが、現在はネット公開されている。ネット翻訳Papagoにコピペすればほぼ読解可能。

(11)　初稿本・栄夫本には「ああ再び見《まみ》ゆることかなの意」とあり、能舞台本・全集本・鵜澤本は「朝鮮語。ああまたお会いしましたね、の意」とある。

(12)　前掲『脳の中の能舞台』。

(13)　中昌浩「ハンと韓国の宗教史」『京都精華大学紀要』第二十一号、二〇〇一。麗羅『恨の韓国史』（徳間文庫、一九八八）はしがきでも類似の指摘をしている。

(14)　『楽学軌範』ならびに同書のある意味での原型ともいうべき『龍飛御天歌《ヨンビオチョンガ》』を読んでいくために大変参考になったのが、和田一久『楽学軌範訓読』（箏曲京極流上北野学堂、二〇〇八）である。私家版であるのがもったいない素晴らしい研究書である。その他、『楽学軌範』は蓬左文庫本を、『龍飛御天歌』は韓国亜細亜文化社刊。国語国文学資料叢書の影印本を利用した。

(15)　「ハングル」と呼ばれるようになったのは二十世紀になってから。この場合の「ハン」には「偉大な」の意味がある。

(16)　前掲、和田一久『楽学軌範訓読』参照。

(17)　前掲、和田一久『楽学軌範訓読』参照。

(18)　この忠烈王以降、高麗王は「宗」ではなく「王」を名乗ることになる。元による属国扱いのためである。元滅亡後に成立した朝鮮王朝で「宗」が復活する。

(19)　高麗へのモンゴル襲来とそれと戦った高麗の武人政権については村井章介『アジアのなかの中世日本』校倉書房、一九八八、高橋昌明『東アジア武人政権の比較史的研究』校倉書房、二〇一六参照。

(20)　『龍飛御天歌』全曲についての日本人による研究は前間恭作「龍歌故語箋」（一九二四、『前間恭作著作集』所収）を除けば寡聞にして知らない。しかし前間の研究は詞章の語彙研究であり、詞章の解釈とまではいかない。ちなみに前間には「處容歌解読」（一九二九）もあり、これは初期ハングルすなわち訓民正音で『楽学軌範』に掲載された「處容歌」の詞章を現代ハングル表記に置き換えるという貴重な作業をおこなっている。韓国人研究者で日本語訳されたもので参考になるのが金思燁・趙演鉉『朝鮮文学史』北望社、一九七一である。

(21) 釈尊一代記といわれるが、釈尊伝だけでなく上巻には阿弥陀経・観無量寿経のほぼ全訳と無量寿経の弥陀の四十八願の翻訳。中巻は法華経の全訳註が収載されている。『釈譜詳節《ソクボサンジョル》』は現在一部分しか遺されていないが、それに世宗が讃頌を付した『月印千江之曲《ウォルインチョンカンジコク》』と、その後、世祖により改訂版として『月印釈譜《ウォルインソクボ》』が刊行されたので、その三者を併せるとほぼ全容が分かる。それをひとまとめに日本語に翻訳した画期的な成果が河瀬幸夫『釈譜詳節』全三巻　春風社、二〇一三である。

(22) 漢字を訓民正音表記したもの。

(23) ここで注目すべきは、十五世紀の段階で、鳩摩羅什訳法華経が漢字以外の文字で註釈付きで翻訳されたのはこの『釈譜詳節』を嚆矢とするということである。『釈譜詳節』その改訂版の『月印釈譜』さらには世祖が後年刊行した『法華経諺解』の『法華経』解釈はいわゆる天台智顗の解釈ではなく宋代の戒環の『法華経要解』と明の一如『法華経科註』によるものであり、日本ではほとんど知られていない戒環・一如の法華論を知る意味でも重要である。『韓国仏書解題辞典』（国書刊行会、一九八二）「Ⅳ正音撰述及び訳解」によれば朝鮮王朝時代（十九世紀まで）を通じて四十四種類の仏典の訓民正音訳が刊行されたことがわかる。日本に『釈譜詳節』の内容の一部を紹介したのは一九三六年の江田俊雄「釈譜詳節と月印千江之曲と月印釈譜」が早い方であろう。しかし江田が朝鮮半島で発見したものはごく一部であり、その後、五十年以上の歳月をかけて一部欠損はあるもののようやく『釈譜詳節』はその全貌を現すようになった。

　法華経理解だけでなく、韓半島中世仏教史で注目すべきは高麗期における数度にわたる大蔵経の板行である。二回目の板行は三品彰英によれば「敵国（モンゴル襲来）降伏てふ祈祷的呪願的要求に出で……たが、然しその反面独自の教義的解明を欠き、従って朝鮮仏教の教義的成立即ち朝鮮仏教なるものは遂に現はれずに終った。」（『朝鮮史概説』弘文堂書房、一九四〇）という。いくら戦時下の一九四〇年に書かれたものとはいえ、本文各処に見られる卓論をおいても、戦後、三品は訂正版を出すべきであった。

(24) 日本語訳に、河瀬幸夫・金星周訳『法華経諺解』上下、、春風社、二〇一九・二〇一八がある。

(25) 『続東文選』学習院東洋文化研究所、一九七〇、巻一〇「雑体」所収。

(26) 三品彰英『朝鮮史概説』弘文堂書房、一九四〇。

(27) 趙義成訳註『訓民正音』平凡社　東洋文庫、二〇一〇。

(28) 『韓国の伝統音楽』成甲書房、一九八四。

(29) 前掲注23『法華経諺解　上』春風社、二〇一七参照。

(30) 成宗時代の王妃らの仏教信仰については、姜信沆《カンシンハン》『ハングルの成立と歴史』二九四頁、大修館書店、一九九三。

(31) 以下のハングル表記は『楽学軌範』掲載の訓民正音原文で一部現代では使用されていない初期ハングル表記を現代表記で記載

した。圏点部分がそれである。日本語訳は多田が利用した安宇植編訳『アリラン峠の旅人たち』のもの。下段はハングルの片仮名読みである。

(32) 新羅郷歌については、小倉進平の古典的著作「郷歌及び吏読の研究」（『京城帝国大学法文学部紀要』一、一九二九）をはじめ多くの研究がある。現存する郷歌は仏教歌謡が多いが、郷歌のいくつかの曲には「所期の奇瑞を現す神性」があり「そこに行われている行事と観念は仏教的であるよりむしろ固有のシャーマニズム的なものである」との三品彰英の指摘をあげておきたい。『新羅花郎の研究』三省堂、一九四三、再刊　平凡社一九七四。

(33) 印南高一の全訳が李杜鉉《イドヒョン》『朝鮮芸能史』（東京大学出版会、一九九〇）に掲載されている。

(34) 京城帝国大学、一九二九、復刻版、亜細亜文化社、一九七四。

(35) 朴永濬《バクヨンジュン》他『ハングルの歴史』白水社、二〇〇七。

(36) 『均如伝』は韓国古典叢書一『三国遺事』影印本に付載されている。

(37) 『韓国の伝統芸能』成甲書房、一九八四。

(38) 前掲、和田一久『楽学軌範訓読』参照。

(39) 李杜鉉『朝鮮芸能史』東京大学出版会、一九九〇。

(40) 前掲三品彰英『新羅花郎の研究』の「花郎集会と歌舞」に詳しい。

(41) 『「三国遺事」の新たな地平』松本真輔論考、勉誠出版、二〇一三参照。この笛伝説は『三国遺事』にも記載されており、現在でも慶州で「万波息笛」にちなんで国際横笛大会が催されているようである。

(42) 前掲『朝鮮芸能史』に印南高一による全訳あり。

(43) 同氏『詩経』中公新書、一九七〇。

(44) 前掲注（7）参照。

(45) 『能と唯識』青土社、一九九四。

(46) 『日本の名著　世阿弥』中央公論社、一九六九。

(47) 『世阿弥十六部集評釈』岩波書店、一九四〇。

(48) 『能楽手帖』角川文庫、二〇一九。

(49) 「砧の能の中絶と再興」『観世』一九七九・一〇。

(50) 『観世寿夫著作集一』「世阿弥の世界」平凡社、一九八〇。

(51) 横道萬里雄・表章『謡曲集　上』（日本古典文学大系40）、岩波書店、一九六〇。

(52) 入手しやすい何種類かの古典全集を利用したが、戦国期から江戸初期にかけて刊行された謡本を定本にした岩波新古典大系や新潮社古典集成には『砧』そのものが収載されていない。『砧』復活上演が元禄期だということの反映であろう。
(53) http://awaya-akio.com/2004/10/10/post119/
(54) 観世流『野田本』を底本にした『謡曲集 二』(日本古典文学全集)、小学館、一九七五。
(55) 漢書蘇武伝の変容は大江匡房「新撰朗詠」あたりからか。「雁書」説話は『平家物語』あたりから変容する。私注以後の朗詠集諸注で蘇武伝説は肥大化していく。
(56) 『謡曲集 中』新潮日本古典集成、一九八六。
(57) 『日蓮聖人全集』第七巻 春秋社、一九九二。
(58) 野々村戒三他『狂言集成』春陽堂、一九三一。
(59) http://awaya-akio.com/2004/10/10/post119/
(60) 前掲注(58)。
(61) 『脳の中の能舞台』「第三の眼」。
(62) 原著は、一九六三年初版、玄岩社。後の増補版や邦訳ではその都度タイトルが変更されている。
(63) 古田富建「韓国の恨言説の黎明期」(『帝塚山学院大学研究論集』54、二〇一九。
(64) 鄭百秀『コロニアリズムの超克』草風館、二〇〇七。
(65) 徐玄九氏による筆者宛私信。
(66) 柳東植『韓国のキリスト教』東大出版会、一九八七。
(67) 農楽については、本書Ⅵ章の神野論考参照。
(68) 伊吹郷訳『空と風と星と詩 尹東柱 全詩集』記録社、一九八四。本書は畏友庄幸司郎が建設業の傍ら刊行したものである。
(69) 『ハングルへの旅』朝日新聞社、一九八六。
(70) http://awaya-akio.com/2004/10/10/post119/
(71) 能では加害者が修羅道に堕ちて苦しみにさいなまれるという作品はあるのであろうか。
(72) 『原爆忌』の鐘の音、『長崎の聖母』の聖歌、『沖縄残月記』の供養の踊りなどがそれにかわるものかもしれないが。
(73) 前掲注(68)。
(74) 善導の「二河白道」説は、曇鸞『略論安楽浄土義』の「大河」の譬喩に示唆されたものではなかろうか。

Ⅵ　農楽と能楽

――国立能楽堂における二〇二〇年交流公演の記録

神野知恵

※本章は、以下の論考を一部加筆・修正したものである（「農楽と能楽――国立能楽堂における二〇二〇年交流公演の記録」、韓国・朝鮮文化研究会編『韓国朝鮮の文化と社会』第十九巻、風響社、二〇二〇年、一九二―一九八頁）

主人よ主人《チュインチュイン》、門を開けよ《ムンヨソ》
福が舞い込むぞ《ボクトゥロガンケ》、門を開けよ《ムンヨソ》
門を開けないなら《ムンアンヨルミョン》、帰ってしまおうか《カッラヨ》

（高敞《コチャン》農楽「門《ムン》クッ」の詞章）

農楽《ノンアク》隊のかけ声とともに色鮮やかな揚幕が開かれ、ケンケンケン、ケンケケケンとけたたましくも清々しいクェンガリ（鉦）の音を先頭に、奏者たちが眩しく光る能楽堂の橋掛かりを歩み始める。三の松、二の松、一の松と進み、村の広場に見立てられた能舞台に向かう。農楽のシンボルともいえる「農者天下之大本」と書かれた農旗が、村を守る堂山木《ダンサンナム》のような老松の前で輝いて見えた。二〇二〇年一月二五日、日本の「のうがくどう」で韓国の「のうがく」を演じる、世にも珍しい瞬間だった。制作に関わった人間として、その光景だけでも既に胸がいっぱいだった。

一　ことのはじまりはインドから

二〇一一年秋、私は東京藝術大学でインドの古典芸能を日本に紹介するプロジェクトに研究スタッフとして参加していた。発起人の故・木幡和枝[1]さんは、南インド・ケララ州の古典演劇クーリヤッタムの深遠な表現世界に惹かれ、日本の伝統芸能との共同制作を行いたいと考えていた。二〇一二年には、交流をお願いすることになった観世流シテ方の清水寛二さんと共にインドに渡航した。インド芸能の真髄に触れる刺激的な旅の帰り道、飛行機の中で、ビールやワインをさんざんお代わりしながら清水さんと芸能談義を交わした。私の専門はそもそも韓国芸能なので、インドの儀礼や芸能に、韓国の巫俗芸能文化と通じるものを感じたことをお話しした。清水さんは「実は新作能にも韓国についての話があるんです。いつか一緒にやれたらいいですね」と言って下さった。そして二〇二〇年一月、七年越しで韓国の農楽と能の交流が現実になったのだ。しかも元のインドのプロジェクトよりも先に。ご縁をつないでくださった木幡さんや、インド芸能の皆様に感謝の心を伝えねばなるまい。

二　ポーランドへ渡ったチマ・チョゴリ

その後も清水さんと連絡を続け、インドで話していた新作能は、免疫学者であり文筆家であった多田富雄氏が朝鮮人強制労働問題をテーマに制作した『望恨歌《マンハンガ》』のことだと教わった。二〇一八年十月に清水さんから連絡を受けたとき、私はちょうど韓国にいた。なんでも近々、望恨歌のオマージュ作品[2]をポーランドで演じる予定で、そこで着るチマ・チョゴリが欲しいのでお店を紹介してほしいとのことだった。どのようなものが必要なのか、イメージをうかがうと「田舎の古い粗末な家で、日本に連れ去られたまま帰らない夫を待つ老婆が着る、質素なチマ・チョゴリ」だという。「清水さん、それは絶対に市販していませんよ」と笑いながら、どうにか出来ないかと考えた。結局、私の大親友であり、農楽仲間であり、韓服製作を専門とするパク・ヘジンさんに頼んでみることにした。彼女も、そんな韓服は絶対に市販していないから作るしかない、公演までどのくらい時間があるの、と協力する姿勢を見せてくれた。清水さんに再び尋ねると、ポーランドへの出発は、私が韓国から帰国する二日後の予定だという。その日から二、三日中に製作してもらわない限り、空輸は不可能というスケジュールだった。ヘジンさんはしばらく悩んでから、「明日市場で布を買って、明後日作ればなんとかなる」と言ってくれた。清水さんには、その晩のうちに寸法の測定をお願いして、二日後には空色のチョゴリと茄子色のチマが完成し、私と一緒に飛行機に乗って韓国から大阪、大阪から東京、そしてポーランドへ運ばれていった。

後で清水さんから送られてきた韓服姿の老婆の写真には鬼気迫るものがあった。これを見て、過去の面白い文化交流もこうやって生み出されてきたのだろうな、と確信した。

三　『望恨歌』公演依頼

時をほぼ同じくして、能楽笛方の槻宅聡さんも、主宰の一人として活動する「天籟能の会」で『望恨歌』上演を実現できないかと思案していた。多田富雄氏は、日本への強制連行をきっかけに夫と離別した女性を取材したテレビドキュメンタリーから本作品の着想を得たことを述べ、「この老女の痛みを表現できるのは能しかないと思った。感情に流されることなく、かつ説明的でもなく、事実の重さを問いかける力が能にはある」と語っている。(3) 多田氏は多様な文献を参照したうえで、百済歌謡「井邑詞」の詞章をこの作品のモチーフとして通奏低音のように用い、能の世界観と朝鮮文化の融合を試みた。

槻宅さんたちは、日韓関係が冷え込む今だからこそ、本作品の上演を通じて相互理解を深めたいと考え、シテを清水寛二さんに依頼して企画を進めていた。二〇一九年二月、清水さんから、韓国芸能者とこの公演の共同制作をしたいと連絡があった。私は、能と親和性の高い韓国芸能について考えたとき、巫覡による鎮魂の儀礼から発展した「サルプリ」の舞をすぐに思い浮かべた。静かでゆっくりした動きのひとつひとつに祈りが込められているためだ。

女性の舞踊家が共演するのであれば、老婆とその夫の魂を鎮める巫女役として劇中に登場させるのが良いだろうか、などと考えた。

一方で、私にはもうひとつの考えがあった。サルプリは確かにこうした場にふさわしいかもしれないが、魂を慰める舞は何もサルプリの特権ではない。庶民が村のまつりのなかで見せる素朴ながら力強い踊りのなかにも、祖先や土地の神々の心を「解く」意味や、今を生きる人々の思いが込められている。本作品の主人公の女性や、おそらく日本で亡くなったであろうその夫は全羅道の人だという設定になっている。全羅道は、農楽が非常に盛んな地域である。かの地では、旧暦の大晦日や正月、小正月などに一年の厄祓いと豊穣を祈って村中を廻って太鼓や鉦を叩き、夏の草取りや秋の収穫の際など、季節と人生の節目には必ずといっていいほど農楽が演じられた。物語の夫婦はかつて、村祭りで一緒に舞い踊って楽しんだのではないだろうか、と想像してみたのである。また農楽は、「陰」と「陽」、「静」と「動」でいえば明らかに「陽」や「動」のイメージが強い芸能だが、あえて重く辛い主題を持つこの作品に組み込むことで、人間が生きようとする強い意志と力を示すことができるのではないかとも考えた。

そのような直感から、私が長年研究対象とし、普段から大変親しくしている高敞《コチャン》農楽（全羅北道指定無形文化財第七―六号）小鼓舞《ソゴチュム》の奏者イム・ソンジュンさんの出演を思いつき、清水さんに提案した。高敞郡は、半島南西部の全羅北道に位置する。『望恨歌』に通奏低音のように用いられている百済歌謡の「井邑詞」の舞台となっている現在の井邑市と高敞郡は南北に隣接しており、文化も非常に近い。その意味でも、高敞農楽の担い手に出演を依頼するのがふさわしいと考えた。また、高敞周辺の地域の農楽では、他地域で一般的に使われる小鼓《ソゴ》（小型の手持ち太鼓）よりも一回り大きい楽器を用いた素朴で力強い舞踊が特徴的で、高敞農楽保存会（現在は社団法人として活動する）ではその継承に力を入れている。イムさんはその中心的な担い手であり、日本の伝統芸能関係者に必ず紹介したい演奏者の一人でもあった。イムさんに出演の意向を尋ねると、長い歴史のなかで洗練された能楽堂という空間で舞うことに関心があり、また作品『望恨歌』に共感が持てるとのことで、二つ返事で承諾してくれた。しかし、タイミング悪くこの年の春頃から徴用工訴訟問題を契機に日韓関係に暗雲が漂いはじめ、望恨歌公演についても開催可否を慎重に検討せざるを得なくなった。

四　清水さんとイム・ソンジュンさんの出会い

しかし清水さんは、まず高敞に行ってイムさんと話してみてから、公演内容を変更してでも何らかの公演を行いたい、と堅い決心を語った。それならば、と韓国行きの準備を進め、二〇一九年十月二十五日に韓国へ向かった。ソウルから高速バスで南西へ下ること三時間、高敞邑城で開催された高敞農楽のシンポジウムと公演を清水さんに見ていただき、夜はイムさん宅でビールをご馳走になりながら、様々な日韓文化の話に花を咲かせた。日本の足袋と韓国のポソンの形の違いや、それによって生み出される舞の違い、コッカル（花笠）の作り方や色の意味、いろいろな形の小鼓について説明をしながら、イムさんは手作りの小鼓を清水さんにプレゼントしてくれた。私の通訳を介して繰り広げられる清水さんとイムさんの会話を聞きながら、私は舞台制作に関わる際に、短期間でも無難に準備と実演が可能な構成や演目を考えようとする短絡的な思考に陥る癖があった自分を恥じた。確かに一月の公演までたった三か月しかなかったが、抽象的でありながら芸能の根底にある情緒を探る会話こそが共同制作に必要だと痛感した。翌日は、高敞農楽伝授館で実際にチャング（杖鼓、砂時計型の両面太鼓）やクェンガリなどの楽器に簡単に触れながら韓国のチャンダン（リズム）の演奏を体験した。ソウルへ移動する三時間ほどのバスで、清水さんはずっと手を動かしながらどんな舞が可能であるか考えておられた。

五　公演に向けての思案と準備

帰国後、具体的な公演準備が進められた。今回の公演は能『望恨歌』そのものを上演するのではなく、日本の能楽ファンに農楽を紹介し、次なる公演につなげる内容に変更することとなった。現在伝えられている能と農楽の性格があまりにも異なるため、お互いに噛み合わないのではないか、という懸念を公演の準備段階で各所から聞くこともあった。確かに、韓国の農楽は、洗練され研ぎ澄まされた能と違って、いかにも土臭い芸能である。しかし、主催の「天籟能の会」から、芸能の「正統性」を越え、もっと古くからの民俗文化の流れを大切にしたいという熱い想いを受け、その接点を模索することになった。実は、今回の公演に略称的に用いた「農楽×能楽」というフレーズは、単なる言葉遊びではない。「農楽」という言葉は、日本による植民地支配期に、伝統打楽器を用いた村祭りの芸能の総称として日本人研究者が用い始めたものである。この芸能は本来、演じられる地域や機会により「プンムル」「プンジャン」「クッ」「クンゴ」など様々な名称で呼ばれてきた。そのため、一九八〇年代には、「農楽」という名称を捨て、「プンムル」などの固有の用語を使うべきであるという論争も起きた。しかし、漢字語が総称として便利であることもあり、現在でも一般名称として用いられている。これはまだ憶測にすぎないが、私は当時の日本人研究者にとって、自国で馴染のある「のうがく」という言葉の響きを朝鮮の芸能に対して転用したのではないだろうかと考えている。そもそも「能楽」という言葉自体も、明治期になってから能、狂言を総称する概念として、「猿楽」に変わって登場した新しい言葉である。芸能を分類し理解しようとする時代の流れからくる一致であったといえるのではないだろうか。

農楽隊のメンバーとしては、韓国からイム・ソンジュンさんのほかに、彼の弟子であり、チマ・チョゴリを製作してくれたパク・ヘジンさんと、同じく弟子のキム・ソヌォルさんを招聘することになった。そして在日コリアンで韓国打楽器奏者のチェ・ジェチョルさん、リュウ・スンジャさん、旗持ちにコウ・レイナさん、そして私が農楽隊の一員としてサポートすることになった。招聘予算の関係もあったが、結果として韓国・日本・在日のメンバーがこの公演に関わることになったことには大きな意味があったように思う。また国立能楽堂では、舞台に上がる際には原則として白足袋、黄足袋（狂言足袋）以外の着用は認められないが、韓国のポソンを履いて上がるために、主催陣による入念な交渉が行われ、許可を得られたことも意味深い出来事であった。

六　農楽隊の挑戦

二〇二〇年一月二十三日、韓国勢三名が羽田空港に降り立った。再会を喜んだのも束の間、一行はすぐに都内に向かい、軽い食事を済ませてからコッカル（花笠）の制作にとりかかった。コッカルは薄い色紙を蛇腹に折って、切込みを入れて広げてくす玉のような飾りを作って、紙製の笠に取り付ける。韓国ではこうした作り物はたいてい祭りの前日に用意し、終わったら燃やしてしまう。韓国から完成品を輸送するのが難しいという理由もあるが、農楽の関係者にはそういった事前の作業を丁寧に行いながら公演に向けて心を整えることを大切に考える人が多い。

その晩は都内でスタジオを借り、農楽チームだけで練習を行った。日本のメンバーには、イムさんたちに初めて会う人も含まれていた。全羅道に伝わる「オチェジルクッ」などの難解極まりないリズムパターンや、独特な民謡、体の使い方などの稽古を合わせていった。そんな状態で国立能楽堂という大舞台に立たなければならないことに対して、焦りや緊張感を拭うことはできなかったが、何よりイムさんの舞の素晴らしさや、情熱的で懐の深い人柄、農楽という芸能の力強さに後押しされ、なんとかやり遂げられそうな気分になっていった。

翌日は青山の銕仙会能楽研修所の能舞台で、清水さんとの合わせ稽古となった。この日、ほとんど全員が生まれて初めて能舞台を経験した。清水さんから能舞台の構造についての説明を受けながら、おそるおそる歩いた。本来、靴を履いて野外を思う存分走り回る農楽にとって、能舞台は明らかに不向きである。しかも、仕舞を効果的に見せるために舞台には客席に向かって軽い下り傾斜がつけられており、輪になってぐるぐる回る演奏は身体的な混乱を伴った。また、舞台の端には柵がなく、万が一滑ったら舞台から落ちてしまう恐怖感があった。最も致命的なのはポソンを履いた足が床の上で滑ることで、跳躍的で垂直的な動作の多い農楽奏者にとっては、転ばないように走るのが至難のわざだった。そうした違いを身体で感じながら練習を進め、終了予定時刻の二〇分前になって、ようやく清水さんとの共演部分に関する打ち合わせが始まった。仕掛け人の一人である梘宅さんは、一体どうなることかと内心冷や冷やしたという。

七　公演当日の様子

翌二十五日の公演当日、国立能楽堂に入った農楽隊一行は、普段感じたことのない緊張感に包まれていた。なにしろ、国立能楽堂の楽屋はすべての演者の部屋がひとつづきの構造になっており、互いの一挙一動が全て見渡せるのである。黙々と準備を進める能楽師たちの端に連なり、韓国勢も道具の準備やストレッチを粛々と行った。リハーサルでは銕仙会の能舞台との構造の違いにとまどいながらも、各々が覚悟を決めるしかないことを感じていた。リハーサルを終えても緊張感を拭い去ることはできなかったが、能楽堂の食堂で昼食をとりながら多少ながらも和やかな時間を過ごし、衣装に着替えて本番を待った。

公演に先立ち、朝鮮と日本の芸能や民俗文化の関係について歴史学者の保立道久さんの講義が行われた。能楽の番組は、農楽と同じように農耕民が豊穣を願うことから生まれた演目として、半能「賀茂」が替の間狂言「御田」の小書（特殊演出）で演じられた。能の上演中に農楽隊は、出番以外の能楽師たちが舞台を見るために作られた御簾の間に入らせてもらい、しばし間近でその迫力を感じることができた。

いよいよ農楽の出番となり、幕の内側の鏡の間に控えた。能では通常、「御幕《おまく》」の合図で揚幕が上げられるが、今回はその代わりに韓国の「門クッ」と呼ばれる儀礼のことばを唱えた（詞章は本文冒頭を参照）。この掛け声は、村祭りの際に家や村の入り口において、二本の旗を交差させて仮想の門を作り、主人に対し進入の可否を尋ねて、許されれば村に入っていく、という状況で唱えられる。今回の公演では、その掛け声に合わせて勢いよく揚幕が開かれ、橋掛かりに一人ずつ農楽隊が登場した。このとき叩いたのは、高敞の村祭りで道行きのときに歩きながら演奏される「チルチェチルクッ」と呼ばれるリズムである。橋掛かりという仮想の「道」をゆっくり進んでいき、村の広場もしくは家の庭に見立てた舞台中央へ進んでいくと、リズムは全羅道の農楽で最も頻繁に叩かれる「サムチェ」へと変化した。

偶然にも公演当日がソルラル（旧正月の元日）であったことを活かし、国立能楽堂というひとつの「家」に、韓国の芸能者がはるばる門付けしにきたという設定で、家神の来歴の素晴らしさを褒め称える民謡「成造《ソンジュ》プリ」を歌った。続いて、農楽の多様なリズムが繰り広げられる「パンクッ」を演奏してから、各楽器の「個人戯《ケインノリ》」を見せた。農楽隊を率いるクェンガリ奏者のキム・ソヌォルさんによる「プッポチュム」、頭に長いひもをつけてぐるぐる回しながら両面太鼓のチャングを演奏するチェ・ジェチョルさんの「ソルチャング」、そして最後に高敞の師匠たちから受け継いだイム・ソンジュンさんの「花笠《コッカル》小《ソ》鼓舞《ゴチュム》」。情熱ほとばしる激しい動きのなかにも人生の悲喜交々が見え隠れする、力強い舞となった。

そしてイムさんの舞の途中で、橋掛かりにチマ・チョゴリをまとい、老婆の面をつけた清水さんがひっそりと登場した。『望恨歌』の主人公である老婆が、その若き日の夫を思わせる男性の舞を見つめるという演出だった。事前に何の説明もなく老婆が登場したので、観客は驚いたことだろう。後日SNSを見ると、「見てはいけないものを見た」「生と死が急に反転した感じ」「百済と日本の芸能が歴史を越えて接近した瞬間を見た」などと感受性豊かな観客の感想が書き込まれていた。老婆が夫への想いを、百済歌謡の「井邑詞」の詞章と重ねて語る謡に対しては、高敞農楽の農謡（農作業歌）である「アリシグナ」を応唱した。農謡は朝鮮半島で広く歌われるが、そのなかでは意味を持たない囃し言葉が多用される。その旋律は、葬送の喪輿歌《サンヨソリ》との類似性が認められており、仏教と稲作の伝播過程との関連性が推測されている。井邑詞にも「オギヤオカンジョリ、アオタロンディリ」という囃し言葉があり、台本にも書かれているため、これに韓国式の旋律をつけて歌うことはできないか、公演前日の稽古の際に清水さんから要望があった。この問いかけに対し、イムさんが高敞の農謡である「アリシグナ」で応えることを提案し、このような演出となったのである。

絶望のなかで立ち尽くしていた男性の動きを人々が見守るなか、光が差し込むようにクェンガリの音が鳴り始める。その音に誘われて再び男性が目覚め、老婆と仲睦まじく舞った。このシーンには、全羅道の民謡である「南道クッコリ」を歌った。最後はサムチェの揚場としたリズムに変わり、皆そろって楽しげに踊りながら橋掛かりを退場した。亡霊となった男性と、夫を待ち続けて老いた女性を、農楽隊が黄泉の国へと導くような、明るさのなかにも強い余韻を残す光景になった。

前日のリハーサルでは、このまま終演とするべきだという意見もあったが、観客のほとんどが農楽を初めて体験した上に、突然の演出に困惑したまま終わるのは不親切だろうという考えから、槻宅さんと私で演出の経緯を解説してから終演することにした。能の観客が、知りたい、学びたい、共感したいという強い意欲と情熱を持っていることが、その表情や雰囲気から伝わってきた。こうして、初めての試みとなる農楽と能楽の共演が無事終了した。

八　二〇二一年『望恨歌』上演に向けて

韓国勢の帰国後、主催の「天籟能の会」から、今回の農楽出演者と共に新演出の『望恨歌』を二〇二〇年九月に上演したいという正式な依頼を頂いた。しかし、準備を始めようとした矢先に新型コロナウイルスが猛威を振るい始め、日韓の往来が容易でなくなった。そのため再度延期し、二〇二一年十二月二十五日に国立能楽堂において、日本在住の出演者のみで上演を目指すこととなった。昨年出演したメンバーに加え、パンソリ唱者のアン・ソンミンさん、チャング奏者のリー・ソンさん、テピョンソ奏者のキム・スイルさんの参加が決まった。「くまから洞芸能史研究会」（代表・竹内光浩）も結成され、学術面から公演準備の応援を行うことになり、オンライン研究会で様々な議論が交わされた。時代と場所が異なれば自分自身が当事者であったかもしれないという想像力、そして長い時間のなかで培われてきた日韓芸能のたくましい創造力を発揮した舞台への道のりに期待がふくらむ。コロナ禍のために往来が困難になり、閉ざされがちな人々の心。時空を超えた芸能者の到来に、門は開かれるのであろうか。また、理不尽な思いをして亡くなっていった方々の心を、芸能に関わる私たちは少しでも「解く」ことができるのだろうか。

注

（1）東京藝術大学美術学部先端芸術表現科元教授、二〇一九年四月逝去。

（2）グロトフスキ・インスティチュート主催『Dziady――祖霊祭』公演。清水寛二は演出のヤドビガ・ロドヴィッチ（Jadwiga Rodowicz）から劇中に現れるアジアの亡霊役を頼まれ、『望恨歌』の老婆を演じることを提案した。

（3）「創作ノート」『多田富雄新作能全集』、多田富雄著、笠井賢一編、二〇一二年、藤原書店、六二一頁

『望恨歌《マンハンガ》』

多田富雄

＊清水寛二が多田富雄作の原作（清水所有の過去の上演台本）に、二〇二一年「天籟能の会」上演用台本として若干の手を加えた。（九月二十二日現在のもの）
＊「◦」は、セリフや謡の句切れを表し、一般的な句点ではない。
＊実際の上演に際してはなお変更の可能性がある。
＊実際の上演台本としては、節をつけ、小段名や演奏上の注記なども記載されているものを使用する。
（二〇二一年九月二十二日　清水寛二）

シテ　韓国・全羅道丹月《チョルラドたんげつ》に住む〝牛の尾の老婆〟（故李東人の妻）
ワキ　日本・九州八幡の僧
アイ　韓国・全羅道丹月の村人

＊

ワキ　これは九州八幡《やわた》の里より出でたる僧にて候。
さても先の世の戦《いくさ》には。朝鮮より多くの人筑紫豊州《ぶしゅう》の炭鉱にて働き。
この地にて斃れたる人数多《あまた》あり。
此の度御堂を建て懇《ねんご》ろに弔ひ申して候が。数々の遺品現はれ。
そのうちに李東人《りとうじん》と謂へる男子《おのこ》の。筆なかばなる手紙の候。
此の李東人と申すは。朝鮮全羅道丹月と申し候村より参りたるが。
一年ばかりともに暮らせし若き妻を残しおきて。連行されたる由申し候。
この文と申すも。故郷《ふるさと》に残せし妻に宛てし文なり。
遠里を隔つる妻を想ふ心行間に溢れ。
読む人袖を濡らさぬ者は無く候。

しかるに李東人の妻いまだ彼の地に永らへたると申し候。
あまりに不憫なることにて候程に。李東人が文をたづさへ。
丹月の村に赴きかの老女を訪はばやと存じ候

有明の。波に横たふ壱岐対馬。波に横たふ壱岐対馬。
荒海越えて韓国《からくに》や。釜山《プサン》の泊り陸《くが》の道。智異《ちい》の山路《やまみち》たどりつつ。
丹月の村に着きにけり。丹月の村につきにけり

さてもわれ此の丹月の村に来てみれば。刈り取られし田の面に秋風吹き。
夕陽は北面の山を照らす。
實《げ》にうら淋しき眺めかな。
李東人の妻の住処《すみか》を訪ねばやと存じ候。
此の所の人のわたり候か

アイ　所の者とお尋ねは。いかやうなるご用にて候ぞ。
いや、旅のお僧にて候か。何とてかかる山里へとおん通り候ぞ。
ワキ　これは日本九州より出でたる僧にて候。
この里に李東人といへる人の妻の住まひましますと承りおよび。
これまで参りて候。いづくにおん住まひ候やらむ。
教へて賜はり候へ

アイ　やあらここな人は。何事を仰せ候ぞ。
その李東人と申す人は。幾十年も前の戦の折りに。
お僧の国九州とやらむに連れ去られ。行くへも知れず。
つひに空しうなりたる人の名にて候。
その妻女と申すも。いまは人目をかくれ住む老女にて候。
かやうの故事《ふること》を何とていまさら仰せ出され候ぞ。
ことさら日本九州よりと仰せ出され候へば。
老女のおん会ひなさるることあるまじく候。
とうとう御帰り候へ
ワキ　仰せ尤《もっと》もにて候へども。
此の度戦の折り九州の炭鉱にて斃《たお》れし朝鮮の人の。
遺骨遺品を弔ひ申し候ところ。
李東人なる若き人の遺《のこ》しおきたる文の候が。
其の妻丹月の村におん住まひあると承りおよび。
遺品を手渡さんが為に。はるばる訪ねて参り候
アイ　仰せ尤もにて候。子細をも存ぜず聊爾《りょうじ》を申して候。
されば李東人と申す人の妻女。
夫の空しくなりたることを聞き及び。
しばし哀號《あいごう》の涙に明け暮れ申し候。

いまだ年若き身なればとて。
妻にとすすめ申す人もござありたれども。
われは二夫《にふ》にはまみへ申さずとて。
ひとり家にとどまり。ひたすら死者を弔ひて年月を送り候。
父母兄弟も空しくなりて候へば。
やがて訪《おとのお》ふ人も稀となり。
いつの頃よりか人に見《まみ》ゆるをも厭ひ。
童《わらんべ》どもが来たるを追ひ払ひ候へば。
誰が申すともなく牛の尾の老婆と呼びならはして候。
なかなか人に会ふこともござなく候へども。
さやうのおん事にて候へば。よくよくおん慰め申され候へ。
某《それがし》 案内申し候べし

ワキ　懇《ねんご》ろにおん物語候ものかな。
さあらば牛の尾の老婆を訪《たずにょお》ねうずるにて候。
案内者あって賜り候へ

アイ　さあらばこうおん通り候へ。
これこそ牛の尾の老婆のおん住まひにて候へ。
老婆はうちにありげに候。
それがしはいとはれ申し候ほどに。お僧ご一人にて御訪ひ候へ。

はや月も出でて候へば。
それがし立ち戻り村の長にも伝へ。皆にて御帰りをおん待ち申さうずるにて候
ワキ　案内祝着《しゅうちゃく》申して候。やがて帰り候べし
シテ　日暮れて水鳥啼《な》き。今日も空しく過ぎぬ。
かの年月の戦火《いくさ》もはや。老いの彼方に去りぬれども。
養なふべくもあらざれば。
身を慰さむる営みもなし。
あら定めなの生涯やな

ワキ　いかにこの家のうちに李東人の妻のござ候か。
九州の地より参りたる僧にて候。門《かど》をおん開き候へ。
いかに李東人の妻のわたり候か。
おん入りあらば門をおん開き給へ。
いかに李東人の妻のわたり候か。
火たきの煙の立ち候へば。
さだめて内におん入り候べし。
　李東人の妻どの

シテ　なに李東人とは人の名かや。
よし人の名なりとも物の名なりとも。
此の姥の耳には聞き忘れてあるぞとよ。
定めて門《かど》たがへなるべし。とうとう御帰り候へ
ワキ　暫く。
此程九州筑豊にて。
先の戦に斃れし人の遺骨遺品を弔ひ候ひしところに。
李東人空しくなる前に書き連ねたる。
おことにあてし手紙の出で来り候。
其の文をひと目見せ申したく。
遥々これ迄持ちて参りて候。
門を御開き候へ
シテ　何とわれにあてたる李東人が文とかや。
見る甲斐もなき身にては候へども。
そと見うずるにて候
ワキ　これこそその文にて候へ
シテ　是が李東人の手紙かや。
文字も薄れ覚束無《おぼつかのお》うこそ候へ。
月明かりのもとに出で候べし

アア。イゼヤ。マンナンネ
（ああ再び見《まみ》ゆることかな、の意）

ワキ　御嘆き尤もにて候へども。
李東人の事ども語っておん聞かせ候へ。
おん慰め申し候べし

シテ　思ひ出づるも憂き年月。
訪ふ人も稀にして。
童なんどにあざけらるるを。
あらけなく追ひ払ふほどに。
牛の尾の老婆と呼ばれつつ。
髪には霜を頂きたり。
夫《つま》とは言ひながら。今は孫ひ孫の年と異ならず。
今更何を語り候べき。
折ふしここに酒の候。
これを飲みて心を慰め候べし
折しも秋夕《しゅうせき》の魂祭《たままつり》。月諸共に憐れまむ

地謡　遠き打鼓《だこ》の音送り来る。
秋風も声添へて。憂き物語申さむ。

さても先の世の戦には。
我が夫《つま》李東人も引き立てられ。九州とかやに至りしに。
やがて便りも絶え果てて。
遂に空しく。なりしとかや

シテ　聞くだに心くれはとり
地謡　織る唐衣《からころも》色失せて。暗き帳《とばり》となりにけり。
シテ　夜毎《よごと》に歌ふ喪頭歌《そどうか》の。
地謡　声も枯野に道暮れて。
肉《ししむら》を噛《か》み胸引き裂き。
腸《はらわた》を断《た》つばかりなり

哀號《あいごう》の声は空を覆ひ。
恨みの涙《なみだ》地に満てり。
さる程に宵々は。帰らぬ夫を思ひ。
ぬしは市に通ふらむ。
山の端の七星《しちせい》は。冥土《めいど》を照らす星なり。
心静かに歩めよや。

泥濘《ぬかるみ》に足とらるなと。
胸騒ぎ肝《きも》を消す
シテ　せめてや。心慰むと
地謡　から砧《きぬた》取出し。打てば心の月清み。
寝られぬ長き夜すがら。
恨みの砧空に鳴り。
契りは麻衣。
断《た》つ想ひ出の数ふみて。ひとつふたつ。みつよつ。
吹きすさむ風にまじるは。
露か時雨《しぐれ》か氷雨《ひさめ》か。
流るる時の滴《しずく》か。
今の砧の音に添へて。
はや暁《あかつき》の鶏《とり》も鳴き。
白む軒の草深み。
去年《こぞ》の涙ぞ今日落つる
ワキ　いかに老女。かたみにひとさし御舞ひ候へ。
シテ　眼《まなこ》は脂《やに》に閉ざされ。
脚《あし》も萎《な》えおぼつかなふこそ候へども。

心の亢《たか》ぶりて候ほどに舞ひ候べし

〔物着〕

シテ　砧《きぬた》にも。打たれぬ袖の
地謡　打たれぬ袖の。あはれさよ
シテ　裁ち更《たこ》ふすべもなき衣の。
恨みの舞を。
恨みの舞を。
舞《まおお》ほうよ

〔恨之舞〕

シテ　山の端の。月よ高みに。昇り給へ
地謡　四方《よも》を遠く。照らし給へ
シテ　明らけく
地謡　明らけく。照らし給へや真如《しんにょ》の月。
ありし昔の相愛の春。
楊柳《ようりゅう》の野辺も蒼茫《そうぼう》として。

人もなき野面《のづら》に。
老《おい》の姿。面《おも》やつれ衰へ。
足もとはよろよろと立ち舞ふ姿
シテ　心は苧《からむし》の絲《いと》は盡《つ》くるとも。
此の恨み盡くるまじ。
忘れじや忘れじ
ワキ　かかる思ひはまたあるまじや。
忘れじや忘るまじ
地謡　月影の。
霜の凍てつく野面に。
名残の袖を返して。
内房《アンバン》の内にぞ静まりける

多田富雄　新作能『望恨歌』公演記録（一九九三〜二〇二二）

竹内光浩
清水寛二

●一九九三年九月二十七日　国立能楽堂（狂言『鎌腹』茂山千五郎）

能　**望恨歌**

シテ　橋岡久馬
ワキ　鏑木岑男
間　大島寛治

太鼓　河村総一郎　太鼓　吉谷　潔
小鼓　荒木照雄　笛　藤田六郎兵衛

後見　橋本雅一
　　　梅若修一
　　　梅若盛彦

地謡　増田宗雄　坪内茈路之
　　　宮川正司　橋岡佐喜男
　　　岩井光男　橋岡久春
　　　宮下　功　橋岡伸明

●一九九四年二月十二日　パナソニック・グローブ座（狂言『鎌腹』茂山千五郎）

能　**望恨歌**

シテ　橋岡久馬
ワキ　鏑木岑男

大雪のため中止。
演者は初演と同じ予定であった。

●一九九五年三月九日　国立能楽堂（狂言『右近左近』大島寛治）

能

望恨歌

シテ　橋岡久馬
ワキ　鏑木岑男
間　大島寛治
後見　橋本雅一　観世栄夫　梅若修一
太鼓　河村総一郎
小鼓　荒木照雄
太鼓　吉谷　潔
笛　藤田六郎兵衛
地謡　荒木　亮　古屋　宏　竹内　章　橋岡伸明　橋岡佐喜男　坪内茈路之

●一九九八年十一月十四日　大阪・大槻能楽堂（狂言『維盛』茂山千之丞）

能

望恨歌

シテ　観世栄夫
ワキ　宝生欣哉
間　茂山七五三
後見　赤松禎英　清水寛二
太鼓　山本哲也
小鼓　大倉源次郎
笛　杉　市和
地謡　武富康之　寺沢幸祐　味方玄　山本正人　山本博通　齋藤信隆　大槻文蔵　上田拓司

●一九九九年五月三日　京都・金剛能楽堂（狂言『維盛』茂山千之丞）

能

望恨歌

シテ　観世栄夫

ワキ　宝生欣哉

間　茂山七五三

太鼓　山本哲也

小鼓　大倉源次郎

笛　帆足正規

後見　河村博重　清水寛二

地謡　味方　團　山本博通　寺沢幸祐　上田拓司　味方　玄　山本順之　山本正人　河村信重

●一九九九年七月六日　国立能楽堂（狂言『維盛』茂山千之丞）

能

望恨歌

シテ　観世栄夫

ワキ　宝生欣哉

間　茂山七五三

太鼓　山本哲也

小鼓　大倉源次郎

笛　杉　市和

後見　岡田麗史　清水寛二

地謡　浅見慈一　西村高夫　馬野正基　阿部信之　小野里修　山本順之　柴田　稔　観世暁夫

●二〇〇一年九月二十九日　国立能楽堂（狂言『寝音曲』茂山千之丞）

能
望恨歌

シテ　観世栄夫
ワキ　宝生欣哉
間　茂山七五三
後見　浅見慈一
　　　観世暁夫
太鼓　山本哲也
小鼓　大倉源次郎
笛　帆足正規
地謡　馬野正基　西村高夫
　　　小野里修　河村信重
　　　柴田　稔　山本順之
　　　岡田麗史　清水寛二

●二〇〇二年十二月三日　京都造形芸術大学（狂言『はしくれ法師』茂山千之丞）

能
望恨歌

シテ　観世栄夫
ワキ　宝生欣哉
間　茂山七五三
後見　河村博重
　　　片山慶次郎
　　　清水寛二
太鼓　山本哲也
小鼓　大倉源次郎
笛　杉　市和
地謡　味方　團　山本博通
　　　寺沢幸裕　上田拓司
　　　味方　玄　山本順之
　　　山本正人　河村信重

●二〇〇五年五月十六日　韓国釜山市民会館

能

望恨歌

シテ　観世栄夫

ワキ　宝生欣哉

間　山本東次郎

後見　浅見慈一　永島忠侈

太鼓　山本哲也

小鼓　大倉源次郎

太鼓　観世元伯

笛　藤田六郎兵衛

地謡　長山桂三　清水寛二
柴田　稔　阿部信之
小早川修　山本順之
西村高夫　北浪昭雄

●二〇〇五年五月十七日　韓国釜山市民会館

能

望恨歌

シテ　観世栄夫

ワキ　宝生欣哉

間　山本東次郎

後見　浅見慈一　永島忠侈

太鼓　山本哲也

小鼓　大倉源次郎

太鼓　観世元伯

笛　藤田六郎兵衛

地謡　谷本健吾　清水寛二
柴田　稔　阿部信之
小早川修　山本順之
西村高夫　北浪昭雄

●二〇一二年四月二十七日　愛知県芸術劇場

韓舞

望恨歌

舞　金利恵　大笒　李星儁　小鼓　久田舜一郎

朗読　紫堂恵

●二〇一九年四月二十日　国立能楽堂（「井邑詞」復曲演奏）

能

望恨歌

シテ　鵜澤　久

ワキ　宝生欣哉

間　石田幸雄

太鼓　大倉慶乃助　太鼓　小寺真佐人

小鼓　大倉源次郎　笛　松田弘之

後見　坂井音雅
浅見真州

地謡　鵜澤　光　武田友志
坂井音晴　馬野正基
武田文志　浅井文義
坂井音隆　浅見慈一

●二〇二一年十二月二十五日　国立能楽堂（狂言『二人袴』野村又三郎、韓国「農楽」망한가農楽団）

能　望恨歌

シテ　清水寛二

ワキ　安田　登

間　奥津健太郎

後見　山中迓晶　加藤眞悟

太鼓　大倉慶乃助

小鼓　田邊恭資

笛　槻宅　聡

地謡　青木健一　八田達弥　古室知也　小早川修　梅若泰志　西村高夫　長谷川晴彦　伊藤嘉章

解題——あとがきに代えて

野村伸一

一

本書には、遠近、ふたつの目標がある。近くは「天籟能の会」（発足二〇一〇年、代表安田登、ほか槻宅聡、奥津健太郎）による多田富雄の新作能『望恨歌』再演（二〇二一年十二月二十五日）を人文学の方面から支援すること、遠くは日本の能楽界へのひとつの提言という目標である。表題に掲げた「能の源流を東アジアに問う」とは、東アジアの芸能史の知見、その枠組のなかで考察し、読者に問うということである。やがては「東アジアから能の源流を問う」という書物も可能となるだろう。だが、それにはまだ相当の知見の積み重ねが必要である。

本書刊行までには、能の実演者（槻宅、奥津）と人文学の研究者との協力があった。しかも、この協力は安田登による長年の「寺子屋」活動を起点とした独特なもので広く伝えるに値する。時間を追って、刊行までの経緯を記しておきたい。

まず、『望恨歌』の公演歴をみると、初演は一九九三年九月二十七日、国立能楽堂（橋岡会特別公演）。その後国内での七回の再演（本書所収「公演記録」参照）を経て、二〇〇五年五月、「第二回釜山国際演劇祭」での招請上演（能楽座公演、観世栄夫主演）連日の二回（五月十六日、十七日　釜山市民会館）。この両時期（一九九三、二〇〇五）の日韓関係はぜひ記憶に留めておきたい。本書Ⅳ章の外村論文もいうように、一九八〇年代後半、韓国社会は民主化が進展し、それにより九〇年代初頭には「強制連行等の植民地期の人権侵害」に対する関心が韓国、次いで日本で高まった。この時期、一九九〇年十二月、多田富雄はテレビ放映を通して韓国の老いた農婦の悲痛な姿をみた。それは、強制連行により九州の炭鉱にいき、当地で死んだ夫を持つ女性の姿である。「その老女の残像」から『望恨歌』が書かれた（一九九三年）。そして、それが同年のうちに国立能楽堂の舞台に掛かった。

一方、二〇〇五年の韓国では、金大中《キムデジュン》政権（一九九八～二〇〇三）に次いで盧武鉉《ノムヒョン》民主政権（通称「参与政府」二〇〇三～二〇〇八）が誕生し、東アジア共同体ほかさまざまなレベルの東アジア論が起こっていた。釜山国際演劇祭はまさにその一環としてあった。第二回演劇祭で、アジアから中国、日本の団体が招請された。但し、二〇〇五年の釜山での『望恨歌』公演は話題とはならなかった。韓国の社会雰囲気はアジアに向けて開放されはじめていたが、能楽については現地の演劇関係者も、メディアも殆ど理解していなかったようである。そのため劇評もなく、関連の公開資料は全くない(1)。

新作能は一般に再演の機会が少ないといわれている。そのようななかでも、『望恨歌』は観世栄夫により何回か公演された［一九九八年十一月～二〇〇五年五月までに七回、竹内・清水「公演記録」、本書二五七頁以下参照］。そして二〇一九年四月二十日、〈多田富雄の新作能を上演する会〉により「多田富雄没後九年追悼能公演」（シテ鵜澤久）がなされた。事務局を担った笠井賢一によると、この「上演する会」は、能を愛する一市民（歯科医）の再演を望む声に端を発し、韓国に「縁のある」人びとの参加により発足したとのこと。ここには外村大も参加し、「『望恨歌』の公演に寄せて――市民同士の「和解」を考える」という文を寄せている。

ところで、これとは別に二〇一七年夏前、槻宅聡が天籟能の会での『望恨歌』上演を提案した。会では話し合いを経て年末までには、清水寛二をシテとする上演計画が固まった。二〇一八年一月三十日、槻宅聡は国立能楽堂に舞台利用申込書を提出する。当時の計画では、「望恨歌」一番、狂言一番、その他対談等とし、日時は第一希望、二〇一九年十月二十六日、第二希望二〇二〇年一月二十五日、第三希望二〇二〇年三月二十一日、つまり二年かけての上演計画であった。

二〇一九年に入って天籟能の会は、第八回の公演日時を「二〇二〇年一月二十五日」と確定した。そして、それに向けて二〇一九年六月八日には第七回天籟能の会を開催し、こののち間もなく、第八回での『望恨歌』公演計画が本格化した。そして二〇一九年七月三日の同人打ち合わせでは「韓国の芸能」、「新作能『望恨歌』」、「座談会」という案が確認された。ここまでは順調に計画が進んだ。

ところが、二〇一九年九月~十月にかけて、日韓関係がひどく悪化し、『望恨歌』上演への懸念が天籟能の会の周辺から提示された。その結果、上演は延期、二〇二〇年一月二十五日の演目は未定となった。こうしたなかで天籟能の会は、能楽と韓国芸能との提携を模索しはじめる。そして程なく（十月ごろ）、それが農楽との共演に傾いていく（この経緯は本書Ⅵ章、神野知恵「農楽と能楽」参照）。二〇一九年十月二十五~二十七日には、清水寛二（シテ方）、奥津夫人（天籟能の会関係者として参加）が全羅北道高敞《コチャン》を訪問した。当地では、先に韓国入りしていた神野知恵が仲介役となり、小鼓舞《ソゴチュム》の任誠俊《イムソンジュン》との交流を深めた。そして帰国後、天籟能の会は第八回公演の表題を「のうがくを、しっていますか?」とした。この公演は第九回公演（その当時、二〇二〇年秋予定）での『望恨歌』上演の前段階という位置付けであった。

計画変更後になされた二〇二〇年一月二十五日の公演演目は、「おはなし／半能『加茂　御田』／韓国農楽」で、ここでは農楽の演奏に合わせて仮面を着けた老女（清水寛二）が橋掛かりに突然現れた。演出の意外性、農楽そのものの魅力もあり、好評だったという。ところで、このときの「おはなし」は保立道久が担った。保立は以前から、天籟能の会の「寺子屋」活動に協力していた。そして、『望恨歌』再演支援は歴史家としての責務と考えていた。

実は第八回公演の直前、二〇二〇年一月二十日に港区広尾東江寺の「寺子屋」（天籟能の会ワークショップ）で農楽と能楽の実演があった。そこに参席した保立、竹内光浩、辻浩和の三人はその晩の居酒屋での談話で『望恨歌』上演支援のため「くまから洞芸能史研究会」を設けることにした。

その第一回研究会は二〇二〇年二月二十八日、場所は竹内の主宰する中野区野方の古民家カフェ「くまから洞」である（「くまからどう」は宮古島方言で「ここからはじめる」）。保立によると、このときの会員は、歴史学者と芸能実践研究者（神野知恵、崔在哲）、そして奥津・槻宅（狂言・笛方）の三グループからなっていた。第一回の報告は竹内、保立、辻が担当した。ところで、この研究会では、韓国からみた能の位相を知る必要があると考えた。

そこで野村が「召喚」された。くまから洞芸能史研究会は第二回（二〇二〇年五月四日）以降、コロナ禍のためすべてＺＯＯＭのオンライン会合となったが、一、二か月に一度、毎回、報告者を立てて、質疑をするという本格的な研究会となった。二〇二一年六月七日までに第八回を終えた。

以上の経緯は次の点で独特なものがある。

第一、市民次元の能の会の取り組み。自身の発案で韓国の農楽との交流を進め、それを通して「能」の裾野を拡げようとしていること。

第二、能を通した近現代史への果敢な取り組み。能は現在、堅固な組織、特定の公演場所を持ち、固定した愛好者がいる。「ひと月に日本全国で一〇〇ほどの催しがある」（天野文雄『現代能楽講義』、大阪大学出版会、二〇〇四）。従って定番の作品を演じてさえいれば、席が埋まるのだろう。だが、敢えて『望恨歌』のような新作能の上演に挑み、能の同時代性を追究していること。

第三、能楽の実演者、人文学徒が一堂に会して大陸（中国、朝鮮）とのつながりを探究し、それにより能の可能性、本来の姿を見出そうとしていること。

くまから洞芸能史研究会は大学や公的な機関とは無縁の民間研究会である。ここに集う面々はいずれも立場は異なる。だが、会合での報告は『望恨歌』再演をキーワードとしていて、話の内容はよく理解できた。こうした研究会は実りがある。

二

本書の各章のうちⅠ（保立）、Ⅲ（辻）、Ⅴ（竹内）は書き下ろし、Ⅱ（野村）、Ⅳ（外村）はこの会での報告を基にしたもの、Ⅵ（神野）は二〇二〇年一月二十五日、国立能楽堂で「農楽と能楽」が上演されるまでの当事者による記録である。その概略は次のとおり（各論考には要約文があるので、より詳しくはそちらに譲る。）

保立道久《Ⅰ「能」の形成と渡来民の芸能》は、「はじめに」と「おわりに」を除くと、主要部は三節からなる。「能」はアジアの楽舞の影響下に生まれたという観点から、世阿弥までの日本芸能史の大筋が考察される。本論は「その観点から世阿弥にいたる日本芸能史の大筋を考えようとしたものである」（はじめに）。

まず第一節では、日本古代国家形成期の渡来系の秦氏、また七世紀以降の百済王氏の系譜をたどり、百済氏が日本芸能に与えた影響の大きさを述べる。ただし、九世紀半ばの承和の変で百済氏を巡る環境が大きく変わる。この政変以降「百済氏が高位につくことはなく、渡来人の国家機構中枢への参与は絶ち切られた」という。一方、秦氏もやはり九世紀以降は中央貴族としての地位を失い、各地で多様な生き方を展開する。そのひとつが芸能民としての秦氏である（「一　都市芸能史の原点と百済氏の没落」）。

第二節は東アジアの状況を踏まえて十、十一世紀の芸能史がたどられる。そこでは志多良神、田楽集団、宮廷での猿楽、さらに伏見稲荷の旅所での「猿楽」（新猿楽）や各地の傀儡子が取り上げられた（「二　新猿楽と傀儡子の芸能」）。

次に第三節では十二世紀から十四世紀の社会と宗教のなかで猿楽から能が形成されていく背景が述べられる（「三　太子信仰と大和猿楽」）。

上記のうち、第三節で律宗と大和猿楽座の関係を取り上げた箇所は果敢な問題提起でとくに注目される。保立は、十三世紀に律宗によりなされた非人救済の仏事が結崎座（観世座）に影響を及ぼした可能性に言及する。そして「西大寺流律宗は日本の宗教の中でおそらくはじめて死の世界の現実を深く照らし出した仏教の宗派であった」という（「おわりに」）。この点は今後、東アジアの芸能史を考える上でとくに重要だとおもわれる。

実は、同時代（宋代）の中国では十王信仰を基盤とした死者霊供養の祭祀が盛行し、それが巫俗儀礼のなかにもはいっていった。これは俗にいう「閻魔王信仰」で、日本では「鎌倉時代以降」盛行した（『岩波仏教辞典』第二版）。済州島巫俗では現在なお死者霊供養としての巫儀〈十王迎え《シワンマジ》〉が盛んである。これらを基に保立説を改めてみる必要がある。保立のいうように、十三世紀ごろの宗教実践のなかから、大和猿楽が育っていったとすれば、彼らの神事芸能は元来、死者霊および死を扱う者たち（非人や巫者）との関係のなかで形成されたものといえるだろう。世阿弥は晩年には禅に到り、中楽を禅の境地で再解釈しようとした。これは周知のことだが、わたしたちはむしろ、世阿弥以前に注目していく必要がある。本論はそのための道標となるだろう。

野村伸一《Ⅱ　中国・朝鮮・日本の仮面舞の連鎖——世阿弥まで》では、東アジアの仮面舞の連鎖を大きく概観し、提言として『望恨歌』は世阿弥以前に立ち返って演じるべきだと述べた。四節からなる。

第一節では中国の仮面舞を「儺舞の系譜」と「歌舞戯の系譜における仮面舞」の二系譜に大別してその歴史を述べた。儺舞と歌舞戯の二系譜の織り成すものが東アジアの仮面舞の淵源、源流であり、朝鮮の仮面舞踊《タルチュム》、日本の能もそれに含まれる。これは本論全体の視点である。

第二節では、新羅から高麗までの仮面舞の概説のあと、とくに「河回別神《ハフェビョルシン》クッ仮面戯《タルロリ》」を取り上げ日本の仮面舞との連鎖を追究した。巫の祭儀と寺院儺の結合した郷儺［翁舞にもその性格がある］、巫系の広大［神に事える者］による仮面戯、演戯開始前の仮面祭祀、切顎仮面の類似が仮面戯そのものの連鎖を意味することなどの諸点は従来、語られずにきた。

第三節は中国、朝鮮からの能楽論である。世阿弥のいう申楽《さるがく》は儺ということ、細男《せいのう》は男巫の演戯に相当すること、大和の洪水伝承は朝鮮南部にもあることを指摘した（第1項）。また第2項では、世阿弥は鬼舞、天女舞を遠ざけることで幽玄の境地を築いたことを述べた。鬼舞、天女舞は世阿弥以前に戻る際の手掛かりとして重要である。第3項では、晩年の著作『却来華』を基に世阿弥の翁舞の位置付けを探った。世阿弥は右左右の翁舞を左右左の人体の舞の中心［根本］に据える一方で、これを神鬼舞［力動風の鬼舞、モノ狂いの舞などを含む右左右の舞］と人体舞を繋ぐ、架け橋として位置付けたとみた。第4項では、夢幻能の淵源を探究した。これは巫覡の口寄せ、男巫［楽士、ワキ役］によるその劇化に由来するとみて、済州島《チェジュド》の霊魂泣き《ヨンゲウッリム》の霊話を例示した。

第四節では大枠として世阿弥以前の能への回帰を掲げ、提言として第一、「まことの冥土の鬼」の召喚と力動風の鬼舞の取り返し、第二、老女の「恨《ハン》の舞」は、神女舞（巫舞）、菩薩舞を含んだ今日の天女舞として舞われるべきこと、それは世阿弥最晩年の理念にも通じるということを述べた。

辻浩和《Ⅲ『望恨歌』と百済歌謡「井邑詞」》では、まず多田富雄の『望恨歌』の主題を「公式の記録には現れない不幸な歴史」や「老女の痛み」とみた。次に、多田本人が「この能の基調となったのはただひとつ、百済《くだら》歌謡『井邑詞《チョンウプサ》』の一節である」と「創作ノート」に記したことを注視した。その上で、上記の主題と井邑詞が「どのように結びつくのかという点」の解明がこの作品の理解にとって重要だと述べて、論を開始する。

本論は次の四節と「はじめに」「おわりに」からなる。「一　井邑詞とはどんな歌謡か」「二　朝鮮における井邑詞の展開」「三　日本の踏歌と井邑詞」「四　望恨歌と井邑詞」である。一は民謡としての井邑詞の解読、二は、その歌謡が「民衆の生活感情とはまったく切り離された形で王権に利用され、現在に伝わることとなった」として、高麗、朝鮮朝の宮廷でいかに用いられたかを述べる。三では、まず、古代日本の宮廷で渡来人たちにより踏歌がなされた歴史を踏まえ、七世紀末の倭国で井邑詞が歌われた可能性について（二取る）論を提示する。次いで、古代日本では「百済歌謡が蕃国による倭国への服属を示す象徴として用いられた」のだと論じる。四では、まず、一で述べた歌謡「井邑詞」の内容が『望恨歌』の老女の心中と重なることをあげる。次に、二、三で述べたことを踏まえて、民衆の歌謡はともすると国家儀礼のなかに取り込まれ、その意味が忘れられるものだが、『望恨歌』は老女の物語に素直に耳傾けようとしたことを述べる。

本論は主として「井邑詞」と主題のかかわりを「歴史的経緯を軸に」考察したものである。著者は井邑詞と作品（『望恨歌』）の関係について、本来は「内在的なアプローチの分析もあわせ行うべきであろう」が、それは「能力を超える」という（「おわりに」）。創作に当たって、特定の歌謡が基調として用いられたというとき、それが一体、どのような心象風景を伴っていたのかは作者以外は誰にもわからない。本論は、芸能史の上からの、ひとつの問題提起といえよう。

外村大《Ⅳ　強制連行に向きあった市民と『望恨歌』》は、八節からなる。一では『望恨歌』執筆（一九九三年）の背景に韓国だけでなく日本の市民活動があったことが現代日韓関係史のなかで考察される。二では多田のみたテレビ番組が市民活動の延長上にあったことが述べられる。三では市民の調査活動が幅広く展開されたこと、そこには特定のイデオロギーはなく、また二〇〇〇年代の今日のような反対、中傷はなかったことが記される。四では、市民による当事者たちからの聞き取り調査の進行が述べられる。五は、八〇年代に韓国内の遺族と連絡を取り、訪問した事例があげられる。六は歴史の継承と追悼行事が市民間で広くなされてきたことを述べる。七は市民間に自然に醸成された戦後処理への共感が挫折の時期を迎えたこと、その原因が考察される。端的にいえば、日本では市民だけでなく、政府もメディアにおいても歴史問題の深刻性への安易な認識があったということである。しかし、八では、市民間の数々の活動とそれへの遺族の反応のあり方は『望恨歌』と似ているという。そして、「和解の原型を表現している」『望恨歌』は現在の日本の停滞した状況を克服する希望となり得ると結ぶ。

外村は「くまから洞芸能史研究会」の会員ではもっとも早く『望恨歌』にかかわり、前述したように文章も寄せている。本論考では、それを踏まえて日韓関係を市民の側からの眼で時間を追って丹念に述べている。

竹内光浩《V　望恨歌・井邑詞・砧》は、能作品『望恨歌』の基調に取り組んだ論である。五節からなる。一では『望恨歌』には朝鮮人強制連行と「井邑詞《チョンウプサ》」と恨《ハン》の三つの基調があるという。二では『望恨歌』の数種類ある台本について、それぞれの特徴を述べた。三では朝鮮初期の『楽学軌範』に収載された「井邑詞」について、なぜ、そこに記されたかを考察した。四は、『望恨歌』の本説とされた世阿弥作「砧」にみられる妻の砧打ちについて、そこに、「怨恨」を加味させたのは世阿弥であろう、それは元来はなかったものだという。

五は結論の節。まず「恨の舞」の恨の解読に踏み込む。一九六〇年代以降に韓国で広く語られはじめたハンの言説を紹介しつつ、「ハン」は一義的な用語ではなく多義的なものであり、漢字の「恨」では表現できないことを述べる。そしてハンを乗り越えるものを模索し、モッ〔美的、文学的概念〕をあげる。

その上で、『望恨歌』の本説が論じられる。ここは全体のまとめに相当する。『望恨歌』の本説には「砧」だけでなく「藤戸」が考慮されていたのではないかと竹内は推定する。「藤戸」では武士によって殺された子を持つ母が登場する。母親が前シテを、殺害された漁師（その子）が後シテとして登場し、「漁師と母親の双方の恨みが吐露される」。そして、竹内はいう、現代の「シテの魂は何によって鎮魂されるの」かと。また問う、「橋掛かりを去っていくシテの後ろ姿に我々は何を見るであろうか」と。著者は「モッ」を示唆しつつ、シテはハンを乗り越える境地に到ったのではないかという。もっとも、これは読者（観者）への問いかけなのであり、返答は一通りではないだろう。

神野知恵《Ⅵ　農楽と能楽――国立能楽堂における二〇二〇年交流公演の記録》は、天籟能の会の第八回公演の当事者による報告である。［本稿は『韓国朝鮮の文化と社会』19、（韓国・朝鮮文化研究会、風響社、二〇二〇年）発表の文章に加筆したもの］。二〇一九年の二月、清水寛二の発案で『望恨歌』と韓国芸能の提携が発議され、同年秋にこれが延期となったものの、神野の提案で高敞農楽のイム・ソンジュン（任誠俊）との共演が計画された。十月には天籟能の会側が高敞に赴き、両者の出会い、相互理解があり、二〇二〇年一月の日本公演に到った。この間の描写は日韓市民の交流史の一齣として興味深い。神野は韓国留学中（二〇〇六年）、高敞現地で農楽を実習し、以後も研究のかたわら農楽を演じている。仲介者としては申し分がない。

右記の舞台公演に関連して朝鮮芸能史を振り返ってみると、朝鮮朝の民間では農楽と仮面舞、その他、綱渡り、曲芸、傀儡戯などが同じ場で演戯されていたことが想起される。それを担ったのは社堂《サダン》、また朝鮮朝末期から開化期、植民地期においては男寺党《ナムサダン》である。彼らは寺院を根拠地とした放浪芸人集団で、寺社の庭だけでなく、市や村の広場などで一連の演戯をみせた。右に述べた農楽以下の諸芸能の連続公演は、中国では宋代にすでに盛行し、それが高麗時代の朝鮮、平安・鎌倉期の日本に伝わった。以上のことを踏まえると、二〇二〇年一月の農楽と能の共演は突飛なものではなかった。それは世阿弥以前に戻る試みのひとつとして十分、意味がある。中世日本でも能という仮面戯を掲げた一座は元来、各地の村落を巡り、音曲とともに神や霊の示現を演戯したのだろう。それは特定の贔屓層の前で単独で演じられるものではなかった。その意味で「農楽と能楽」は興味深い。

諸氏の論考のあとに多田富雄《『望恨歌』〔清水寛二補訂〕》、および竹内光浩・清水寛二《多田富雄　新作能『望恨歌』公演記録（一九九三～二〇二二）》を掲載した。前者は今回（二〇二二年十二月二十五日）の『望恨歌』上演のシテ役清水寛二による台本である。あらゆる演劇がそうであるように、原作の詞章どおりに演じられることはない。毎回が新しい。ここに掲載の台本でも、当然、シテなりの工夫，変改が加えられている。老女が去っていくところは内房《アンバン》である〔従前の台本では舎廊房《サランバン》となっていた〕。そうした改変だけでなく、当日の上演はまたこの台本とは異なる部分もあるはずである。これについては、天籟能の会のワークショップ（二〇二二年十一月五日）の際に、本人がその旨、告げていた。能は世阿弥の時代からそういうものだったに違いない〔神霊顕現、その慰撫のための演能であれば、殆ど巫儀に近い。それは毎回が神霊との対話である〕。

『望恨歌』の公演記録は、二〇一二年刊行の『多田富雄新作能全集』掲載のものがあるが、出演者全員の名を掲載したものとしては現在のところ、竹内光浩・清水寛二のものが唯一といえよう。竹内は、二〇二一年十月に多田富雄の生地栃木県結城市に赴いた。多田の蔵書を収める結城図書館には演能関連の資料はなかったが、現地在住の親族を訪ねた。そして、押し入れに保管されていた雑多な資料のなかから公演のチラシ、プログラム類をみつけ、それにより作成したという。しかも、清水寛二氏により演者名などの誤植も可能な限り訂正したとのこと。時間的に押し迫っていたが、掲載が可能となった。これは竹内の熱意に基づくフィールドワークの貴重な成果である。ちなみに、掲載された記録によると、清水寛二は一九九八年の大阪公演に後見として参与、以来、二〇〇二年までに計四回、そして二〇〇五年の釜山公演（シテ観世栄夫）にも地謡の一人として参加した。多田作品との繋がりは『望恨歌』のほかにもあるとのことだが（竹内「はじめに」参照）、『望恨歌』に限ってみても、その繋がりは二十年を越えることがわかる。

三

以上に紹介したもののうち、諸論考を改めて整理すると、大和猿楽の形成および百済歌謡「井邑詞」を巡る論（Ⅰ、Ⅱ、Ⅲ）および近現代史からの考察（Ⅳ）が分量的には主で、作品論に踏みこんだものは竹内の論考（Ⅴ）が唯一である。竹内の所論のうち後半は、『望恨歌』を如何に観るべきかを述べたもので、一人の観客としての視点がよく窺える。能に限らず、すべての演劇は台本通りには演じない。観客の視点、反応が重要である。そうした意味で、この種の論はなおいくつも必要なのだろう。この課題は次の機会に譲ることにする。ともあれ、竹内の論は『望恨歌』の観客、各人に、「恨の舞」をどう観るかという問いを投げかけたものといえる。

なお、本書では辻、竹内がともに井邑詞に焦点を当てている。そこで、補注の意味で若干の注記をしておきたい。「井邑《ジョンウブ》」（井邑詞《ジョンウブサ》）は『高麗史』（一四四九～一四五一に編纂）志第二十五楽、「三国俗楽」の箇所で、百済の俗楽として内容の紹介がなされている。だが、肝腎の歌詞は俚語のゆえに略された。そもそも、『高麗史』俗楽では「高麗の俗楽は諸楽譜を考じてこれを載す」といいつつも「其動動《ドンドン》及西京《ソギョン》以下二十四篇、皆用俚語《みな、りごをもちいる》」と記し、いずれも歌詞そのものは掲載しなかった。ところが、『楽学軌範』（一四九三年、王命により編纂された楽書）巻五には動動、処容歌とともに井邑詞がハングル表記された。これは、朝鮮朝初期にもなお、これらの俗楽が生きた歌謡として宮廷内外で歌われていたからであろう。井邑詞は高麗末期十四世紀に呈才《ジョンジェ》（女妓による宮廷楽舞）のひとつ「舞鼓《ムゴ》」の歌詞として採用され、以後、朝鮮朝初期にも宮廷内で歌われていた［なお『高麗史』志巻二十五では、李混が「制為舞鼓（舞鼓を制作した）」と記す。だが、これは李混が寧海の地で（女妓などの歌舞をみて）作ったということであり、それが呈才に採用された経緯は未詳である］。しかし、中宗十三（一五六八）年、井邑詞は「淫歌」とみなされ、孝子を歌う「五冠山」に代替された［なお動動も同様。女性の立場からの歌だが、「男女間淫詞」とのことで「新都歌」に代えられた］。

井邑詞は朝鮮朝初期までは女性の立場から夫、男を想う心情を直接に訴える歌謡として階層を問わずに享受されていたといえるだろう。だが、井邑詞は十六世紀半ばに宮廷から追われた。のち、この歌は曲名を『阿弄曲《アロンゴク》』に変え、妓房を中心に朝鮮朝末期まで伝わっていたとみられる。それは「何と千年の間、天下無双、変身しつつ伝承された」（姜恵貞《カンヘジョン》〈「井邑詞」の伝承様相考察〉二〇一九）(2)。

井邑詞という名の民謡は今日、知られていない。しかし、「月」を愛《め》で、月明かりとともに女性らが踊り歌うことは全羅道《チョルラド》では広くみられた。近代にはいっても正月や八月の満月のもと、女性たちはカンガンスルレをし、このような歌を歌っていた。

하늘에는　별도　총총　강변《江邊》에는　작알도　총총　강강술래　……
우리　벗님　어디가고　중추명월　모르는고　강강술래(3)
「空には星も　きらきら　川辺には砂利も　きらきら　カンガンスルレ（中略）
うちのあの人　どこへいって　仲秋の明月　知らずにいるの　カンガンスルレ」
（訳文、野村）

これは満月のもと、戻らぬ夫を想っての歌謡でもある。井邑詞は形を変えて伝承されていたといえよう。そもそも朝鮮半島の月明かりのもとでの歌はあそびに満ちていて明るい。それは子供の歌にまで浸透していた。「月よ　月よ　明るい月よ　李太白の　遊んだ月よ　あの　あの　月の中ほどに　桂が植えてあるそうな……草葺三間　家建てて　父さん　母さん　呼び迎え　千万年も　暮らしたや　千万年も暮らしたや」（金素雲編訳『朝鮮童謡選』岩波文庫一九三三、三五頁）(4)。これはよく知られている。

歌謡「井邑詞」はこうした月の讃歌の脈絡のなかに置くべきものであろう。そしてまた、井邑詞は『アリラン峠の旅人たち』（安宇植編訳、一九八二年）の冒頭に置かれた。多田富雄がとくに井邑詞に着目したのは、テレビ映像のなかで、ある老妻が満月の夜に夫の遺骨が戻ったと語ったこと、その印象も大きいだろう（保立道久の指摘）。『望恨歌』の「恨の舞」が舞われる時は「秋夕の夕暮れ」である。詩人気質の多田にとって、全羅道の老妻は明るく大きな月の下で舞うほかはなかった。『望恨歌』の歌と舞もまた、井邑詞の千年の系譜に連なるもののひとつだといえる。確かに、この歌の生命力は注目に値する。

四

上記の諸論考は東アジアを志向している。ただし、なおいわざるを得ない。日本の芸能史には朝鮮半島、中国からのさらに多くの知見が必要だ。

たとえば平安鎌倉期の猿楽について。それは滑稽芸であったが、鎌倉後期ごろにまじめな能が成立し、滑稽な演戯の方は狂言として発展したという（前引、天野文雄『現代能楽講義』）。それ自体は事実であろう。だが、日本では、その猿楽の前身としての東アジアの散楽史が参照されない。能・狂言分立の少し前、高麗後期の朝鮮には広大《グァンデ》、才僧《ジェスン》らの倡優（唐宋の中国でいう俳優）がいて、鬼神の仮面戯や傀儡戯、貴顕諷刺の才談《ジェダム》（機知に富んだ興味深い語り、また滑稽談）をしていた。彼らの諷刺のことば、演戯は時代の「検閲」を経ないものであった。

ところが、日本では朝鮮の広大のことばや生態を参照せずに能・狂言の本質が何かを論じる。たとえば狂言の本質は権威への諷刺ではなく人間存在そのものへの諷刺だという（前引天野文雄ほか）。これは、日本の古典化した狂言に基づく解釈でしかない。東アジアの散楽の徒の語りは中国でも朝鮮でも貴顕の権威、権力への諷刺を核心としてきた（参軍戯また広大の才談など）。そのため朝鮮の広大は時には王の怒りに触れて遠流に遭った（燕山君十一〈一五〇五〉年、優人孔吉《ゴンギル》の君王諷刺）。底辺層の声、下僕や奴婢たちの権威への直言、巫儀末尾の雑鬼雑神類の「滑稽」な姿についてのやはり滑稽な口調の語りと歌《ソリ》、こうしたものが広大の才談の核心にある。それは日本に伝わったはずである。しかし日本の古典化した狂言となると、詞章からは現実のことばが削がれ、結果的に普遍的な解釈が志向される。

これは能についてもいえる。宋代以降の鍾馗舞、神鬼舞、朝鮮の処容に代表される儺舞などが度外視される。そして、世阿弥により禅語をもって再解釈された諸作品から能を論じる。畢竟、人間精神の普遍性への論が導かれる。世阿弥の能世界は東アジアに類例がない。この流れのなかで、室町期以降の能・狂言は日本的な独自性を持つことになる。それは明治期から昭和の敗戦までの間に堅固になった。そして戦後もなお定論となって今に到る。

五

東アジア近代の芸能史における能の位相は本書の埒外の問題だが、『望恨歌』の韓国での再演のためにも、最小限のことを確認しておきたい。

一九〇四年十二月二十七日、京釜鉄道株式会社（日本資本）は釜山と京城間の鉄道工事を完工させた。そして一九〇五年五月二十五日、ソウル南大門駅（今のソウル駅）広場で開通式が行われた（『韓国民族文化大百科事典』경부선）。残された写真をみると、たいへんな人出であった。そしてこの際に演能があった。[5] これは能楽の最初の海外公演である。[6] 五月十八日、茂山忠三郎ら一行京都出発。神戸三宮で下車、演能。演目は日露戦争を主題とする新作能『資時』。十九日、三宮で茂山らは東京からきた観世清廉《きよかど》らと合流。この日の晩、観世清廉を代表とする二十四名の能楽団は下関に向かう。二十日朝、下関着。同日午後、義州丸で釜山に向かい、二十一日、午前釜山港到着。そして二十二日、

朝、釜山出発、晩十時、南大門駅に到着した。二日間の京城見学後、二十五日午前にはじまった開通式は内外の来賓だけで約千名、ここに一般の見物客が押し寄せ、盛大なものであった。祝辞後、まず演能があり、ほかに神楽、相撲、魔術、官妓の舞踊があった（『朝鮮鉄道史』、朝鮮総督府鉄道局、一九三六）。

能の演目は『八島』（片山九郎右衛門）、『羽衣』（観世清廉）、『小鍛治』（大西亮太郎）、狂言は『丼礑《どぶかっちり》』（茂山千五郎）、『太刀奪』（茂山忠三郎）であった。ただし、数多くの観衆にもかかわらず、反応はにぶかったようだ。茂山は見聞内容を比較的こまめに綴るが、肝腎の演能については「無事、上演を終えた」と記すだけであった。一行は二十六日、市内で慈善公演をし、五月二十七日晩、京城を発ち、釜山に向かう。釜山では二十八日に演能があった。皮肉にも、この日の演能は盛況だった。観客がすべて日本人だったからであろう。折しも二十七日に対馬沖で日露の海戦があり、帰国の船便が危ぶまれたが、一行は、二十九日、上船がかない、三十日、下関に到着した。着後、春汎楼《しゅんぱんろう》で観世家主催の帰国祝賀宴を開いた。そして「能楽万歳、観世流万歳」を唱和した。(7)

この京釜線開通式とそこでの能楽公演は、大韓帝国（一八九七〜一九一〇）に近代日本の力をみせつける意図があった。開通式の演能自体は観客の呼応という点では成功しなかったが、こののち、台湾（一九〇五年一一月）など、日本の植民地で能楽の公演があった。それを踏まえて金ナンジュは、「明治能楽界の困難な状況下、新たな舞台と観客を渇望していた能楽師たちはアジア植民地という新しい市場の存在を発見した。その契機を提供したのが…一九〇五年の公演であった」という。

そして、雑誌『朝鮮』一―六（一九〇八年、日韓書房）の記事「京城に於ける謡曲界」を引用して当時の京城その他植民地に居住する日本人の間で謡曲の流行がみられることを述べている。記事によると、「高尚な謡曲、優美な娯楽が殺風景な新植民地で趣味の一種」となって、淫乱な音楽を退ける兆しがあるのは喜ばしいという。そして実際、京城には観世流の松風会ほか、数多くの謡曲の会があった。(8) 日露戦争の勝利気分に染まる日本人の間では高尚、優美とされる謡曲への憧憬があったのだろう。

この延長上に以下の記事がある。これは朝鮮総督府の機関誌『毎日申報』(一九一〇年十一月二十三日)に掲載された。

能楽は日本において古来、幽玄高尚なものとして特に世道人心に至大な裨益があることは夙に聞くところだが、今回、日本国諷会の主催で喜多流、観世流の各派の家主が入京し、来月三四日頃を期として徳寿、昌徳両宮殿下の御覧に供す予定で目下両宮職と交渉中とのこと、これを挙行することが決定されれば、朝鮮では能楽の嚆矢、その盛況は推して知るべし」[一九一〇年十二月初に、この公演は実現した][9]。

この記事には併合直後の朝鮮に「幽玄高尚」な能楽をみせることで日本の国風、日本文化の力を誇示する意図がみられる。だが、江戸時代、また明治以降の庶民の情操(世道人心)に対して、能が「至大な裨益」をもたらしたのか、「夙に聞く」というのは事実なのか。総督府機関誌による褒め言葉、植民地統治機関のもとでの公演は能楽にとって真に名誉なことだったのか。能を覆う、こうした意匠は実は明治国家によるお仕着せでしかなかったというべきであろう。

こうして、戦前、能の幽玄美を頂点とした日本文化観が一人歩きした。その果てが大東亜共栄圏の盟主日本という思い込みである。東亜の盟主という言辞に満足した近代日本は戦争をつづけ、敗戦した。これについて、一九四九年、柳田國男は石田英一郎との対談のなかでこういった。

「ぼくはこのごろになって『日本はなぜ負けたのか』について考えている」

「小さな部落で必要である常識をおし拡めて国の政治をやってきた」

「小さな島国に立て籠っていた小さな民族の運命を感ずる。これを自覚する学問の起らなかったことが、何といっても悲しい成行きだった」

「智慧が国民に多く与えられていたら、もう少し反省していたら」、こうはならなかっただろう、「時代の学問」が日々の疑問の解説をおろそかにしてきたため「境遇のしもべ」となった（『民俗学について　第二柳田國男対談集』、筑摩書房、一九六五年、六四、七六頁参照）。

六

一国の民が「境遇のしもべ」とは残念なことだが、二十一世紀に到ってもさほど変わっていないといわざるを得ない。日本文化、人文学は今、疲弊感にとらわれ、目は一層、内向きになった感がある。それでいて、日清戦争から敗戦までの五〇年ほどの間に抱いた「小さな島国」の思い込み、東亜の盟主意識がなお、つづき、断ち切れないでいる。

ところが、保立道久もいうように、多田富雄は新作能『望恨歌』を書いて、これに風穴を開けた。満月のもとでの女性の歌、百済歌謡井邑詞は、一九八〇年代、韓国民衆文化運動のなかで作家黄晳暎《ファンソギョン》により召喚されたものだ。多田は直観で、この邦訳に目を留め、井邑詞を日本の古典文化のなかで再生させた。

井邑詞は近代の韓国ではすでに歌われてはいなかった。しかし、雑誌『根の深い木《プリキップンナム》』（一九七六〜一九八〇。軍部圧力で廃刊）の「숨어 사는 외톨박이（隠れて暮らす独りぼっち）」シリーズに記された。それは韓国民衆文化のなかでは復活していたといえよう。

能『望恨歌』をきっかけに、わたしたち人文学徒は百済歌謡とは何か、伎楽を日本に伝えた百済人、百済文化とは何か、世阿弥により申楽の祖とされた秦氏とは何か、そもそも能を含む東アジアの仮面舞とは何だったのかなどの探究に赴いた。これは多田富雄の予想外のことだろう。しかし、また能とはそんなことを凝縮したものともいえる。

　この研究会を振り返って、能のシテが強制連行された者（メディアのいう「徴用工」）の妻として「恨の舞」を舞うことの意味を考えた。まずは、近代史のなかで「恨の舞」が登場することの意味を日本人はわが事として考えることが前提となる。そして、どこで、どのように舞うべきか。これは観客の視点・水準次第である。日本で日本人観客が「恨の舞」に感心したとしても、韓国では共感されないこともありうる。たとえば植民地期に『春香伝』を歌舞伎風に演出し公演したことがある（一九三八年、劇団新協、村山知義演出）。日本での評判は概ねよかったが、宋錫《ソンソッ》夏《カ》、鄭芝溶《ジョンジヨン》ら、当時の朝鮮知識人たちは批判的にみた。これは両国間の観客の立場の違いが余りにも大きかったことによる。これは『望恨歌』でもありうる。

　くまから洞芸能史研究会では日韓両国で『望恨歌』再演がかなうことを願っている。開かれた広場、舞台で、韓国の農楽や僧舞《スンム》、煞祓舞《サルプリ》、さらには真正の巫舞などが演じられ、そのあと、能『望恨歌』の上演がなされる。こうしたことが日韓のどこでも可能となる文化環境が一日も早く醸成されることを願っている。二〇二一年の日本社会では夢のような話だが、社会、文化環境は変革しうる。それには、前提として日本の市民社会での近代史理解、韓国・朝鮮、また中国芸能への認識の進展、そして東アジアにおける能・狂言の理解がなければならない。このためには能・狂言とは何であったのかについてのたゆまぬ探究が不可欠だとおもう。

七

　全八回の研究会の合間に、報告内容の刊行が時々語られた。だが、具体化は容易ではなかった。二〇一九年夏以降の日韓間の葛藤は満二年を経ても継続し、和解の兆しはみられない。韓国最高裁の「徴用工判決」に対する日本政府の報復という政治状況は今もつづく。こうしたなかでは、『望恨歌』をめぐる書物は、東アジア芸能史を標榜したものといえども、刊行しにくい。そんなことも念頭に置かれた。

しかし、二〇二一年六月の第八回会合ののち、取りあえずまとめることにした。竹内光浩が原稿とりまとめ役となった。七月原稿締め切り、八月初、目次作成。同月半ばには、風響社からの刊行本決まり。九月後半、全員の初校終了。そして、十二月二十五日の『望恨歌』再演に合わせての出版。これが可能となったのは、天籟能の会の再演への熱意とくまから洞芸能史研究会（事務局、保立道久）の定期的な活動、そして風響社の配慮があったからである。

コロナ禍のさなか、防疫への拙策により日本社会はいわば「第二敗戦」に直面している。公演文化の苦境も一通りではない。こんななかで、市民発の能関連の論集が刊行される。誰の目にも難しいことだが、実現した。これはひとえに風響社の多大な理解があってのことである。

その意味で、研究会員、また編者一同、風響社には「こころから感謝いたします」。

二〇二一年九月二〇日

注

（1）韓国公演の際に『望恨歌』の韓国語訳を担った成恵卿《ソンヘギョン》は、二〇〇五年の文章で、この韓国公演についていう。これは「生前、韓国公演の実現を切に期待していた高齢［多田富雄一九三四〜二〇一〇、当年、七十一］の著者の意を酌んだ［日本の］関係者らの献身的な努力でなされたもの」であったが、韓国側の理解不足、また広報、紹介がなく注目されなかったと。ただ、当時は日韓の市民連帯に明るい期待が持てたのだろう、「能を媒介にした韓日間の演劇交流は今後多くの結実をもたらすと信じる」と

いっている（成恵卿「신작 노「망한가（望恨歌）」, 번역과 작품소개」, 서울여자대학교 인문과학연구소、二〇〇五年、一二四―一二五頁）。

（2）姜恵貞〈「井邑詞」의 전승 양상 고찰――『投壺雅歌譜』의「阿弄曲」을 중심으로〉『민족문화연구』82권、고려대학교 민족문화연구원、二〇一九年、一三七頁。

（3）『朝鮮の郷土娯楽』調査資料第四十七輯、朝鮮総督府、一九四一年、一四五頁、「水越来踊り 上元、端午、秋夕一般」の項。歌詞はハングル表記のみ。

（4）サイト〈オリニの会 仲村修、「朝鮮童謡集」（金素雲編訳）を読む〉参照。

（5）日露戦争さなかの一九〇五年の演能に関してはいくつかの研究がある。김난주「1905 년 노가쿠 조선 공연기 ―시게야마 추자부로 요시토요의 기록을 중심으로」『인문연구』七〇권、영남대학교 인문과학연구소、二〇一四年、徐禎完「植民地朝鮮における能――京釜鉄道開通式典における「国家芸能」能」『アジア遊学』一三八、勉誠出版、二〇一〇年ほか。この時の演能は仮設とはいえ、かなり本格的な舞台で催された。それは京釜鉄道総裁古市公威の発意によるところが大きい。古市は自身演能するほどに能を好んだことで知られる（徐禎完、一四八頁）。なお関屋俊彦「能楽師大西家年譜考証」『関西大学東西学術研究所紀要』五四巻、二〇二一年、三三五頁では、『現代音楽大観』、一九二七年によって、「明治三十七年（一九〇四）年二月〜九月五日、日露戦争直前、〈亮太郎〉片山九郎三郎らと共に渡鮮し京釜鉄道開通式で演能」とある（ウェブサイトで公開）。これは「一九〇五年五月、日露戦争最中」と訂正すべきもの。また西一祥、松田存共編『能楽海外公演史要』（錦正社、一九八八年）は、一九〇五年の京城公演について、池内信嘉『能楽盛衰記』により「あとがき」で簡単に言及するものの、正式な公演とは認めていない［同書の海外公演の記録、第一頁は一九五四年の「ヴェニス国際演劇祭参加」］。海外での能は欧州からはじまるということのようだ。

（6）以下の叙述は上記、김난주「1905 년 노가쿠 조선 공연기」（二〇一四）による。この論考は一九〇五年の訪問団の一員であった狂言師、二世茂山忠三郎良豊（当時五七歳）の旅行記に基づいたもの［旅行記は未公開。著者が京都茂山家で入手し、本稿で最初に紹介］。新聞、雑誌の記事とは違い、当時の能楽界当事者の視点が率直に現れていて、興味深いものがある。

（7）同上、四一八頁。

（8）同上、四二〇頁以下。

（9）前引、関屋俊彦「能楽師大西家年譜考証」によると、「十一月二十三・二十五日・十二月二日付、『國諷』主催能楽・京城・一行二十四名B［Bは以下の典拠の略号。倉田喜弘『明治・大正の能楽』一九九四］」とある（三三七頁）。

			人を驚駭させる（『高麗史』）。		
1368	明建国。	1366	辛旽、４月８日に自邸で大燃燈（会）、陳雑戯［『高麗史』列伝。国家による上元燃燈会のほか個人宅でも挙行。これは朝鮮朝も同じ。民俗化していく］。		
				1375	観阿弥、今熊野で猿楽興行。義満見物す。
				1385	春日社で式三番。
		1387	禑王のもとで唐人戯、巫覡戯、処容仮面戯［1384、1385。『高麗史』列伝］。		
			禑王、六道の倡優を東江に集めて百戯。		
		1392	李成桂、朝鮮王朝建国。		
			儺礼の挙行。八関会廃止（『朝鮮王朝実録』）。	1393	音阿弥生。
				1402	以降、世阿弥『風姿花伝』執筆。物学条に「鬼、是、ことさら大和の物也」とあり。
					このころ播磨赤松氏、猿楽興行。
		1405	太宗による寺僧追放、寺社革罷（～1406）。	1405	金春禅竹生。
		1416	上元の燃灯会廃止。（『朝鮮王朝実録』）［但し４月８日の燃燈は以後も継続］		
				1424	金春禅竹、京都八条坊門で勧進能。
					世阿弥、禅竹に『六義』『拾玉得花』を相伝。
				1433	世阿弥「却来華」で却来風を秘伝という。
				1434	世阿弥、佐渡配流。
				1443	このころ世阿弥没。
	丘濬（1420？～1495）により明朝、宮儺の礼（「古制」）を回復、明末に到る（『東方儺文化概論』）。	1450	宮儺の場に「規式之戯」［狭義の散楽］と「笑謔之戯」［水尺、僧広大等による狂言の類か］あり（『朝鮮王朝実録』）		
		1451	『高麗史』		
		1452	『高麗史節要』		
		1493	『楽学軌範』		
		1499	俳優孔潔、国政批判（『燕山君日記』）。		

	などによる孤魂野鬼の救済儀礼盛行。	1145	『三国史記』		
	○宋雑劇の展開。「温州雑劇」(『趙貞女蔡二郎』『王魁負桂英』)、南戯の成立。		○李奎報、「古律詩 老巫篇」(東國李相國全集)［後世の巫儀に通じる実態を描写。このころ巫俗流行］。	1146	四天王寺で太子絵伝、絵解き。
					12 世紀後半『梁塵秘抄』成立。
1206	チンギス・ハーン即位。			1233	狛近真『教訓抄』成立。
		1236	内殿の宴で宋景仁の処容戯(『高麗史』)［処容舞(儺舞)の世俗化］。		興福寺薪猿楽(薪能)の名、初出。
				1255	曲舞の初出。
1271	大元、北京を都に。				
		1283	「元倡優男女来」、忠烈王「賜米三石」(『高麗史』)［元・高麗間の俳優の往来示唆］。	1283	春日若宮臨時祭に翁猿楽。【「翁」の語、初出】。
	元雑劇成立［宋雑劇、金院本の継承発展］。			1284	亀山院、律宗の叡尊を四天王寺別当に任命。
	元の朝廷では仮面戯がなされる(『元史』)。	1285	このころ一然『三国遺事』		
		1299	巫女、宮中で男粧、新声。		
			○李混、寧海で舞鼓［宮中歌舞］を制作。その歌詞に百済歌謡「井邑詞」採用(13C 末～14C 初)『高麗史』。		
			○『高麗史』列伝全英甫(14c 前半頃)に広大の挿話。広大は弁舌の徒［科白劇の俳優］であり、また仮面戯役者［また傀儡戯の担い手(『訓蒙字会』)→同時期の日本猿楽者に繋がる］。		
			この頃(高麗中、末期)、慶尚道安東地域の河回洞などで広大による仮面戯成立［巫祭と寺院儺の結合による神事・法楽としての仮面戯。巫と広大らの担い手集団は渡日したか］。		
			○李穡(14c 後半)による大儺の描写。方相氏と十二神舞、五方鬼、獅子舞、吐火の鬼戯、処容舞(「駆儺行」)、またた蓬莱山の如き舞台上での仙人、雑客(俳優)の演戯と処容舞など(「山台雑劇」)。	1300	このころ狂言の始まり。
				1326	このころ北条高時田楽狂い。
				1333	観阿弥、大和山田猿楽三男として生まれる。
					この頃以降、能楽大成。
				1363	世阿弥生(翌年説も)。
			辛吨、宮中で祈子の文殊会を開催。鳴り物で都		

		866	皇竜寺の燃灯会。	869	祇園御霊会。
			○憲康王の造寺、のち龍王とその子の到来、一子処容が儺神、門神となる。→処容舞の縁起。また山神による霜髯舞および智理多都波都波の呪語（『三国遺事』）［これらは郷儺、寺院儺を示唆。新羅に宮儺はみられず］。	880	相撲節会の余興で散楽演じられる。都で岐神。
907	唐滅亡、後梁建国（～923）。五代十国時代の到来（～960）。				
	○五代～北宋の間に各地で郷儺［除夜の郷儺に子供らの参加（徐鉉「除夜」）］。また敦煌でも儺の活動。				
			○黄昌舞（仮面を付けての剣舞）。処容舞と並陳［宋の神鬼舞・斫刀の並陳に繋がる→日本の咒師芸］。		
916	遼（～1125）。				
	遼、金、元、清には儺礼なし。代わりに駆魔の礼俗がなされる。				
		918	高麗、王建即位。訓要十条。		
			仲冬八関会、上元燃灯会制定。（共に歌舞百戯を伴う）。	945	志多羅神、石清水へ。
960	宋（北宋）、都開封～1279）			963	村上天皇「弁散楽」。藤原雅材、秦氏安の名で応答。
	宮儺の変貌―方相氏に代わり鍾馗、土地神など民間神による驅祟（「埋祟」）。			998	松尾祭で山崎津人田楽。
				999	祇園御霊会。雑芸人無骨。
	郷儺では12月に打夜胡［打鬼。鬼やらい］、正月に大頭和尚（耍和尚）の来訪［→民俗化］。			1012	設楽神、鎮西より入洛。
					このころ田楽で座が登場。
		1027	破戒僧、妻帯僧の存在。	1024	以降、「足柄」、青墓遊女に伝授続く。
	散楽の多様化―抱鑼、硬鬼、舞判などの神鬼舞、斫刀［刀取り］、諸種の傀儡戯、雑班［狂言］等々。打夜胡の門付け者は放浪芸人「路岐」となる［『東京夢華録』ほか］。	1040	睿宗、大儺挙行。北宋の宮儺同様、儺礼の儺戯化がみられる。しかし、駆儺の儀礼は唐、顕慶年間（7c中頃）の儺制を踏襲、方相氏が悪鬼を逐った（『高麗史』志、季冬大儺）。	1050	このころ藤原明衡『新猿楽記』『雲州消息』［衰翁・顔よき女の滑稽戯含む］成立。
				1096	永長元年、田楽大流行。
					このころ『傀儡子記』『遊女記』成立。
	○日本僧成尋『参天台五台山記』	1106	盂蘭盆斎（『高麗史』初出）。		
	（11C後半）に汴京の寺院の上元節における芸能の記述。舞楽、雅楽、女舞、童舞、猨楽舞等。	1116	大儺の挙行、倡優、雑伎、地方の遊妓の参与（『高麗史』世家）。		
		1117	契丹の帰化人、歌舞雑伎を披露。		
	金（1115～1234）に院本［狂言の源流か］。	1123	宋使徐兢らくる、多数の女妓、治病のための祈祷（『高麗図経』）。		
	村田楽。				
	○ 唐末五代以来の十王信仰（閻魔王信仰）の民間信仰化［朝鮮、日本のの寺院にも伝播］。寺院の水陸法会（水陸道場）、道教の九幽醮、黄籙斎			1136	春日若宮祭始まる。猿楽・田楽が参加。

	に「方相、十二獣と儺をなす」。				
	張衡「西京賦」に「東海黄公」（仮頭）と虎の角抵戯ほか諸種の散楽描写。		○陳寿『三国志』(3c後半)・魏書・東夷伝・馬韓に5月、「祭鬼神、群聚歌舞…数十人…踏地低昂、手足相応」［のちの農楽の淵源］。		
	○呉（221）〜陳（589）の六朝期に西域系歌舞戯流入。大面（蘭陵王、北斉）、蘇中郎（北周）など散楽の多様化（散楽百戯）［新羅五伎、日本の散楽、舞楽に繋がる］。		○高句麗の古墳壁画上に中国由来の散楽。安岳3号墳（4世紀中葉、黄海南道安岳郡）［冬寿墓］壁画の舞楽図に仮面の人物［歌舞戯か］。		
	○参軍戯［起源は後漢また後趙（4C）、唐の倡優の演戯に由来など諸説あり。智者と愚者による対話劇。「狂言」に繋がる］。	372	高句麗に仏教伝来。		
	○郷儺の儺戯化（5〜6C）「邪呼」と叫ぶ儺隊の巡行（［南史曹景宗伝］）ほか。	384	百済に仏教伝来［東晋からインド僧摩羅難陀がくる。「百済佛法之始」（『三国遺事』）］。		
	講唱（僧の唱導）。				
6C	水陸会［梁、武帝による挙行（505）という。唐代以降、国内外に伝播］。	527	新羅、仏教公認。	538	倭に百済より仏教伝来。
				554	百済、楽人四人貢上。
				562	百済から伎楽調度が伝来。
	諸寺院の法会の場で散楽百戯。（6C半ば、東魏、楊衒之『洛陽伽藍記』）。	572	新羅、戦没者慰霊の八関筵会。	603	聖徳太子、秦河勝に仏像など授与。河勝、蜂岡寺（広隆寺）建立。
	晋、宋懍『荊楚歳時記』（6C後半）12月8日の条に金剛力士による逐疫。		新羅、元暁の無导舞［一種の踊念仏］。	612	百済人味摩之、呉楽を伝える。
618	唐、李淵により建国（〜907）。	660	唐・新羅により百済滅亡。		
	○唐、李淖「秦中歳時記」の儺隊に「儺公儺母」［この翁、媼は広く流布。朝鮮、日本の仮面舞にもみられる。12月除夕の儺隊は年中行事化し諸種の詩が残る］。また儺神鍾馗の出現。	663	白村江で百済遺民・倭連合軍敗北。	664	百済王氏、四天王寺隣地に本拠。
	○『楽府雑録』に代面［大面］、鉢頭［撥頭、抜頭］、蘇中郎、踏揺娘［仮面戯］。		○崔致遠（857〜?）「郷樂雑詠」五首は広義の散楽。うち大面［唐の代面相当］、月顛、束毒は仮面舞、他は金丸［品玉］、狻猊［獅子舞］。大面、束毒は元は儺舞とみられる。	683	天武朝廷で三国楽。
				693	韓系渡来人の正月踏歌。
				720	敗死の隼人慰霊の宇佐放生会。
				752	大仏開眼。伎楽・百済踏歌。
	死者の追善供養の流布。			794	延暦寺供養に秦氏楽人多数参加。
	○儺隊が社［土地神廟］の祭に加わり社火［祭礼の演芸］を多彩にする。			833	仁明即位、百済勝義舞奏。
				837	仁明、散楽趣味昂ず。
				850	春日祭始まる。
				863	神泉苑御霊会、猿楽奉仕。

東アジア芸能史略年表　世阿弥まで

	中国		朝鮮		日本
BC	夏王朝（～16C）				
21C	駆疫の存在［殷代甲骨文字に「禓」また「寇」（宄）］、のち周代の難（儺）となる］。				
	巫祭（巫に相当の甲骨文字あり）				
16C	殷（商）王朝（～1046）				
	「巫祭の世俗化」傾向を示す「巫風」の語［『尚書』（書経）・「商書」伊訓］。				
11C	西周王朝（～771）				
	儺、蜡·臘の存在。周儺に国儺（3月）、天子儺（8月）、大儺（12月）、また郷人儺・郷人禓あり。宮儺では黄金四目の方相氏が「執戈揚盾、帥百隷而時難、以索室駆疫」（『周礼』）。これは隋唐までの基本形式。				
	『周礼』に「旄人、舞散楽、舞夷楽を教える」【中国散楽史の開始】。				
	『詩経』（前11C～前6Cの詩歌）				
770	東周王朝（～256）				
	春秋（東周前半。～前5C）、戦国（前5C～前221）。『論語』郷党に郷人儺。				
221	秦、始皇帝による統一。				
202	前漢王朝（～AD8）				
	『礼記』郊特牲に「郷人禓」。	194	匈奴の地からきた衛氏、朝鮮建国（～108）［これ以前の国家を一般に「古朝鮮」という］。		
	『史記』滑稽列伝に優孟、優旃の伝【俳優史の開始】。				
AD	角抵戯（百戯）。		朝鮮の三国時代以前、朝鮮半島中、南部に馬韓、弁韓、辰韓の三韓存在。		
25	後漢王朝（～220）				
	仏教伝来。				
	山東省沂南発掘画像石（後漢晩期）に散楽百戯の詳細な図像。	1C	新羅、高句麗、百済建国（『三国史記』）。		
	『後漢書』［実は西晋、司馬彪『続漢書』］志・礼儀				

写真図表一覧

は

ま

な

た

さ

索　引

（排列は慣用の読みを除き、日本の一般的漢字読みとした）

執筆者紹介（掲載順）

竹内光浩（たけうち　みつひろ）

1947年生。元専修大学兼任講師。日本中世史。
共編著に『天皇・天皇制を読む』（東京大学出版会、2008)。『語る藤田省三』（岩波現代文庫、2017)。

保立道久（ほたて　みちひさ）

1948年生。東京大学名誉教授。日本の神話と地震・噴火史の社会史的研究。
論著に『中世の愛と従属』（平凡社、1986)、『歴史のなかの大地動乱』（岩波新書、2012)、『ブックガイドシリーズ日本史学』（人文書院、2015)、『中世の国土高権と天皇・武家』（校倉書房、2015)、『現代語訳　老子』（ちくま新書、2018）など。

野村伸一（のむら　しんいち）

1949年生。慶應義塾大学名誉教授。祭祀芸能を含めた東アジア地域文化研究。
近作に編著『東アジア海域文化の生成と展開〈東方地中海〉としての理解』（風響社、2015)、「東アジアの儺――鬼神往還祭儀」ハルオ・シラネ編『東アジア文化講座　第四巻　東アジアの自然観東アジアの環境と風俗』（文学通信、2021）など。

辻　浩和（つじ　ひろかず）

1982年生。川村学園女子大学准教授。日本中世芸能史。
論著に『中世の〈遊女〉――生業と身分』（京都大学学術出版会、2017)、「内教坊小考」元木泰雄編『日本中世の政治と制度』（吉川弘文館、2020）など。

外村　大（とのむら　まさる）

1966年生。東京大学教授。近現代における日本と朝鮮の関係の歴史研究。
論著に『在日朝鮮人社会の歴史学的研究』（緑蔭書房、2004)、『朝鮮人強制連行』（岩波新書、2012)、「朝鮮民族にとっての一九三八年・新協劇団『春香伝』」『在日朝鮮人史研究』2018年10月など。

神野知恵（かみの　ちえ）

1985年生。国立民族学博物館特任助教。博士研究では、1950～70年代の韓国で一世を風靡した女性農楽団の演奏者に注目し、その演奏の特徴や、次世代への継承を主題とした。現在の研究テーマは、日本と韓国の専業芸能集団による門付け芸能の比較。
著書に『韓国農楽と羅錦秋――女流名人の人生と近現代農楽史』（風響社、2016）など。

多田富雄（ただ　とみお）

1934年―2010年。免疫学。
著書に『免疫の意味論』（青土社 1993)、『生命の意味論』（新潮社、1997)、『脳の中の能舞台』（新潮社、2001)、『寡黙なる巨人』（集英社、2007)。没後に『多田富雄新作能全集』（藤原書店、2012)。ほかに季刊『環』「特集　多田富雄の世界」（藤原書店、2010）がある。

清水寛二（しみず　かんじ）

1953年生。銕仙会シテ方。東京藝術大学非常勤講師。古典曲以外にも多田富雄新作能の演出・シテを多く勤める。

能楽の源流を東アジアに問う——多田富雄『望恨歌』から世阿弥以前へ

2021年12月10日　印刷
2021年12月20日　発行

編　者　野村伸一　竹内光浩　保立道久

発行者　石井　雅
発行所　株式会社　風響社

東京都北区田端 4-14-9（〒114-0014）
Tel 03（3828）9249　振替 00110-0-553554
印刷　モリモトト印刷

ISBN978-4-89489-317-7　C1074